男人与女人 情感与心理

阎庚函 ◎ 著

亚洲文化出版社
Asian Culture Press

Copyright © 2022 Genghan Yan（阎庚函）

ISBN: 978-1-957144153

All right reserved. 版权所有

No part of this publication may be reproduced distributed, or transmitted in any form or by means, including photocopying, recording, or other electronic or mechanical methods, without the prior written permission of the publisher, except in the case of brief quotations embodied in critical reviews and certain other noncommercial uses permitted by copyright law. For permission requests, write to the author, addressed "Attention: Permissions Coordinator" at yaalaa@hotmail.com

本书由美国 Asian Culture Press 出版

Published by Asian Culture Press

444 Alaska Avenue, Suite #AZF046,
Torrance, CA 90503, United States

Web: www.isbnagent.com

Edited by Genghan Yan

Typesetting services by Asian Culture Press

Printed in the United States of America

First paperback edition February 2022

本书 2022 年 2 月在美国第一次印刷

序 言

百年不遇的疫情被我们这波人赶上了。遇到这样的糟心事，心里真是郁闷。这时，我妹妹告诉我了一个好消息，我十年前出的书一直在网上卖的很火。知道有这么多读者喜欢我写的书，使我很受感动，决定再写一本几年来一直想写的书。在百年不遇的疫情里，我完成了这本书，也算是我人生中的一个不寻常的里程牌吧。

我的这本书里，有的文章是个人经历；有的是一个道理；有的是一个人物故事；还有的是一个心理学方面的知识。

这本书不是"鸡汤"那样的书。这本书是一盒巧克力。书中每一篇文章就是一块儿不同味道的巧克力。生活呀，就像这本书，您永远也不知道书中的哪一篇文章您最喜欢。读了这本书后，您的生活能力和对事物的理解力就会有不小的提升，从而，您就能品尝到生活中以前没有品尝过的美味；您就能看见人间从来没看见过的彩虹。当您阅读这本书时，您就能感受到生活里冒出来很多的蜜糖；心中流出来很多愉悦；头脑里生出来很多的悟性……

这本书中既有故事，又有道理；既幽默，又风趣。这本书通俗易懂，老少皆宜，适合很多读者的口味。有的读者不但能从书中获得之前没有接触过的知识，而且还可以把书中心理学方面的道理运用到生活中去，使您的生活变得更轻松愉悦。我希望喜欢这本书的读者大快朵颐这本书后，还会把这本书推荐给您们的同事、朋友、刷碗的、董事长、卖菜的、总经理……等等。

如果您太忙，时间紧，只读一两篇文章，您就大概知道这是怎样的一本书了。如果您是单身想脱单，我推荐您读《一见钟情》；如果您想把挣来的辛苦钱花在刀刃上，您就读《钱该怎样花》；如果您想拥有一个清醒的、灵活的和永不衰老的大脑，您就读《鲶鱼效应》；

如果您想多了解一些心理学方面的知识，您就读《我们被忽悠了》；如果您想了解更多有关人生、人性、命运以及心理学方面的道理，您就收藏这本书吧。

　　我感谢为这本点赞的读者。我祝您们梦想成真，锦衣玉食，长命百岁……

　　那些忘了点赞的读者，读完这本书后，只要您向您的同事、朋友和亲戚推荐了这本书，我也祝您心想事成，荣华富贵，青春永驻……

目 录

第一章　知识与智慧 /1
　　一个小村庄 /2
　　老虎的传说 /3
　　蜜蜂与苍蝇 /4
　　有色眼镜 /4
　　沙鼠的财富 /7
　　羊群与鸭群 /8
　　人生的镜子 /10
　　灵魂与肉体 /11
　　什么是佛法 /16
　　知识与智慧 /23

第二章　人生与性情 /25
　　丽莎的故事 /26
　　莉娜减肥 /27
　　眼睛的故事 /31
　　谁是坏人 /33
　　盲人的故事 /36
　　十八封信 /38
　　谁是我们的贵人 /43

第三章　情感与理智 /47
　　美与丑 /48
　　外面的世界 /49
　　有奶不是娘 /50
　　棍头不出孝子 /54
　　富不过三代 /58
　　有轨电车 /62
　　梦的解析 /64
　　情感与理智 /70
　　情感的重叠 /75

第四章　男欢与女爱 /81
　　男人是理性的 /82
　　女人是感性的 /85
　　男女间的博弈 /89
　　爱情保鲜剂 /92
　　一见钟情 /96

第五章　心理与行为 /101
　　我们被忽悠了 /102
　　棉花糖与命运 /104
　　棒球帽的作用 /108
　　蝴蝶效应 /113
　　修女的自传 /119
　　人的真实世界 /121
　　改变历史 /124
　　木桶效应 /127
　　行为暗示与心理暗示 /132

第六章　命运与轮回 /137

我的前世是个秀才 /138
命里有时终须有 /144
算命先生 /148
穿越时空的人 /152
命里无时莫强求 /158
偶然与必然 /160
死后的世界 /164
命中注定 /172

第七章　经历与生活 /179

鲶鱼效应 /180
当翻译 /182
人人都看到的机会 /187
同性恋 /192
牛人啊！牛人 /194
什么是艺术 /198
八卦美国电影 /202
上帝的信徒 /205
龙袍 /210

第八章　金钱与幸福 /215

金钱与权力 /216
人性的贪婪 /219
奖牌与幸福 /220
物质与精神 /223
当人上人 /224
与名人比高低 /227
安全感与幸福 /229
钱该怎样花 /233

第九章　意识与思考 /239

生命与意识 /240
阿德勒的目的论 /243
集体潜意识 /248
记忆的偏差 /252
快思考与慢思考 /258
谁掌控着我们的命运 /265

第十章　环境与寿命 /273

绿色植物的作用 /274
老鼠的天堂 /276
葡萄糖效应 /280
小白兔与癌症 /283
宠物与健康 /284
人的年龄 /289
玛丽的秘方 /293
生活的目的 /295
生命的长度与密度 /301

第一章　知识与智慧

智慧的人会按照自己的需要累积财富。他们给自己很多的时间去感知自己；去感受人生；去领悟做人的道理……去清醒的看世界；去理性的看自己；去享受美好的山水阳光、鸟语花香……

长此以往，人灵魂的品质就有了提高。最终，这个人就渐渐的变成了一个像林清玄先生所描述的那样人：今天比昨天更慈悲的人；今天比昨天更宽宏的人；今天比昨天更有爱心的人；今天比昨天更懂得美的人……

一个小村庄

在欧洲的一个地方，有个小村庄，村庄入口的边上有一个小教堂，小教堂里有一个牧师。

一天，从很远的地方来了一个旅行者。旅行者进了教堂，想跟牧师了解一下这个小村庄的情况，村民的民风怎样？牧师问旅行者：你原来村庄的民风是怎样的？旅行者回答：我们那个村庄，民风很差。村民们都非常自私、冷漠和狡诈，便宜占小了都觉得吃了亏。牧师说：我们这个村的人跟你们那个村的人大致一样。

旅行者在这个小村庄呆了下来。几天之后，旅行者感觉到，这个村庄的民风确实像牧师说的那样……

旅行者走了以后，过了一段日子，又从很远的一个地方来了一个旅行者。这个旅行者也是先进了小教堂，想打听一下小村庄的民风怎样。牧师问道：你原来村庄的民风是怎样的？旅行者答：我们那个村庄，人人都很热情、诚实和善良，助人为乐。牧师回答道：我们这个村的人跟你们那个村的人差不多。

这个旅行者也在这个小村庄呆了下来。几天过后，这个旅行者发现，这个村庄的村民确实很像他原来村庄的人……

如果一个人的一双眼睛只去观察世间的邪恶和狡诈，那么世间就充满了邪恶和狡诈；如果一个人的一双眼睛只去观察世间的诚实和善良，那么世间就充满了诚实和善良……

如果你不喜欢你眼中的世界，只要改变了你的眼界，你就改变了世界。

老虎的传说

很久以前的以前，有一个村庄，传说着一个故事，说的是一个人在森林里看到了一只老虎。回家后，他跟村里人说了他的经历。可是，村里人没有一个人相信他看到了老虎，因为他们那里从来就没有人看到过老虎。所以，不论他多么详细地描述他是怎么看见老虎的，在什么地方看见的，老虎长什么样，可就是没人相信他。村里人不但不相信他，而且嘲笑他，说他哗众取宠，说他是个爱说谎的人。

一天，他忍不住了。他说要进森林中打虎。然后，把虎皮带回来，向村里人证明他说的是真的。

几天之后，他准备好了打猎的装备，一个人上了路，进深林去打老虎。

自从他进了森林以后，很多年过去了，村里人再也没见到过他。

智慧的人常会与其他人分享自己的看法和观点，但不论他们的看法和观点是多么的正确，他们都不会非要说服别人。智慧的人懂得曲高和寡的道理，深知有时真理掌握在少数人手里。他们常常不需从别人那里得到承认或赞同。

在古长城建好之前，有两句古语说的好：夏虫不可以语冰，井蛙不可以语海。这两句话翻译成中文，就是说，不与呆瓜论长短，别跟傻蛋争高下。

一个人如果跟无知的人太较真儿的话，小命可能都会搭上。

切记！切记！这可是救命的道理啊！

蜜蜂与苍蝇

有人做过一个实验，把蜜蜂和苍蝇分别放在两个一模一样的透明玻璃瓶子里。瓶子用黑纸包上，瓶子底不包黑纸，瓶口敞开。把没包黑纸的瓶底朝上冲着光亮的方向，敞开的瓶口冲着黑暗的方向。

蜜蜂是逻辑性和组织性都很强的昆虫。根据它的逻辑，有光的方向一定是出口。所以，蜜蜂就在瓶底来回转，试图找到出口。结果，蜜蜂一直转到死，也没找到出口。

与蜜蜂相比，苍蝇是个没有逻辑的傻家伙。苍蝇在瓶子里瞎飞乱撞，一会儿就从瓶口飞了出去。

一般来说，聪明人的逻辑性都很强。常常执著自己的逻辑，按照自己的逻辑去推理，去办事，并按照自己推出的理论去解释一切。聪明人往往不知道，有时世上发生的事，光用逻辑推理的方法是行不通的。比如，当一个人感觉（第六感觉）到环境存在很大的危险，可从眼中观察到的情景，耳朵听到的信息，进行逻辑推理和分析，他得出的结论是：环境很安全。这时，如果执著地按照自己的逻辑推理去行事，这个人就会忽略环境中的危险性，结果，可能会把自己的命搭进去。

智慧的人相信逻辑推理，但不执著于逻辑推理。逻辑推理是理性的，是经验积累的结果。但是，这种推理有时忽略了环境的特殊性。

有色眼镜

我儿子上初中时开始戴隐形眼镜了。我儿子开始戴隐形眼镜时，我才知道还有不同颜色的隐形眼镜，有人想把眼珠子变成不同的颜色，戴上有色隐形眼镜就成了。

当看到有的人的眼睛是蓝色的，我心里就会想，他是不是戴的蓝色隐形眼镜？他是不是看什么东西都是蓝色的？世界一片蓝？

物理知识告诉我们，蓝色镜片过滤掉了绿色和红色。

几年前，我买了一辆新车。没买车之前，我好像从来没见过有人开我这样的车。可当把车开到高速公路上，我发现高速上也有人开同样的车，一路上发现了好几辆。真是怪了，他们是约好了，等我开车上街，他们也开同样的车上街？

我太太的一个新女友买了新房，叫我太太帮她买些家具和一些装饰品。过了一阵子，她来我家玩，说：唉？你家摆了这么多瓶瓶罐罐，是新买的吗？我太太说：十年前买的。她说，前几次来你家，我怎么没见过你家有这么多瓶瓶罐罐的？

这样看来，我们每个人都戴了一副无形的"有色眼镜"。"有色眼镜"把我们看到的很多信息过滤掉了，有选择的保留下了一些信息。所以，我们看到的世界并不是一个百分之百的真实世界。而且，每个人眼中的世界是不一样的。

几个月前，我太太的女友来我家玩时，一定看到了我家的那些瓶瓶罐罐，但都被她的"有色眼镜"过滤掉了。买了新房后，开始买些花瓶、画幅、小摆设等装饰品，这时，她的"有色眼镜"变了，她才留意到我家的瓶瓶罐罐。

我们的"有色眼镜"是怎样戴上去的呢？

上个世纪的某一年，美国一所大学的生物实验室对家养的猫做过一个实验。实验人员把十二只刚出生的猫养在一个空房子里。房子的墙壁上画满了黑白相间的二寸宽的横条。

一年后，实验人员把猫放到有桌椅板凳的正常环境中。实验人员发现，这些猫老往桌子腿或椅子腿上撞，它们看不见桌子腿和椅子腿。由于这些猫在有横条的环境中长大，横条的环境给这些猫戴上了"横条眼镜"。戴上"横条眼镜"的猫看不见竖条的世界。

实际上，人和猫是一样的。每个人都是在一种特殊环境中长大的；每个人都戴了一副特殊的"有色眼镜"；每个人眼睛里的世界都是不一样的。这也就是为什么有些人办事很出格。可在他们自己的眼睛里，他们的那些事办的正合适。中国有句老话，就非常好的解释了人群中的这一现象：穷山恶水出刁民。在这世上，没有一个刁民认为自己是刁民的。

猫的实验告诉我们为什么陪审团要有十二个人。实际上就是为了使陪审团得到的信息是全面的，真实的和可靠的。这样才能确保陪审团最终作出的裁决是公正的。

人群中，智慧的人不坚持自己所看到的就是事物的全部。当有人指责他们的看法不正确时，尽管他们认为自己的观点是百分之百的正确，他们也会承认自己可能有片面的地方，可能不完全正确。与他人观点不一致时，智慧的人会退一步，想一想，我可能不是百分之百的正确。可是，很多聪明人认识不到这一点。他们认为眼见为实。认为自己看到的世界就是个完整的世界。殊不知，每个人所看到的世界都只是世界的一部分，很多信息被自己的"有色眼镜"过滤掉了。

来自家庭背景大致相同，受教育程度相近，社会环境基本一样的人们，他们戴的"有色眼镜"也大致相同。他们看问题的角度也相对一样。这就是为什么有志同道合的说法。人以群分物以类聚，这句话也是说的这个道理。同一类人喜欢聚到一起，是因为他们眼中的世界基本上是一样的，他们对社会上发生的事的看法也基本是一致的。于是，他们相互间就容易达成共识，相互之间理解就多，相互之间的冲突就少……

所谓"灵魂伴侣"（soulmate），说白了，就是一对相爱的情侣戴了相同颜色的"眼镜"。由于"眼镜"的颜色相同，他们就会有大致相同的人生观、价值观和世界观。他们共同的话题就多，共同的爱好就多，共同的乐趣就多……他们就能情投意合，你说我唱，互相欣赏……这也就是为什么"鱼喜欢鱼，虾喜欢虾，老鸹爱乌鸦"……

沙鼠的财富

非洲有一种很能干的沙鼠。沙鼠每天特别忙，一年四季不停的往窝里搬一种它吃的野草。由于搬进窝里的野草太多，吃不完，很多的草全都烂了。第二年，为了给新草腾地方，沙鼠就又忙着把去年积存的烂草搬出窝。这样，沙鼠除了吃草和睡觉之外，一年四季要不断的忙于搬草。

聪明能干的人很像沙鼠，给自己买了很多家庭用品，往家里搬进了很多的东西，花了自己很多间、精力和体力，最终，有些东西可能很少用得上或根本用不上，一辈子累的够呛。

聪明的人为什么要像沙鼠一样干那么多多余的事情呢？归根结底是缺少安全感的原因。多余的物质财富给人带来更多的安全感。人类在地球上生存了大约两百万年。而地球上的大部分人刚刚能过上吃饱的日子才不过几十年，富裕国家的人能吃饱肚子也不过百年。所以，我们人类的本能和习惯还处在为生存而忙碌的原始时代之中……

智慧的人会按照自己的需要累积财富。他们给自己很多的时间去感知自己；去感受人生；去领悟做人的道理……去清醒的看世界；去理性的看自己；去享受美好的山水阳光、鸟语花香……

羊群与鸭群

丰子恺曾经画过一副画，画上画了一个人手中牵着两只羊。有一个人看了画后，说：这副画是个不懂羊的人画的。实际上，人手中只需牵一只羊就行了，另一只羊不用绳子牵着，就会自动跟着走。

放羊的人都知道，只要想办法赶一只羊走在前面，整个羊群就会跟着走。后面的羊群不管前面那只羊把它们领向哪里，就是走向万丈深渊，它们也会跟着走。

鸭子也是一样，放鸭人只要把一只鸭子赶上鸭船，其余的鸭子就会一个跟一个的走上鸭船，就是第一只鸭子走向屠宰场，鸭群也会跟着走。

人群也是一样，当人聚在一起时，就会有人自动的出来领头往前走，也会自动的有人在后面跟着走，跟的人多了，也就成了群。当人成群后，人群就跟羊群一样了，只要领头的人朝哪个方向走，哪个方向就肯定是正确方向。

这时，人群中那些聪明人在干什么呢？这些聪明人在用尽脑筋想办法找到自己的位置。有的人想办法走在队伍的左边，他们认为左边没有风，走起来会省力，同时认为走在右边的人有些傻，右边风比较大；靠右边的人认为左边虽然没有风，但常有雨，宁愿被雨浇着的人是脑筋笨的人；走在靠近前面的人认为不能走在后面，走在后面，容易被人群落下，落下后，会有危险，万一出事，没人管；走在后面的人，不愿意走在前面，认为走在前面太辛苦，路不平，坑坑洼洼的太难走，走在人群后面最好，等前面的人群把路踩平了，走起来省力气；大多数人走在人群中间，即不怕风，又不怕雨；即不走坑洼的路，又不怕被人群落下……

总之，人群中聪明的人们都在用自己灵活的大脑在人群中找到适合自己的位置。这些聪明人没有智慧去想，去问，这群人到底在往哪里走？是走向天堂，而是走向死亡？

绝大部分人为什么会这样盲目的跟随大群走？这是"从众心理"在作怪。什么是"从众心理"呢？举个列子，在远古时代，你和一群人一起去打猎。突然，你周围的人都朝后跑了起来，你也一定立即撒丫子跟着朝后跑起来。你绝不会站在那里仔细看看是什么动物来了，来的可能不是老虎而是头山羊呢？如果等你看清来的真是老虎，你可能就逃不掉了。"从众心理"给人提供了安全感。而实际上，作为一群中的一员,在群体之中也确实更安全。如果老虎真的追上来，它也只能吃掉人群中的一个，而不是全部。如果你所在的打猎群中有一百人，你被老虎吃掉的几率是百分之一。可是，只是你一个人留下来，那你被老虎吃掉的几率就是百分之百了。

所以，当人们组成了群，作为群中的一个人，我们的思维和本能并不比羊群中的一只羊或者鸭群中的一只鸭更聪明。

智慧的人懂得曲高和寡的道理。智慧的人知道大家都走的方向不一定就是正确的方向。在环境安全的情况下,智慧的人会离开人群，找一个高的地方，往前瞧一瞧，望一望，如果人群正在走向死亡的悬崖，他会离开人群，另辟新方向……

人生的镜子

很久以前有一个叫拉比的智者，在跟两个人聊天，问了一个问题：两个男孩子从一个烟囱里钻出来，一个孩子的脸是干净的，另一个孩子的脸是脏的，哪一个孩子去洗脸呢？一个人回答：当然是脸脏的孩子去洗脸。而另一个人回答：去洗脸的应该是那个脸干净的孩子。两个答案中，哪一个是正确答案呢？

很久以前，大约在一百多年前，西方国家有个职业叫烟囱工。那时家里都没有空调，冬天取暖主要是靠烧家里的壁炉。壁炉有个笔直的大烟囱，通到屋顶外面。时间长了，烟囱内壁上就挂了很多的黑烟灰，需要人工来打扫。

有一个大户人家，烟囱又高又大。圣诞节前，他家请了两个清理烟囱的小伙子，这两个小伙子是兄弟俩。这兄弟俩干活很麻利，来了之后，很快就打扫完了烟囱。从房顶上下来后，弟弟脸上弄上了很多黑灰，而哥哥脸上却是干干净净的，没有一点黑灰。在回家的路上，当马车路过一条小溪时，哥哥停住马车，下车，到小溪边去洗脸。弟弟觉得挺奇怪，哥哥的脸不脏，为啥要去洗脸呢？

实际上，这个故事的更深层的含义是：处在相同环境中，或者从相同环境中出来的人，互相之间是对方的镜子。这个镜子不止是外表的镜子，更重要的是心灵的镜子。

这样看来，每当我们看不惯周围人身上的污点时，我们是否想过，我们是否也有同样的污点。有的人看到别人的不足之处，就立马显出一付鄙视的嘴脸,情不自禁的进行嘲笑讥讽。好像嘲笑讥讽了别人,自己就高人一等了。想想看,都处在同一个环境中,或者说都是同一个烟囱里爬出来的,你的脸怎么就一定会比别人的干净?想一想,我们嘲笑讥讽别人的黑脸时,我们是不是也正在嘲笑讥讽自己的黑脸呢?对他人多一分宽容,也是对自己多一分宽容;帮助他人,也是帮助自己;看见别人脸是有黑时,我们是否想到,赶快去洗脸,而不是嘲笑别人……

灵魂与肉体

什么是灵魂?从古至今,在宗教、哲学和神话中,灵魂被描述为决定人生命的无形精髓,居于人的躯体之内并对其起主宰作用的一种超自然的东西;一种看不见摸不着的东西;一种不能被任何科学方法证明其存在的东西;有人说,人的灵魂通常在第四维空间游荡……

很多学者认为,灵魂是可以脱离人的躯体而独立存在的东西;是永恒的东西;是不可以被消灭的非物质的东西。一些现代科学家试图运用量子理论来探讨灵魂的问题,他们认为灵魂与生命基因类似,每一个人都有自己独特的灵魂。灵魂主宰着人的思维、幻觉、梦境、情感以及人的潜意识,等等,而且随着人的生老病死而变化着……

很多人可能都听过这样的话:那个人当时吓的尿裤子了;有人说:我当时吓的魂儿都没了;也有人说:我当时吓傻了,不能动了……总之,这些话在描述一个人魂没了以后,这个人就变成了一个傻子。是喊?是打?是逃?还是躺倒在地上装死?这时,魂儿没了,人根本就不知道下一步应该干什么了……魂没了，人体就是一具行尸走肉。

那么，什么是肉体呢？没有肉体，灵魂怎么存在？怎么行使它的主宰权？

有人用一台电脑来比喻人的肉体和灵魂。电脑的硬件部分是人的肉体，而电脑的软件部分是人的灵魂。如果一台电脑没装软件操作系统（灵魂），这台电脑（肉体）就没法工作，键盘不好用，屏幕没信号，也就是死机状态，也就是人被吓傻时的状态。

如果一台电脑的硬件（肉体）不行，中央处理器（CPU）很慢，暂时记忆的内存（RAM）和长久记忆的硬盘（Hard Drive）容量都很小，就是给这台电脑输入最好的操作系统（灵魂），这台电脑工作起来也还会是非常的慢，在这台电脑上看一个电影可能要好几天的时间。拿人来比喻，就好像一个人天生的腿非常短而且一瘸一拐的，叫他往前跑，他能听命令往前跑，可就是跑的不动……

有的人，天生硬件就是杠杠的，比如像科比这样体育明星，平常人无论怎么训练，也没他灵活，没他跳的高；还有像科学家爱因斯坦，平常人就是从一颗卵子就开始进行胎教，长大后，脑瓜子也不会比爱因斯坦聪明……但是，一个人如果没有灵魂，无论他身体条件再好，四肢再灵活，也都白费，他们的身体也就是一个可以行走的植物人或者是一具僵尸。

那么灵魂哪里来的呢？是人一生下来，上苍立马就把一团看不见摸不着的一团灵魂塞进婴儿的大脑，等婴儿渐渐长大，婴儿的各个硬件包括大脑都逐步健全时，灵魂也就逐步开始操纵他的身体，给他灌输怜悯心、慈悲心和仁爱之心，或者给他灌输残暴之心、邪恶之心和反人类之心……这个人就开始听从灵魂的指导，渐渐的变成一个有仁爱之心的圣人；或者变成一个反人类的恶魔；也可能变成一个既不是好人也不是坏人，但是，是一个非常自私的小人物。

中国有句老话：一方水土养一方人。总之，这句话是在说一个事情，一个人是个善人还是个恶人，主要看他成长的环境。在一个相互关爱和互相帮助的温暖环境中长大的人，常常是一个有爱心的人、一个有同情心的人、一个有怜悯心的人、一个喜欢帮助他人的人。在一个冷漠环境中长大的人，常常是一个没有同情心的人、一个自私的人、一个冷漠的人、一个残暴的人、一个没有道德底线的人。在一个极其残暴的环境中长大的人，也一定容易成为一个杀人不眨眼的恶魔。

这样看来，人的灵魂是环境培养出来的，逐渐在人的头脑中成长变大，最终成熟。综上所述，我们可以得出这样一个结论：人的灵魂不是上苍塞进婴儿头脑里的东西，而是人的生长环境逐步的给人量身定做了一个灵魂，随着人体的渐渐长大成人，人的灵魂也渐渐的完善成熟了。

当环境给一个人制造了一个邪恶的灵魂，这个人就是个邪恶的人。由于人的肉体是被人的灵魂指挥的，所以，邪恶的灵魂一定会指使这个人走向反社会和反人类的邪恶之路……当环境给一个人制造了一个高尚的灵魂，这个人就一定是个高尚的人。而一个高尚的灵魂，一定会指引这个人走向有益于社会和有益于人类的正义之路……

一个邪恶的灵魂，如果附体在一个硬件非常好的肉体里，这个肉体在这个邪恶的灵魂的指挥下，会对人类和社会造成极大的破坏，有的甚至是毁灭性的破坏，比如像希特勒这样的独裁者。如果一个邪恶的灵魂附体在一个硬件比较差的肉体里，比如不聪明，四肢又不很灵活的肉体，那么这个肉体在这个邪恶灵魂的指挥下，最多只能干点儿小偷小摸、小打小闹的勾当,对社会,对家庭,对人类等做不出太大的破坏。

那么,制造和培养灵魂的环境是什么呢?大量研究结果表明,培养灵魂的环境是:父母兄弟的言传身教;老师的悉心说教;书本知识的诱导;媒体和社会的无形指教,等等。孟母三迁的故事,表面上是孟母想叫孟子有一个好的学习环境,实际上,孟母是在找一个能给孟子塑造高尚灵魂的环境。

灵魂的塑造是一个漫长的过程,一旦人的灵魂成型后就很难改了。如果想要改造一个人的灵魂,同样需要一个很漫长的过程。江山易改本性难移,实际上,这句话中的"本性"两个字指的就是人的灵魂。

虽然灵魂是看不见的,但是,灵魂是可以通过肉体间接的显现出来的。有一个邪恶灵魂的人就会经常去干些坏事、恶事,而有一个高尚灵魂的人就会去做很多好事、善事。

那么,怎样改变一个人的灵魂呢?洗脑是改变人灵魂的最好最直接的方法。给人脑灌入大量的新信息,大量的新信息就逐渐的取代了头脑中原来的信息,或者说稀释掉了原有的信息,这样,新进来的大量信息就占据了人脑主要库存。谎言说一千遍就变成了真理,就是这个意思。谎言多了,就成了头脑中的主流,就成了真理。原来的主流,就变成了枝流,就成了次品,就成了糟粕的东西,荒谬的东西,该抛弃的东西。比如一个没有信仰的人开始跟信教的朋友去一个教会,随着参加教会活动的增多,他也会越来越相信教会传播的理念,慢慢的这个人就开始有了信仰,就开始坚信:这辈子做好事,下辈子轮回就还是好个人。这辈子做坏事,下辈子就变成畜生,任人宰割。

意志力是人灵魂的一部分。改变了人的意志力，也就改变了人灵魂的一部分。怎样改变一个人的意志力呢？人可以通过对肉体的训练，来改变人的意志力。比如通过对身体训练，人就可以锻炼出坚强的意志力。美国部队特种兵的训练，就是通过一种特殊的训练把一个普通兵变成一个特种兵，变成一个意志力非常坚强的人。他们能在在特殊环境中生存，克服艰巨的困难，完成特殊的任务。如果灵魂是邪恶的，坚强的意志力就是这个邪恶灵魂的更好帮凶。结果，这个邪恶的灵魂对人类和社会就会有更大的破坏力。如果灵魂是高尚的，坚强的意志力就是这个高尚灵魂的好助手。这个灵魂对人类和社会就会有更大的贡献。

所以，人接受锻炼时，得到锻炼的是灵魂，肉体不过是个中介，最终，锻炼的成绩留在灵魂上。通常情况下，灵魂和肉体是不可分割的，是一个整体。没有灵魂，肉体只是个僵尸，而没有肉体，灵魂只是一团虚无。只有两者合一，才能显示它们特有的功能出来。灵魂与肉体彼此结合，彼此利用，彼此合作，才有意义。灵魂指挥肉体，肉体服从灵魂；灵魂通过肉体来实现它的愿望，而环境也可以通过改变肉体来改变灵魂。

世上万物都是在按照熵的规律发展的，在没有外来的能量或者力量参与时，一切事物都是从有序向无序发展的：食物最终要腐烂，房屋最终要倒塌，石头最终会变成细沙……按照熵的规律，人的灵魂如果在不加管束的情况下，一定是往坏的方向发展的……

环境就像一个教练，在这个教练的训练之下，人的灵魂是可以变好或者变坏的。如果不受锻炼，也不约束，在肆意放纵的情况下，灵魂的品质自然而然的就会变坏。一个人的灵魂在自然的情况下会随着时间推进和环境的变化在潜移默化的变化着。一个人如果处在一个好的环境中，这个人的灵魂就会或多或少的往高品质方向发展……一个人如果处在一个坏的环境中，这个人的灵魂就会或多或少的往劣品质方向发展……

人灵魂的美丑不体现在人外在的肉体上。附有丑恶灵魂的人，身体未必孱弱，外表未必丑陋；附有善良灵魂的人，身体未必壮硕，外表未必美貌。

为了灵魂不自然的腐烂，想要灵魂有更好的品质，人就要有意识的去维护，锻炼和改造灵魂。其实，说到底，制造和培养灵魂的环境就是信息。信息不但是制造和培养人灵魂的环境，也是维护、锻炼和改造人灵魂的教练。所以，想要灵魂有更好的品质，人就要有意识的主动的往头脑中灌输积极的、阳光的、正面的信息，而抵制那些糟粕的、阴暗的、邪恶的信息。长此以往，人灵魂的品质就有了提高。最终，这个人就渐渐的变成了一个像林清玄先生所描述的那样人：今天比昨天更慈悲的人；今天比昨天更宽宏的人；今天比昨天更有爱心的人；今天比昨天更懂得美的人……

什么是佛法

在有些人看来，佛法即深奥又肤浅，即有禅意又有呆痴之气。有人认为佛法就像一个禅师说的一句空话：雁过长空，影沉寒水。有人觉得佛家弟子的生活就像一个病句，谈玄说妙，自视轻高，故弄虚悬，自欺欺人。过着凡夫俗子的生活，还偏说看破了红尘。

那么，佛是什么意思呢？佛这个字是从印度梵文音译过来的，是"觉悟"的意，也是"智慧"的意思。什么是法呢？法指的是万事万物，也就是宇宙人生的一切事物。把佛和法放到一起，意思是对宇宙人生万事万物的真正觉悟，对宇宙人生万事万物的正确认识。

所以，佛法就是无边无尽的觉悟，一个圆满的智慧。

那么，佛法究竟说的是什么呢？一个老法师曾经这样解释佛法的，佛法就是：看破，放下，随缘，自在，修行。

我不是佛家弟子，是一个俗人，悟性不高。听完佛语后，常常用自己的俗脑去理解，用自己的俗语来解释。今天，我就用我的浅见来解释一下什么是佛法。

看破

说到看破，佛到底想叫我们看破什么呢？这里的看破就是叫我们看破红尘，看破红尘也就是叫我们看破宇宙人生的真相。

什么是宇宙人生的真相呢？《金刚经》是佛教的经中之经，是佛教的基石。《金刚经》中说：一切有为法，如梦幻泡影。如雾亦如电，应做如是观。也就是说我们所看到的一切都是空的，是假象。即使存在的东西也是瞬时即逝的，就像梦幻、闪电、水泡一样，都是些转眼即逝的东西，并且是在不停变化着的东西。这就是宇宙人生的实质，世人应该视这种宇宙人生观为唯一正确的宇宙人生观。

佛为什么要说世上的一切都是空的呢？就拿物质来说，物质本身是实实在在的东西，一点儿也不空呀！有人从微观的角度来解释我们所看到的物质世界。就拿我们的一只手来打个比方。手是由骨头、肌肉、血管、神经等组织组成的。每个组织又是由细胞组成的，而细胞又是由分子组成的，分子是由原子组成的，原子是由原子核和原子核外围的电子组成的。原子核和原子核周围的电子之间的相对距离相当大。如果原子核像一颗黄豆那么大，电子像一粒芝麻那么大，电子围绕原子核运转的半径就像一个足球场那么大。它们之间的距离简直是无限大。如果把电子和原子核之间的空间去掉，地球就跟一个篮球一样大。也就是说,如果从微观的角度来看我们的手,手是空的,几乎没有任何物质。地球只是一个篮球那么大的一个物质膨胀的结果。我们所看到的一切物质都无非是电子以极高的速度围绕原子核旋转所造成的假象。

从原子的角度来解释佛说的"空",可能有些牵强附会。释迦牟尼当时肯定不会认识到物质是由原子组成的。但他悟出了一个深奥哲学道理,大的物质是由极多小的物质组成的,而且是永远在变化的。存在的东西正在消亡,活的东西正在死亡。变化着的东西永远是虚的,不是真正存在的。这就跟我们看到一颗恒星一样,可能这颗恒星早就不存在了,因为那颗恒星距离我们太远,我们看到的只是那颗恒星在灭亡之前发的光,我们所看到的只是那颗恒星的假象。

我认为,佛所说的"空"主要指的是精神层面上的空。古语说:广厦千间,夜眠七尺。这也就是说,人有一千间房子,晚上也只能睡在一间房子里,那另外的九百九十九间房子都没啥用。如果没啥用的话,就跟没有一样。也可以说另外那九百九十九间房跟不存在一样。可对世人来说,那九百九十九间房非常有用,在人的心理上有用。那九百九十九间房可以证明我很行,很能干,很富有。我们向世人证明我很行,很能干,很富有是为了什么呢?说到底就是为了心情顺畅,感觉好。如果我们把心修好了,就是没有那九百九十九间房,我们的心情跟那有九百九十九间房的人的心情一样好,我们不也等于有了九百九十九间房吗?如果有一千间房子的人的心情跟我们有一间房子的人的心情一样的话,有一千间房子不就等于只有一间房子吗?也可以说那九百九十九间房子是不存在的,是"空"的。所以说,从精神层面上看,物质在极大程度上是"空"的。

曾经有一个人抱怨房子太小是不幸福的原因。从二十万的房子搬到四十万的房子后，幸福了大约两年，他又不幸福了。后来，又般到一个带一大片地的大房子。几年后，他又开始不幸福了。这从另一个角度说明大房子是虚的，是海市蜃楼，不能带给人真正想要的东西。搬家实际上是在搬人的心态，一颗不满的心不论搬到哪里，也还是一颗不满的心。心不满，物质的东西是填不满的；心不满，住再大房子也跟住小房子一样。如果心态不变，换再大的房子，人还是不会幸福的。这也就是为什么佛教诲世人看破宇宙人生的真相，看破世上的一切都是海市蜃楼。在人吃饱穿暖后，人最需要的是情感的满足，或者说是心理上的满足。心满了，人对物质的需求也就满了。心满了，虽然住在一个小房子里，也觉得是住在一个大房子里。

当看破世上一切都是"空"的，人就不再追逐那些"空"的东西，人就开始走向内心。只有走向内心，提高自我，人才能真正感到心的满足。看破了，人也就能够放下了。

放下

看破以后，人能主动放下肩上不该担的负担，这就是佛所说的"放下"。放下了负担，人就轻松了，人的智慧就开了。佛说的"放下"是说放下那颗追逐梦幻泡影的心。世上的梦幻泡影就是权位和名利。这些东西都是很快就消失的。连人的生命也就几十年，了不起百年，就结束了，何况那些名利地位呢？

心放下了，不再去追求那些外在的东西，人就会从新认识自己。有的人可能会认识到自己真正需要的不是豪宅、名车，而是多与家人在一起。认识到，在与家人在一起时，能感到自己很富有；在与自己心爱的妻子或丈夫在一起时，能感到安宁快乐；在与自己的孩子在一起时，能感到心的柔软，人间的美好。当人认识到这些是自己心中真正想要的，人就不再去加班加点的挣钱买大房子了。心中知道买大房子的代价是用与自己家人在一起的宝贵时间换来的，不值。

人能主动放下自己不该做的事情，人就有时间多与自己的心在一起了。人就可以把时间这个宝贵的资源投到自己喜欢干的事情上去，投到提高自身的事情上去。人就可以多花时间在读书，写作，画画儿，学琴，锻炼身体，旅游等有益自己身心的事情上。

主动放下肩膀上的负担，走入内心，多花时间读书，思考，修炼内心，提高自我，人就活得轻松快活了。放下追逐名利地位的心后，心就平静了。心静了，人就能做到随缘了。

随缘

佛说世间一切存在的东西都是缘分所至。世间一切消失了的东西都是因为缘分尽了。缘聚侧有，缘散侧无。

佛说随缘的一层意思是劝告世人要珍惜自己已经有的缘分。有句话说得好：百年修得同船渡，千年修得共枕眠。这也是在说人要珍惜自己已有的缘分。降生在现今这个时代是缘分，要珍惜自己的生命；作为父母的儿女是缘分，要多关照自己的父母；作为她（他）的丈夫或妻子是缘分，要多体谅自己的妻子或丈夫；作为孩子的父母也是缘分，要多给孩子一分爱心和宽容，少一份挑剔和斥责。

缘分不是谁想要就能得到的。当你珍惜你目前所有的缘分，你就会很好的对待和享受你的缘分。这样，当缘分尽了的时候，你也不会过分悲伤和后悔。缘分尽了的时候，想抓都抓不住。

人活在世，不如意的事常常会发生。丢了工作，那是与那份工作的缘分到了头，别难过，下一个与你有缘的工作正在等着你；好朋友走了，不再往来了，不要为他（她）的离去而过分伤心，缘分到了，留是留不住的；亲人离开了人世，难过一阵后，告诉自己，缘分尽了，该走的都是天意，随他们去吧，自己还要好好活下去！

做到了随缘，人不但不会奢望自己生活中没有的好东西，而且能为生活中遇到的每一件好事而欢喜，感激。当生活中出现不尽人意的事或发生一件不幸的事时，人也会用一种随缘的坦然心态来对待，并能在心理上做到不再去纠缠那些不可挽回的伤心往事。

做到了随缘，人就能卸掉情感的负担。人就可以在逆境中保持一颗平静的心。做到了随缘，人们就可以全身心的享受世间的美好生活。轻松自在的走好自己的人生之路。

自在

做到了看破，放下，随缘后，人就会活得非常自在了。什么是自在？自在就是孔子所说的：随心所欲不逾矩。自在是人对自己和周围环境完全接受，并对自己的一切完全满意的一种持久的心身状态，一种身心完全自由的状态。做到看破，放下，随缘的人就是一个身心自在的人。一个身心自在的人不论在什么样的环境中，只要生活的基本需要得到了满足，他（她）就能有一颗自在满足的心。一个人有了一颗自在心，就好像鱼得了水，不论在大河大湖里，还是在池塘小河中，他（她）都能自在的畅游其中。

当有一颗自在的心后，人就真正知道自己是谁，能干什么，不能干什么；什么是自己真正喜欢干的，什么是自己不喜欢干的。为了保持一颗自在的心，过一种自在的生活，人就会主动去寻找，并有能力找到他们真正喜欢干的事。这样的人绝不会为了讨好社会或某些人去干自己不喜欢干的事。

只要有空气、食物、水和一些赖以生存的简单物质条件，只要他们的身体没冻着，没饿着，他们的身体就是个快乐的身体，他们的心就是颗愉悦自在的心，他们的生活就是诗中所描绘的快乐生活：春有百花秋有月，夏有凉风冬有雪。莫将闲事挂心头，一年都是好时节。

修行

修行实际就是修心。心不正侧行不直。只有把心修好了，人才能有正直的行为。

那么，我们要把心修成什么样才算修好了呢？老法师说：当把人心修成一颗佛心，心就算修好了。那么，什么是佛心呢？老法师又说佛心就是：正觉心、真诚心、平等心、清净心和慈悲心。

正觉心是一颗知道好坏是非的觉悟之心，一颗明白美丑善恶的智慧之心；真诚心是一颗无私的心，一颗磊落的心，一颗敞开胸怀接人待物的坦荡之心；平等心是一颗没有分别的心，一颗对待高低贵贱都一视同仁的公平之心；清净心是一颗出污泥而不染的纯净之心，一颗对污浊环境有抵抗力的心，一颗不受各种潮流所影响的宁静之心；慈悲心是孝心的扩展和升华，是一颗热爱全人类的仁爱之心。

修佛不是盲修瞎炼。佛法是修佛的座右铭，是修佛的基本纲领。修佛不是一天两天的事，而是一个长久的渐进循环的过程。活一天，就要修炼一天。只要按照佛法去修炼自己，人就能够一步步地看破红尘，看破一层，就能放下一层，看破十层，就能放下一担。

能把一颗人心修成一颗佛心，人就能彻底的破迷开悟。这样的人就能过上佛所说的高度智慧艺术的生活，一种法喜充满的生活，一种人在红尘中心在仙境里的超凡脱俗的生活……

知识与智慧

六祖禅师不识字，但他是个有大智慧的人。他的偈留传千古：菩提本无树，明镜亦非台。本来无一物，何处惹尘埃？在中国的佛经中，只有释迦摩尼的话和六祖禅师的话被编入佛经里。

美国有一个人，知识极其渊博。他不仅识字，还可以两眼同时看两页书，而且过目不忘。他成天泡在图书馆里，能记住一百年前的今天世界上发生的重大事件，并能记住这一天是星期几。他经常到各个大学去讲演，演示他惊人的记忆力。有时，还应邀出国讲演，他是一个蜚声国际的名人。

这个知识极其渊博的人有一个装满知识的大脑，也有健全的四肢，可他是个不能自理的残疾人。他是个自闭症患者，智商只有八十七分。他五十岁了，还需要八十岁的老爸照顾他的日常生活。

他的故事被好莱坞改编成了电影：雨人（RainMan），达斯酊霍夫曼（Dustin Hoffman）主演，并获得了当年的奥斯卡奖。

人们常犯一个错误，认为学位越高，书读的越多，知识越渊博的人智慧就越大，他们的看法和想法就越正确。知识多的人和学历高的人也常常误认为自己是个有的智慧的人，认为真理在自己手中。

知识多的人不一定就是个有智慧的人，也可能是个傻瓜。没知识的人也不一定是个白吃，也可能是个有大智慧的人。

第二章　人生与性情

人的无助，不是身体上的无能，而是精神上的放弃。只要精神上不放弃，身体上的残疾是阻挡不了人们去追求爱情，追求梦想，追求幸福。

上帝给一个人关上一扇窗，也会再给这个人打开一扇门。上帝对世上每一个人都是公平的。

丽莎的故事

一个女孩 20 岁。这个年纪其实还是个女孩子,一个如花似玉的年龄。这个女孩是个白人,叫丽莎,非常漂亮,金发碧眼,黄金分割的面容。她不只是 Pretty（漂亮）,而是 Beautiful（美）。可惜的是,她曾经两次割腕自杀未遂。

两年前,她在一次车祸中脊椎受伤,腰部以下瘫痪失去知觉,终身坐轮椅。她不接受现实。她哭,她闹,她诅咒上帝……她的亲人们和她的朋友们也为她哭泣。上帝啊,为什么要给这个天仙般的女孩这样的命运呀？她还是个孩子啊,她刚刚度过了人生的四分之一呀。上帝啊,为什么啊？

我跟丽莎聊天,询问她的状况。丽莎笑起来更是美如天使,而且开朗大方。她说她现在已经接受现实了,不再有轻生的念头了,她快回到车祸前的精神状态了。谈到自杀,丽莎伸出两个胳膊,让我看手腕上的伤痕。她的两个手腕的内侧各有一道淡红色的疤痕。她说,她跟妈妈保证过了,再也不会在手腕上添加新的刀痕了。接着,她又说,除了用轮椅代替两条腿走路,有些不方便之外,再就没有更大的困难了。

在一定的条件下,死亡人都能接受,还有其他现实不能接受吗？

二次大战期间,有一个真实的故事。两个德国士兵,压着二百个苏联战俘到一个挖好的大坑前,命令战俘们排着队跳入大坑中,之后,开枪把战俘们全都枪杀了。

两百个战俘,如果不接受死亡,起来反抗,一拥而上,最多死几个人,就把那两个德国士兵打死了,绝大部分人就都会活下来。

人的无助，不是身体上的无能，而是精神上的放弃。只要精神上不放弃，身体上的残疾是阻挡不了人们去追求爱情，追求梦想，追求幸福的……

莉娜减肥

莉娜是个年轻又漂亮的女人。她长的很标志，深棕色头发，棕色眼睛，雪白的牙齿，高挑的身材，很吸引男人青睐的目光。

六年前，大学刚毕业时，莉娜体重两百磅。毕业一年后，她的体重又增加了三十磅。她开始减肥，用了两年时间，减掉了一百磅。她很高兴，很享受一百三十磅的苗条身材。可好景不长，由于一件不开心的事，她没保持住一百三十磅的体重，她的体重又开始上升了。

那件不开心的事起源于她的一个追求者。在健身房，一个追求者邀请她周末出去吃饭，被她婉言拒绝了。她不喜欢那个人的长相，一副狡诈的面孔。两个星期后的一天，在健身房前的停车场，那个追求者对她竖起了中指。那天以后，她的心情就开始变糟了，她再也不敢去那个健身房了。她又开始吃起甜食了，锻炼开始减少，懒在床上的时间开始增多了……很快，她的腰又开始变粗了，臀又开始变大了，体重又开始增加了……

增肥很快，大约一年半的时间，她又增到了两百四十磅了。

对莉娜来说，减肥可不是件容易的事，不但要控制少吃甜食，还要控制自己的饭量，不能多吃，而且要按时吃饭，不能想啥时吃，就啥时吃。除了吃，还要去健身房去锻炼。她本不是个喜欢运动的人，去健身房锻炼，对她来说，就是去受罪。吃，对她来说，是最大的享受。为了减肥，她不但不能享受口福，还要去锻炼，真是受大罪。她心里明白，为了在工作中不被同事另眼看待，也为了有个好前程，她应该减肥。她心底还有一个愿望，找到一个可心的男朋友。她知道，女人像她这么肥，只能找个肥男人或者找一个丑男人。虽然她是个肥女人，可她绝不想找个肥男人，更不想找个丑八怪。虽说母癞蛤蟆只能找公癞蛤蟆，不可能找到一个漂亮公青蛙，可她不甘心当个母癞蛤蟆，她想当个貌美的女青蛙，以后，找个英俊的男青蛙。可是，减肥实在是太难了。啊！命可真苦啊。现在，她又这么肥了，走路都开始有些费劲了。怎么办呀？对她来说，面前只有一条路，减肥。她又下定决心，减肥！

她换了个健身房，每天少吃零食；每天减少饭量；每天坚持去锻炼。在她坚持不懈的努力下，这次，她又减肥成功了。一年多的时间，她减掉了一百一十磅。这是她大学毕业后，第二次减肥成功。

减肥成功后，她的英雄本色又出现了，婀娜多姿，妩媚动人……

一个年轻漂亮的单身女人，是不缺男人追的。不久，莉娜从她的追求者中选了一个，同意周六跟那个男人出去吃饭。吃完饭后，莉娜跟那个人去了一条热闹的大街，逛了一会儿，她接到一个电话。接完电话，莉娜说她的闺蜜在找她，她要回去了。过了一个星期，那个男人又邀请莉娜出去。这次他们去了一个酒吧。他们边说边喝，几杯她鸡尾酒下肚后，莉娜觉得头有点晕，可她仍然很清醒。她知道不能再喝了，看了看表，已经喝了两个小时了。这时，那个男人邀请莉娜去他的公寓坐坐，莉娜婉言拒绝了。又过了一星期，那个男人约莉娜出去看电影，莉娜说她感冒了，不舒服，不去了。她不想跟那个男人发展进一步的关系了。她不知道为什么她不想继续下去了，可她内心里还是挺喜欢那个男人的。

莉娜的心情莫名其妙的又开始变糟了。她停止了约会，周末也不出门了，也不去健身房了，关在家里看电视或者上网消磨时间。一般来说，心情变糟后，人是很难过的。很多人觉得在受着时间的煎熬，分分秒秒都不好过。在这样的情况下，人们开始寻找使自己心情好起来的各种办法。在实际生活中，不少人有很多改变糟糕心情的办法，比如吸毒、酗酒、赌博、乱性等等。另外有的人会从事比较危险的活动，比如高山滑雪，低空跳伞，攀登峭壁等极限运动。这些高危险运动能使人体内的肾上腺素迅速飙升，飙升的肾上腺素可以使人情绪高涨，心情愉悦，活力增强。另外，有及少数人为了减轻内心的痛苦,他们会干更过激的事情，比如自虐（故意弄伤自己，用刀割自己的身体；吃铁钉子和玻璃碎片等尖利的东西）。肉体的痛苦可以暂时减轻他们内心的痛苦。这就像一个头疼的人，如果用锤子砸一下自己的手指，他的头疼就减轻了，或者消失了。

　　莉娜改变心情的办法是大多数人最常用的办法，吃。心情不好，她就不愿意出门，更不愿意出去锻炼，她只想在沙发上边吃东西边看电视，忘掉一切不痛快的往事……

　　随着时间的推移，莉娜的体重曲线又大幅度的往上涨了……随着体重的增加，她的衣服又都变小了，穿在身上又太紧了，她又开始买大号的衣服了……莉娜又开始发愁了，这可怎么办呀？今年减一百多磅，明年再增一百多磅，这样不停的折腾，怎么受的了？一定要找个把体重稳定下来的好办法。

　　莉娜非常懊恼自己的意志力，为什么就不能坚持锻炼，少吃零食呢？要有个办法增加自己的意志力，不能这样折腾了。莉娜最终听了闺蜜的话，去找个心理医生，看看是否可以从心理医生那里得到帮助，找到一个增加意志力的好办法。

　　一个星期后，莉娜见了一个心理医生。她详细的讲述了她这几年的减肥过程。心理医生问了一些莉娜童年时的生活经历，她的父母待她怎样？是否爱她？以及她和她弟弟的关系怎样？莉娜说：她父母对她很好，很疼爱她。她和弟弟的关系也很好，她爱弟弟，弟弟也爱他。总之，莉娜有一个很好的童年。心理医生没发现莉娜童年的经历对她心理有什么不好的影响，莉娜童年的心理应该是很健康的。

第二次见心理医生，心理医生让莉娜讲讲她高中和大学时期的生活经历。当讲到她的第一个男朋友时，莉娜眼中开始含泪，心情开始变坏。她说：大学二年级时，她有了第一个男朋友。莉娜是个很保守的女孩，她跟那个男生出去看过一次电影，吃过一次饭。第三次出去，那个男生就在他的公寓里强奸了她。莉娜由于怕影响她的学业和名声等，她没报警，也没敢告诉她的父母，眼泪流进自己的肚子，她忍了。从那以后，她再也没有过男朋友，她内心深处害怕男人……

那次事件之后，莉娜的体重开始增加，大学毕业时，她的体重增加到了两百多磅。

最终，心理医生的诊断出来了：莉娜减肥和增肥的原因不是因为她缺少意志力，而是莉娜的矛盾心理造成的，最根本的原因是她被强奸这件事情。理智上，莉娜想减肥，她渴望展现苗条的身材，漂亮的外表，她渴望男人的青睐。所以，她要减肥，她也有毅力减肥。减肥成功后，身材好了，人又变得漂亮了，男人们又开始青睐她，注意她，追求她了……当她又开始有追求者时，莉娜内心深处被强奸的旧伤疤就又开裂了，旧伤疤又开始流血，她的心又开始疼……被强奸的恐惧又占据了她的内心。她的潜意识开始告诉她，男人都不是好东西，男人是危险的东西，你要远离他们。这时，她的心情就又开始变坏，又开始恐惧男人，恐惧再被强奸，内心深处就又没有了安全感。这时，她就又开始吃，又开始增肥……实际上，莉娜增加的那一百多磅肥肉是她的保护伞，是她防身的"外套"。当她增肥到两百多磅后，男人们对她的兴趣就大大的降低了，渐渐的也就没有追求者了。这时，莉娜内心就感到安全了，被强奸的恐惧也就自然的降了下来。可是，体重增加了，人又变丑了。莉娜不喜欢她那肥硕的身材和那张臃肿的脸，她内心深处就又开始难过，眼泪又在她的心里流成了河……

心理医生对莉娜说，她首先要去掉被强奸的恐惧心理，之后，她才能保持住减肥的成果。莉娜要从心底认识到，当时，是她倒霉，碰上了坏蛋，而绝大多数男人是好人。在跟男人交往的过程中，女人被强奸的几率是非常小的。心理医生建议，莉娜应该去参加一两个业余爱好者社团，在发展业余爱好的同时，有意识的去接近社团中的男人，进一步了解男人，消除对男人的恐惧感。之后，莉娜可以发展一两个年纪比较大的人品端正事业有成的稳重男人，作为一般朋友。在交往过程中，她就会进一步去掉对男人的恐惧心理……

三年过去了，莉娜渐渐的去掉了对男人的恐惧感。在她自己的努力下和心理医生的帮助下，莉娜彻底脱掉了她那一百多磅的"大衣"，而且再也没"穿"回去……

眼睛的故事

在美国东部一个大城市，有一个人叫查理，是个白人。他一出生，就被他妈妈抛弃了，一个多月后，他被一对白人夫妇从孤儿院领养回家。他的养父开个小杂货店，他的养母是个小学教师。他的养父非常忙，周末也要在店里照顾生意，他主要是靠他的养母照顾和培养他。

他的养母对他的管教非常严，查理如果不按时睡觉，他养母就把他绑在小床上；他不喝牛奶，她就体罚他；他如果把衣服弄脏了，她就把他关禁闭……小查理非常害怕他的养母，尤其害怕他养母那双眼睛，只要看到他养母一瞪眼，他就毛骨悚然，知道他又要挨罚了。查理小时，他养母还喜欢把他打扮成一个小姑娘，给他穿女孩衣服，给他买布娃娃玩儿。查理不喜欢被打扮成小姑娘，也不喜欢布娃娃，他故意把布娃娃的眼睛拽掉。

　　在查理十二岁时，他养母给他买了一本怎样制作动物标本的书，查理非常喜欢那本书。有一天，在他家后院，他用气枪打死了一只松鼠。他养母看到后，不但没生气，还指导他怎样剥松鼠皮，怎样往松鼠皮里填充干草，怎样把松鼠皮缝起来做成一个松鼠标本。做好的松鼠标本缺少两只眼睛，查理央求他养母买两只玻璃扣子做松鼠眼睛。他养母没有给他买，而是给了他两个黑纽扣，叫他缝到松鼠头上。后来，查理又打死了一只鸽子，他把鸽子也做成了标本，鸽子眼睛也是两个黑扣子。查理不喜欢动物标本上的纽扣眼睛，后来，他把那两个动物标本的纽扣眼睛都剪掉了。他觉得没有眼睛的动物更可爱，可能动物的眼睛会使他想起他养母严厉的眼睛。做好了两个动物标本后，查理开始对做动物标本感兴趣，他的理想是长大当个动物标本制作师。

　　查理挺聪明，可是，他有个坏习惯，偷东西。上初中和高中时，他经常偷些小东西，被抓了好几次，但都没有影响他毕业。大学一年级时，他交了个女朋友，后来，他女朋友跟他散了。他挺生气，把他女朋友给他的几张照片的眼睛都剪掉了，他恨女朋友的眼睛。大学二年级时，他偷了两只枪和几百元现金，被抓后，他蹲了一年监狱。出狱后，他被学校开除了。后来，他篡改他的简历，进了一所教师培训学校，学了一年，他又缀学了。

步入社会后，由于没有专业技能，他干过很多不同的工作像理发师、管道修理工、公寓维修工，等等工作。他还当过初中老师，初中老师的职业干了有两年，后来被学校发现他的教师证书是他自己做的假证书，他被开除了。他不停的换工作，同时，也改不了他的老习惯，偷。

一晃，查理在社会上混了三十多年。在查理五十七岁这一年，他所在的城市有一个妓女被杀。奇怪的是，当验尸官掀开死者的眼皮，想记录下死者眼睛的颜色时，验尸官发现，死者的两只眼球被挖掉了，而且挖眼球的技术非常高超，像是手术外科医生干的活。警察局开始怀疑杀人凶手是外科医生或者与人体解剖有关的专业人员。两个月后，又有一名妓女被杀，眼球也被挖掉了。这时，警方知道，他们的对手是个系列杀人犯，而且是个挖眼球的杀人犯。一个月之后，又有一个妓女被杀，眼球也被挖掉了。

这时，读者你可能猜到了，查理可能是凶手。对，他是凶手。

抓到查理后，心理学家和美国联邦调查局的人想知道，查理为什么要杀妓女，为什么要挖掉死者的眼球？

通过询问及调查,心理学家大致得知为什么查理为什么恨妓女，为什么要挖掉死者的眼球的原因。首先,由于他的养母对他非常严厉，经常体罚他，查理从小心里就恨他养母，恨女人，尤其恨养母那双眼睛。后来，查理得知他的生母是个妓女，生了他后，把他抛弃了，结果，他非常恨妓女。由于恨妓女，恨他养母那双眼睛，所以，在他心里，妓女的眼睛是最邪恶的东西……

谁是坏人

什么样的人是坏人？标准何在？

在一般老百姓眼里，坏人就是那些小偷、骗子、强盗、杀人犯，等等。另一种说法是，坏人是那些不遵守法律，没有良心，没有道德，为了自己的利益去伤害他人的人，有的坏人为了自己的利益甚至伤害他人的性命。

上个世纪三十年代，在纽约，有一个罪犯，烟酒不沾，不嫖不赌，人们称他双枪克劳雷。警察在逮捕他时，他拼死抵抗。一百多名警察包围了他住的房子，克劳雷躲在一张堆满杂物的桌子后面，手握双枪，左一枪，右一枪，不停的朝警察开枪……经过一个多小时的枪击后，警察从房屋顶上凿了个洞，放催泪瓦斯，把克劳雷从房子里熏了出来。克劳雷被捕后，纽约警察总监说：克劳雷是纽约历史上最危险的暴徒。他杀人就跟切葱一样，没有一点儿人性，他将被判处死刑。

双枪克劳雷认为自己是个什么样的人呢？在警察包围他时，他写了一封公开信。当时他的伤口在流血，那张信纸上留下了他的血迹。他写道：在我的衣服里面是一颗疲惫的心，那是一颗仁慈的心，一颗不愿意伤害任何人的心。

克劳雷的心真的是一颗仁慈的心？一颗不愿意伤害任何人的心吗？就在警察逮捕他前两天，在纽约长岛的公路边，克劳雷停下车，跟路边的一个女人调情。这时，一个警察来到他的汽车旁边，要求他出示他的驾照。克劳雷二话不说，掏出手枪朝那个警察连开数枪，警察倒地而亡。克劳雷跳下车，捡起地上警察的手枪，朝警察又开了两枪。可是，在他被警察包围时，他却写道：在我的衣服里面是一颗疲惫的心，那是一颗仁慈的心，一颗不愿意伤害任何人的心。

克劳雷被判处了死刑。走进行刑室，在坐电椅之前，人们一般会认为，克劳雷可能会说：这是我杀人作恶应有的下场。可是，克劳雷根本就没有一丝的忏悔。他说：我所做的一切，都是为了保护我自己才杀人的。

另外有一个在芝加哥附近作恶的匪首，一个杀人不眨眼的罪犯，也认为自己是个有益于人民的人，一个没有受到赞许，反而受到污蔑的人。他描述自己是这样的一个人：我将一生中最好的岁月贡献给了人民，使他们获得了幸福，过上了舒服的日子，而我却得到了搜捕和侮辱。

另一个叫卡邦的杀人犯，被逮捕后，在记者访问他时，他说他是个有益于社会有益于人民的人，政府逮捕他是不公正的。

一个关押重刑犯的监狱负责人曾经说，在监狱里，很少有罪犯承认自己是坏人，认为他们的人性跟普通老百姓一样。他们对他们的所作所为有他们自己的见解和解释。他们会告诉人们，他们抢银行和杀人都有正当理由，是迫不得已而为之，他们是无辜的，他们不应该被关进监狱。良心上，他们根本没有负罪感。

以上这些故事说明了什么？说明了一点，坏人从来都不认为自己是坏人。从他们的逻辑上看，他们所做的任何坏事，都是应该的，都是正当的，都不是坏事。我们普通人里也有这样那样的坏人，他们没有道德的约束，没有做事的底线，为了自己个人的利益而去伤害他人的利益。在他们的眼里，他们所做的坏事都是正常的事。有的人，已经占便宜了，却还是觉得吃了亏。因为在他们心里，他们应该占更大的便宜。他们已经伤害了对方的利益，可是，在他们心里，他们根本就没有觉得伤害了他人，或者认为对方应该受到更大的伤害。他们绝不会为对方着想，他们永远不会满足。

有的恶人没有去做坏事，不是因为他们有颗善良的心，而是他们怕受到法律的惩罚。假如法律允许随便杀人，心地善良的人也不会拿起刀枪去杀人。而恶人就会拿起刀枪去杀人。这就是好人与坏人最本质上的区别。

日常生活中，当遇到了侵害我们利益的人时，我们跟他们是不能讲道理的，也没必要跟他们纠缠，因为他们根本就不认为自己有任何错。在他们的心里，他们反而会认为我们心地善良的人是坏人，而他们是好人。

所以，如果碰到了侵害我们利益的人，当我们的损失是不可挽回的，我们最好是自认倒霉，喘两口长气，远离那些坏人。吃一堑长一智，以后，把眼睛擦亮点儿，再碰到那样的人，躲远点儿……如果不躲远点，终有一天，会吃亏的。

盲人的故事

大约十年前，我曾经跟一个盲人聊过天。这个盲人是非常好的一个人，特别诚实，又很热心，我想知道什么，他都告诉我。

我不想跟一个天生的盲人聊天，那样聊天就像我说俄语，他说伊朗语，谁也听不懂谁，没法交流。因为天生的盲人没见过光明，没见过色彩，没见过月亮，我跟他聊光明，他跟我聊声音；我跟他聊色彩，他跟我聊触觉；我跟他聊月亮，他跟我聊冷暖……

这个盲人是个四十来岁的黑人，叫皮特。他是在一次工作事故中受伤而失明的。他的工作很简单，往传送带上放一种他们公司生产的营养原料半成品。在一次工作中，传送带突然断了，打在他脸上，把他打倒在地，失去了知觉。当他在医院醒来时，已经是一个星期以后了。医生告诉他，他的双眼眼球受到了严重的损伤，他可能会双目失明，当时他的双眼还缠着纱布。医生走后，他真觉得活到了生命的尽头。他问上帝：为啥不让我在事故中死去？为啥要让我在黑暗中受折磨？

皮特十年前离了婚，一个六岁的儿子也被他老婆带走了。离婚后，他相继有过几个女朋友。从医院回到家不到两个月，他现任女朋友也离开了他。他不怨他的女朋友，谁愿意永远照顾一个瞎子呢？女朋友离开后，他想过自杀，可他心不甘，觉得就这样死去，对不起儿子，他儿子跟他关系挺好的，在学校学习也很好。

一个月后，在好朋友的帮助下，他跟好朋友合租了一个两室一厅的公寓。这样，皮特的朋友可以帮他干些他不能干的事，比如去超市买食品，等。大约半年后，皮特开始习惯黑暗了。他能记住房间里每样东西在什么地方，基本能够自理了。他可以刮胡子，洗澡，清洁自己，可以简单收拾房间；可以用微波炉热一些冷冻食品。皮特说，除了不能开车，很多事情他都能干。我问他：你最喜欢干什么？他说看电视。我说：我问你现在最喜欢干什么？他说：看足球比赛（美式橄榄球）。我说：你看不见呀。他说他可以听电视里说的是什么。比如看动物频道，电视里讲非洲的野牛被狮子追赶，最后，几个狮子咬死了一头小牛，等等。通过解说，他能把狮子追野牛的画面在头脑中全部浮现出来，看完之后，他还会把刚看过的节目在大脑中重复一两遍，有趣的节目，可能会重复六七遍。我说：你现在听足球比赛，一定比以前看足球比赛差多了吧？他说听足球比赛跟看足球比赛也差不多。以前，只是在看足球比赛，听不见解说员在说什么，现在，他能从解说员的讲解中，知道球在哪个队员手中，哪个队员冲到了哪里，进攻队的球员离终点还有几码……从电视里观众的欢呼声中，他也可以了解到球场比赛的激烈程度。以前，很多信息听不进来，现在，进入头脑的信息更多了，更全了，他的记忆也比以前好了，有些事情，由于在大脑里重复，就更不容易忘掉了。他现在不上班了，比以前的时间多了，心情也比以前更平静了。以前，他老是能看到不公的事情，肮脏的地方，不满意的境况，现在，那些看不惯的东西也大部分消失了，看不见了，也就不影响他的心情了。不出门，不去商场买东西，他的生活中也就少买了很多垃圾东西，生活也简单了。朋友亲人对他也比以前客气多了，他们都愿意帮助他，他体会到的人间温暖也比以前多了。

　　上帝给一个人关上一扇窗，也会再给这个人打开一扇门。上帝对世上每一个人都是公平的。

十八封信

　　她叫玛丽娅，是个年轻女人，一个非常漂亮的女人，一个眉清目秀的女人，一个金发碧眼的女人；她是个独立的女人，一个勤劳的女人，一个能吃苦的女人；她是一个孤傲的女人，一个冷漠的女人，一个少言寡语的女人。

　　她生长在孤儿院。一出生，她就被父母抛弃了。长大后，她勤工俭学，边打工，边上学，她用了五年时间上完了大学，大学毕业后，她在政府部门找到了一份稳定的工作。每周五天，她朝九晚五上下班。每天下班后，她就赶回她的小公寓，不再出门。周末，除了要去超市买些生活必须品之外，她基本不出门。她深居简出，独自一人生活，没有朋友，没有闺蜜，没有亲人。

　　外人对她的评价是，她是个孤傲的人；一个冷漠的人；一个不合群的人。

现实生活中，在她自己的世界里，在她的内心里，她非常的痛苦。她害怕孤独，孤独不是她自愿的选择。她渴望被同情，渴望被理解，渴望被呵护。她渴望友谊；她渴望爱情；她渴望被宠爱。她内心深处也渴望有一个"白马王子"来拯救她，给她关爱，给她温暖，给她欢乐。下雨时，给她撑起一把伞；起风时，给她一个避风港；她苦闷时，他给她一个有力的肩旁。可是，她内心深处认为自己是一个不可爱的人，一个被自己亲生父母抛弃的人，在这个世上她是个多余的人。内心里，她深深的相信，在这世上，不会有人喜欢她，没人会爱上她。除了工作上的事以外，她害怕跟任何人打交道。对她来说，世间是阴冷的，外界是黑暗的。她害怕外面的人和外面的世界，只有回到自己的小窝里，她才能感到一丝温暖，感到一些安慰。

每天下班后，做点简单的饭菜，吃完饭后，她常常坐在沙发上发呆，大脑一片空白，一呆就是两三个小时。发呆时，她常常想起自己在孤儿院的生活。由于她不爱说话，在孤儿院里工作的阿姨们都不喜欢她，对她非常冷漠。由于阿姨们不喜欢她，孤儿院里其他小朋友们也常常欺负她。这样的冷漠的环境给她幼小的心里种下了一个信念：自己是一个没人喜欢的人；是一个令人讨人厌的人；是一个多余的人。

在孤儿院那些年，她每天的日子是非常难熬的。她每天都希望太阳快点落下去，天黑了，她就可以躺在她的小床上，就可以感受到被窝给她的一丝温暖和保护。她特别喜欢下雨天，希望天天都是雨天，雨天，天黑的早……

一天，她在办公室翻看一本杂志。杂志里面刊登的一篇文章吸引了她的注意。文章说的是一个年轻女子，这个女人的内心非常的痛苦，觉得世界是冰冷的，前途是黑暗的，她走在了自杀的边缘。这时,这个年轻女子在家人的帮助下,去见了一个叫贝勒的心理医生。

在心理医生的治疗下，她走出了阴霾，生活里出现了阳光，生命里有了希望。

玛丽娅把那个心理医生的名字记了下来，找到了那个医生诊所的位置。心理医生的诊所离她的住处开车四十五分钟。她给那个医生诊所打了电话，约好了时间去看那个心理医生。

两个星期后的星期六上午十点，她准时来到了医生的诊所。填了好几页的表后，又等了大约三十分钟，她见到了贝勒医生。贝勒医生大约有五十多岁，戴一副无边眼镜，深棕色头发里大约有一半是白的。等她在一个紫色皮沙发椅上坐下后，贝勒医生问了她几个问题，之后，让她介绍她自己从小到大的成长经历，包括她的出生，孤儿院的生活，大学的生活，以及她的工作情况，越详细越好。一个小时瞬间就过去了，她好像只讲了一个开头，就结束了。在整整一个小时里，贝勒医生除了问她要不要喝水，没说几句话。

一连五个星期，每个星期六上午十点，她都准时去见贝勒医生。每次，一个小时。每次，都是她在讲述她生长的经历和她内心的感受。贝勒医生很少打断她的话，问话也不多。虽然，每次去见贝勒医生，绝大部分时间都是她在讲述她的经历和感受，贝勒医生很少讲话，也不给出什么建议，但是，她还是非常渴望见到贝勒医生，继续讲述她以前的冰冷经历和内心凄苦的感受。

第六个星期，她如往常一样，见到了贝勒医生。这次，贝勒医生没再让她讲述她的经历和感受。而是说：今天，我给你一个任务，这个任务你必须自己去完成，没人可以帮助你。说着，贝勒医生递给她一个布娃娃，布娃娃大约有两尺高，金发碧眼。贝勒医生说：这个布娃娃的名字叫玛丽娅，跟你的名字一样，她就是你。你要把她带回家，去把她抚养大。她现在是一个刚刚出生一个小时的婴儿。把玛丽娅带回家后，你要给她喂奶，换尿不湿，哄她睡觉等等。你还要去书店买些抚养婴儿和养育孩子的书，按照书上的办法，去抚养她，直到她长到十八岁，离开家，去上大学为止。你要把她当一个真孩子去抚养，把她当成你自己去抚养，给她那些你生命中缺失的东西，那些你从来没有得到过的温暖、呵护、友情、和爱……你把抚养玛丽娅一个月的时间当成一年。一个月后的今天，就是玛丽娅的第一个生日，十八个月以后，玛丽娅18岁了，去上大学了，你的任务就完成了。另外，你每个月要写一封信寄给我。信要写的非常详细，你是怎样照顾玛丽娅的，都跟玛丽娅都说了什么，玛丽娅都说了什么，干了什么，等等。你写完十八封信后，你的任务就真正完成了。

　　她做事非常认真，把玛丽娅带回家后，就去超市买了很多婴儿的用品，如奶瓶、尿不湿、婴儿的一些衣服、婴儿床和婴儿车。她还买了好几本育儿的书。第二个周末，她还买了一台电动缝纫机，她要给玛丽娅做衣服。按照贝勒医生交代的，她开始认认真真的抚养自己了……

　　一个月后，贝勒医生接到了她写的第一封信，信很长。信里，她详细的叙述了她每天都干了什么，一天给玛丽娅喂几次奶，多长时间给玛丽娅换一次尿不湿，晚上几点哄玛丽娅上床睡觉，都跟玛丽娅说了什么，给玛丽娅讲了什么故事，给玛丽娅过生日的蛋糕是哪里买的，过生日那天玛丽娅是多么的高兴，生日那天玛丽娅穿了她做的漂亮衣服，玛丽娅是多么的可爱……她还讲了玛丽娅长出第一颗牙时，她是多么的快乐，等等。

　　又过了一个月，贝勒医生接到了她写的第二封长信。信里，她讲了玛丽娅学走路，走出第一步时，她感到多么的幸福，玛丽娅叫她第一声妈妈时，她流下了眼泪……

　　贝勒医生接到的每一封信都很长。信中详细的叙述了玛丽娅长大的全部过程，她怎样给玛丽娅喂奶，给玛丽娅洗澡，带玛丽娅去看医生，送玛丽娅去幼稚园，送玛丽娅上小学、上初中、上高中，送玛丽娅去参加各种校外活动……

贝勒医生每接到她的信后，也给她回一封信，信不长，大都是些鼓励的话，比如，你做的非常好，你是个有爱心的好妈妈，玛丽娅在你的爱的浇灌下会长成一个充满爱心的好孩子，等等。

十八个月后，贝勒医生接到了她的最后一封信，信中写道，我的玛丽娅今天过了她的第十八岁生日。我们买了一个很大的生日蛋糕，蛋糕上插了十八支蜡烛，我们唱了"Happy Birthday To You"。玛丽娅是个很聪明的孩子，学习成绩非常好。秋天，她就要去一个离家很远的一所知名大学去上学了。她不但长的漂亮，还是个非常开朗活泼的女孩，是一个充满爱心的女孩。她非常的爱我，我也非常的爱她，她对未来充满了希望。她就要离开我了，离开这个养育她十八年的家，我万分的不舍。可我不能留她在家，她有她的美好前程，她要去实现她的梦想，还要去寻找她的爱情……

贝勒医生，我现在也有了一个男朋友，他非常的爱我，我也非常的爱他。生活真是非常的美好……在这最后一封信里，我要说，我把女儿抚养大了，同时，也抚养大了我自己。我是一个二十多年不见天日的蝉，终于爬出了地面。是你给了我力量，教给我爬出地面的方法，在你的帮助下，我见到了阳光……

我万分的感谢你。

看完信，贝勒医生打开抽屉，把最后这封信跟以前的十七封信放在了一起。关上抽屉后，贝勒医生摘下眼镜，揉了揉湿润的眼睛……

谁是我们的贵人

二十世纪六十年代，美国心理学家杰克和戴维进行了一项心理学实验。他们把参与实验的人分成两个组，之后，让这些参与者在实验中赢得一些钱。当第一组实验者离开实验室后，一位研究人员追上了他们。这位研究人员以个人的名义恳求那些参与者们帮他一个忙。研究人员表示，他是用自己的钱来做的实验。现在他身无分文了，他恳求那些参与者把钱返还给他。当第二组参与者离开实验室后，则被另外一个研究人员追上搭话。这位研究员自称是心理学系的秘书。他以心理学系的名义向那些参与者们提出了同样的要求。他的说法是，这次实验经费是由心理学系出的，不是私人的钱。现在，系里资金短缺，所以，参与者能否把钱返还给心理学系。

之后，心理学家杰克和戴维要求所有的参与者对这两位研究人员的喜爱程度进行打分。结果，参与者们对那个以个人名义恳求帮助的研究人员的喜爱程度远远高于那位以心理学系名义寻求帮助的研究人员。

为什么会出现这样的结果呢？一般说来，人们对一个不熟悉的集体，社团是不会有什么情感的。而人们对一个有求于他们的人会更有好感和爱心，会更有怜悯心和同情心。这种现象被称为富兰克林效应。

18世纪，美国政治家、社会活动家、外交家、发明家、《独立宣言》起草和签署人之一，本杰明·富兰克林（Benjamin Franklin）曾经一度想跟宾夕法尼亚州州议会的一位参议员合作。但这位参议员极其自傲，对富兰克林的态度是爱答不理，不屑一顾，跟富兰克林根本就尿不到一个壶里去。富兰克林该怎么办呢？是嬉皮笑脸的讨好这位参议员呢？还是用强硬的政治态度震慑他？结果，这两个办法他都没用。富兰克林用了完全不同的一个办法。富兰克林知道那位议员的私人藏品中有一本稀世藏书。他就问这位议员能否把那本书借给他看几天。议员同意了。接下来发生的事，正如富兰克林所描述的：当我们再次见面时，那个议员主动过来跟我说话了，而且非常有礼貌。之前，他从来没有这样做过。后来，他还向我表明他随时愿意为我效劳……

富兰克林把那次成功的与宾夕法尼亚州参议员合作的案例归结为一个简单的原则：曾经帮过你一次忙的人，会比那些你曾经帮助过的人更愿意对你再次提供帮助……

一个世纪以后，俄国小说家，列夫·托尔斯泰对富兰克林的这一原则也表示了赞同。他说：我们并不是因为别人对我们友好而爱他们，而是因为我们爱他们而对他们友好。由于爱他们，我们才愿意帮助他们。

第二次世界大战期间，德国纳粹疯狂地迫害犹太人，大批的犹太人死在纳粹的屠刀之下。有一家犹太人，爸爸是个商人，他们在商量向其他人寻求帮助。父亲对两个儿子说：我不走了，你们俩赶紧去找银行家瓦西里先生，我们家遇到困难时，他曾经帮助过我们家。瓦西里先生一定会帮助你们兄弟两人逃生的！兄弟二人含泪告别父亲，离开了家。然而在逃亡的过程中，兄弟二人在应该向谁寻求帮助这一问题上产生了分歧。大儿子从家里出来以后就想：父亲曾经多次帮助过木材商西德先生。西德先生也说过他自己是个知恩图报的人。我去找他帮忙，他一定会帮我的。于是大儿子没有听他父亲的话，去找了木材商人西德帮忙。小儿子则是听从父亲的话，去找到了银行家瓦西里。

结果，那个信誓旦旦知恩图报的木材商人竟然在第二天就向纳粹冲锋队举报了大儿子。结局是德国盖世太保把大儿子抓起来，枪杀了。而小儿子在银行家的帮助下，成功的躲过了搜查。之后，银行家又悄悄的将小儿子安全的送到了国外。二战结束时，那个犹太商人全家就只剩下小儿子一个人了。

上面这个犹太兄弟的故事告诉我们：那些在我们遇到困难时给予我们帮助的人，才是最可靠的人，因为他们在我们最困难之时不曾放弃我们。如果一个人在你困难时能够帮助你，就足以证明他是一个心地善良的人。一个心地善良的人往往会再次帮助你。不要太相信那些受过自己恩惠的人，因为你根本不知道他是否真心的感激你。他可能认为你给他的帮助都是应该的；他也可能就是些忘恩负义的人；他可能本来就不感激你的帮助；他可能本来就觉得你应该给与他更多的帮助……等等。如果你曾经帮助的是一个心黑手狠的恶人，无论你给了他多大的帮助，你遇到麻烦时，他不但不会帮助你，还会找出很多理由出卖你，而且还会落井下石……

这样的事在婚姻中也是一样。不是你给对方的越多，你的另一半就越爱你。他（她）如果不爱你，或者他（她）不是一个感恩的人，你给出的再多，他（她）也觉得不够。如果他（她）对你的给予没有回报，这就说明他（她）不爱。爱情的基础是相互给予……

一般来说，对弱者，人都有一颗怜悯心和同情心。每当我们遇到困难，求助于别人时，我们就自然的站在了一个弱者的位置上。而帮助我们的人就自然的就站在了一个强者的位置上。反之，当我们帮助一个人时，我们就自动的站在了强者的位置上，我们就自然的会怜悯弱者，同情弱者，体恤弱者。在心理上，帮助过我们的人是强者，所以，他们很可能再次帮助我们……

我们的贵人不是我们帮助过的人，而是曾经帮助过我们的人。所以，对我们的贵人，我们真的应该"滴水之恩当涌泉相报"。或者，一滴水之恩,我们应该以一碗水相报,一桶水相报,或者一缸水相报……

第三章　情感与理智

同样的道理，成年人的健康也需要爱的滋润和保养。爱使人完整、使人充实、使人有活力、使人的人免疫力增加……爱是人生存的基本条件之一，缺少爱的人生是有缺陷的人生……

人生有梦，岁月无情，蓦然回首，恍然发现，人的一生就是为了好情感而活。只要有了好情感，在阴天的日子里，心里也会阳光普照……

美与丑

人长得美不美完全是主观的东西,是一动态的概念,是随着时间、人种、文化以及个人的情感和经历的变化而变化的……

时代不同,美的标准也不同。在唐朝时,人们认为小嘴粗腰的女人美。女人的腰要长得跟水桶一样粗,嘴要长得象樱桃一样小,樱桃小口一点点,吃炸酱面时只能一根一根的嘬着吃,那才叫美,是秀气的古典美。而现代人的审美观恰恰相反。现代人认为大嘴细腰的女人美,女人的嘴要长的象河马的嘴那样大,腰要长得象蜜蜂的腰那样细,大嘴一张,两口吃一大碗面条,这才是美,是大方的现代美。

人种不一样,美的标准也不一样。中国人认为人长得白是美,可是西方白人不认为人长得白是美。西方白人认为古铜色皮肤的白人美,是一种健康美。所以在海边的沙滩上,常常看到有很多白人晒皮肤。西方的黑人也不认为黑人长得跟黑煤球一样黑是美。他们认为皮肤不太黑的黑人美,棕色皮肤的黑人美,黑白混血的黑人美。

文化的不同对美的概念也会有很大的差异。有一人类学家对一与世隔绝的原始部落的男性成员进行了一次民意测验。人类学家给这些男人看一些西方裸体女人的照片,一共给大约一百多个男人看了照片。看完照片后,这些原始部落男人们的结论是胖女人美,腰粗的女人美。在他们的潜意识里,胖女人是健康的,健康的女人遇到饥荒时,不容易饿死,不容易饿死的女人是美的。而且,胖女人能生更多的孩子,能多生孩子的女人是美的。当看到那些苗条细腰女模特的照片时,他们说那些女模特很丑,说那些女模特一定是野菜吃多了,吃坏了肚子,在拉稀,拉稀拉得快死啦!

人的情感经历不同，人与人之间的审美观也就不一样。下面讲一个"情人眼里出西施"的故事：有一个大学生刚交了一个女朋友，他对女友的长相非常满意。他经常跟同学夸他女朋友长得多么漂亮。有一天，他在寝室里一边看着手中女友的照片，一边情不自禁地说：真是仙女下凡呀！听了他的话后，同寝室的一个同学忍不住要饱一下眼福，从他手中要来照片，屏气欣赏这位"下凡仙女"的容姿。看完照片后，同学问他：你女朋友下凡时是不是太匆忙，脸先着地？

外面的世界

有这样一个问题：一个在充满暴力的家庭长大的孩子，另一个是在充满爱的家庭长大的孩子，他们之中，哪一个孩子更向往外面的世界，更希望赶快长大，离开家，到外面去闯世界？估计有不少人的答案是：暴力家庭长大的孩子更希望早日离开家，早日脱离挨打受骂的残酷环境。

可是调查结果表明，温暖家庭的孩子更希望长大后，早日离开家去外面闯世界。有人会问为什么温暖家庭长大的孩子会希望早日离开家？外面的世界哪里会有家温暖？

实际上，外面的世界是否温暖主要看孩子的心里感受。孩子生长的家庭就是孩子的世界，孩子生长的家庭对孩子来说就是外面世界的一个缩影，一个缩小了的世界。因为没有比较，不知道外面世界是残酷的还是温暖的，孩子们只能用自己的经历来解释和推断未知的世界……

在暴力家庭长大的孩子,会认为外面的世界是个放大了的家庭，一定会更冷漠，更凶残，更暴力。在家挨打受骂是因为自己犯错，才挨打受惩罚。在家有父母的保护，自己才能生存下来。如果到外面世界去闯荡，没有父母的保护，别说挨打受骂，可能很快就会被陌生人迫害致死。所以，在暴力家庭长大的孩子更不愿意早日离开家去闯一个未知的世界；一个更冷漠的世界；一个更残酷的世界……

同理，温暖家庭长大的孩子，把在家里得到的温暖和经历投射到外面的世界，从情感上推断出外面的世界是自己家庭的延申，外面的世界可能会是一个更温暖，充满更多爱的大家庭。所以，温暖家庭长大的孩子更想早点去探索外面的世界，一个更温暖的世界；一个更美好的世界……

一个孩子将来能不能有美好梦想，能不能对未来充满信心，能不能有一颗去闯荡世界的雄心，主要的因素是孩子从小是否在一个充满爱的温馨家庭里长大……

有奶不是娘

在上个世纪初，美国的心理学家做过一个实验，他们把市医院中收留的刚出生的弃婴或孤儿分成两组。第一组，只喂婴儿奶和换尿片，然后就再没有人搭理这些婴儿。第二组，除了喂婴儿奶和换尿片外，还有人抱婴儿，跟他们说话，给他们唱歌。在实验进行到第九十天时，实验被下令停止，停止的原因是，第一组婴儿的死亡率高出当时社会新生儿死亡率的十几倍，幸存下来的婴儿也明显地表现出病态，发育不良，以及表情和行为上的迟钝。实验人员把婴儿这种缺少母爱的症状叫"失母综合征"。这个实验证明，人在生长的早期，婴儿如果缺少母爱，缺少与人的正常接触，婴儿就会产生后天性痴呆症，或者叫"心理侏儒"。

上世纪五十年代末，美国威斯康辛大学动物心理学家哈洛做了一系列动物实验。哈洛和他的同事们把一只刚出生的婴猴放进一个笼子中，并用两个假猴子替代真母猴。这两个假母猴分别是用铁丝和绒布做的。实验人员在"铁丝母猴"胸前安装了一个可以提供奶水的橡皮奶瓶，而绒布做的"绒布母猴"没装奶瓶。最初，幼猴对两只"母猴"都有接触，但是没过几天，幼猴就主要依偎在"绒布妈妈"身上。只是在饥饿时，幼猴才会爬到"铁丝妈妈"身上吃奶，一吃饱，幼猴便离开"铁丝妈妈"回到"绒布妈妈"的身上。

继哈洛实验后不久，美国一个生物实验室用真母猴和假母猴做了进一步动物成长发育方面的实验。实验人员把小猴子分成两组，每组六只。第一组，把六只小猴同一只不会动的，但能提供奶的假的"绒布母猴"放在一起。第二组，把六只小猴同一只真母猴放在一起，但是真母猴没有奶喂小猴，小猴喝的奶由人来喂。实验结果表明：同假的不动的"绒布母猴"在一起的小猴子们，虽然能从假的"绒布母猴"那里得到奶吃，但它们的情绪都很低落，容易生病，发育缓慢，跑、跳、玩的技巧也都比第二组的小猴差。而跟真的母猴在一起的小猴子们，虽然真母猴没有奶喂小猴子们，可小猴们的情绪高，不容易生病，跑跳玩耍的技巧也好，而且，它们身体发育正常，寿命也长……那些由"绒布母猴"抚养大的猴子不但性格孤僻、胆小，不能和其它的猴子一起玩耍，而且成年后也不能与异性进行交配。

在那个年代，由于受行为主义和弗洛伊德精神分析思想的影响，主流心理学家们以及普通民众大致都有一个共识，认为母亲跟孩子有过多的爱抚会阻碍孩子健康的发展，使他们在成人后会对父母产生过多的依恋。当时著名的心理学家约翰·华生，在他的畅销著作中，举例强调宠溺抚养婴幼儿会导致婴儿成年后的各种心理问题。他建议，尽量少的亲吻，爱抚和拥抱孩子。如果孩子哭了，也不要哄孩子，也不要把孩子抱起来，孩子哭一会就不哭了。华生坚信他的理论，他尽量用无爱的方式抚养他自己的三个孩子。他的三个孩子长大成人后都出现了严重的抑郁问题，大儿子三十岁就自杀身亡了。

上面那些实验证明，只提供奶的而不提供爱的娘，不是真正的娘。真正的娘，除了要给孩子奶吃，还要给孩子爱，这个爱包括给孩子肉体爱抚，跟孩子有情感的交流，花时间跟孩子说话，跟孩子玩耍互动……

继哈洛猴子实验后的若干年，美国一个生物化学实验室做了小白鼠幼子和母鼠之间母子关系的实验。实验人员发现：既使是短时间的把幼鼠和母鼠分开也会非常明显地影响幼鼠的生长。原因是，当幼鼠于母鼠分开后，幼鼠体内会产生一系列不利于生长的生物化学反应。这些反应是：控制细胞生长和分化的鸟氨酸去羧酶（Ornithine Decarboxylase）活性降低。鸟氨酸去羧酶活性降低导至幼鼠体内细胞生长和分化的速度降低，从而幼鼠发育生长速度开始放缓……鸟氨酸去羧酶是衡量哺乳类动物是否生长良好的重要指标。当小白鼠幼鼠和母亲分开时，鸟氨酸去羧酶浓度在幼鼠各个组织如心、肺、肝、肾、和大脑中普遍下降。一旦把幼鼠和母鼠放回到一起，二个小时之内，鸟氨酸去羧酶水平就恢复正常。

实验人员做了进一步实验，想证明母鼠的奶是不是提升幼鼠鸟氨酸去羧酶水平的主要因素。实验人员把母鼠的奶头包起来，然后，把母鼠同幼鼠关在一起。虽然幼鼠同母鼠在一起玩耍，但幼鼠吃不到母奶，可是幼鼠身体里的各个组织的鸟氨酸去羧酶水平不降。实验人员把母鼠麻醉，之后，把麻醉了不能动的母鼠跟幼鼠放在一起，幼鼠虽然能吃到母奶，但是幼鼠体内鸟氨酸去羧酶水平下降。所有实验都表明：幼鼠体内鸟氨酸去羧酶水平下降、生长减慢，与是否吃到母奶没有关系。而中断幼鼠和母鼠之间有意识地、活跃地接触是鸟氨酸去羧酶下降、生长减慢的唯一原因。实验人员同时发现，中断幼鼠和母鼠之间有意识地、活跃地接触也影响其它生理生化过程，如幼鼠免疫能力下降，生长缓慢，行动迟钝等等……

所有现代实验科学和临床科学都证明：爱抚是人身心健康生长的必要件。缺少爱抚的婴幼儿的身体会出现病理性病变，严重的则导至死亡。缺少爱抚的婴幼儿的智力，身体和其它技能不能正常发育，这些婴幼儿会长成低能儿。爱抚就像食物和水，是婴幼儿生理生长，智力生长和身体发育的必要条件。

不幸的是，在真实生活中，由于抛弃、忽略、和虐待而造成的儿童身心残疾的案例时有发生。十多年前，一个二岁的小女孩儿被人抛弃在纽约的一家儿童医院门口。医院的看护们给小女孩儿起名叫丽芝。估计自从丽芝生下来就没被人抱过几次，二岁的丽芝只有五个月孩子的体重。她不会说话，不会抓东西，如果有人接近她，丽芝就尽量躲避，她很怕人。医生们从各方面对她进行了仔细检查，她的大脑和身体各个器官都没有病理缺陷。医生们认为丽芝的头脑和行为的严重迟纯只有一种解释：是失母综合症造成丽芝的后天性痴呆。之后，医院安排了一个代替母亲的义务工。这位义务工每天照料丽芝六个小时。医院的工作人员也努力给丽芝更多的关怀，大家常来抱她，同她讲话，唱歌给她听。三个月后，丽芝体重增加了六磅，身体长高了二寸。她开始抓东西吃，开始对人笑。她不但不再害怕人，而且开始伸开小手让人抱。人们给丽芝的关爱和爱抚起了明显的作用，她的生理和心理都开始发育成长。可是，丽芝大脑的发育还是比同样大的孩子缓慢，她对周围的事物做出的反应也相对迟钝，这些将是不可逆转的。

二十年前，美国德州达拉斯市郊区就发生了一起严重的儿童虐待案。女孩儿的母亲和她的男友把女孩儿关在贮衣室内长达四年之久。从四岁起,这个小女孩儿就被关在昏暗的贮衣室内,中断了同一切人的来往。她母亲偶而打开贮衣室门扔进些残汤剩饭。人们发现此事时,小女孩已经八岁。可她的智力退化到只相当于一岁左右的孩子,体重也只有十四公斤。给她体检的医生和心理医生认为,她的智力、情感和身体的损伤都是永久性的。小女孩的母亲和男友均被判处终身监禁。

科学实验结果和生活中的案例都一致表明:爱,以及与爱相关的有意识的、活跃的人体接触和互动,如同衣食住一样的重要,是婴幼儿生存和生长所需的最基本条件之一。缺少爱,缺少人之间的接触和互动会造成人身体的生理性病变,会使人体器官功能萎缩,使人体弱多病,还会使人的智力下降或成为白痴,严重的会导至死亡。

同样的道理,成年人的健康也需要爱的滋润和保养。爱使人完整、使人充实、使人有活力、使人的人免疫力增加……爱是人生存的基本条件之一,缺少爱的人生是有缺陷的人生……

棍头不出孝子

"棍头出孝子"这句话确实有道理,比如一个家庭里有三个孩子,有一个孩子父母特别不喜欢,对他非打既骂,这三个孩子长大后,对父母最孝心的孩子反而是这个挨打受骂的孩子。这种现象好像证实了"棍头出孝子"这句话的正确性。

中国在施行计划生育之前,经常有这样的情况,由于种种原因,家里把其中一个孩子送到孩子的爷爷家或者外婆家抚养,等孩子大了些,再把孩子接回来。由于孩子长时间没跟父母在一起,孩子跟父母在情感上就生疏了。因为情感的疏远,父母也就不喜欢这个孩子了，由于瞧不上这个孩子，在父母眼里，这个孩子做的很多事情都不对父母的心，父母就有很多理由打骂和惩罚这个孩子。

　　读高中时，我家隔壁搬来一家新邻居，邻居家有三个女孩。邻居家父母把老二从小送到孩子的外婆家去抚养，孩子七岁时，他们把她接回来了。孩子回来后，就成了父母的出气筒，成天的挨打受骂。可没想到，这个挨打受骂的孩子长大后，反而是三个孩子中最有孝心的一个。她经常去看她的父母，父母需要什么，她马上就送过去；父母需要帮忙，都是她先去帮忙。住在同一个城市的姐姐和妹妹都没有她孝心。这时，她的父母开始夸奖她，说她有孝心，说她能干，说她是个孝敬父母的好孩子，说她比她姐姐妹妹都好。获得了父母的夸奖后，她心理上得到了抚慰。

　　父母在小孩子的心上，是天下最大的权威，孩子需要的一切都来自父母：爱来自父母，自尊来自父母，安全感来自父母……孩子小的时候，如果得不到父母的爱、认可、尊重和夸奖，孩子幼小的心灵就会受到难以愈合的创伤，孩子的心理人格就永远也长不大。即便孩子长大成人后，在父母面前，他们的心理人格却永远是个"侏儒"。心灵上有没愈合的伤口，以及他们心理人格上的渺小，使得挨打受骂的孩子长大后，要不停的去给父母献殷勤，向父母炫耀自己在社会上取得的成就，以博得父母的赞许和认可。从父母那里获得的称赞和表扬是一贴"心理膏药"，能暂缓一下流血的伤口，抚慰一下自己伤痛的心，舒展一下弱小的心理人格……

　　我有一个朋友，几乎也有同样的经历。他跟弟弟相差两岁，爸爸当时在外地工作，妈妈照顾不过来他们哥两个，就把他送到爷爷家去抚养，等他长大到八岁时，父母把他接了回来。由于长时间不跟父母在一起，他的父母对他来说，就是陌生人，一开始，他连爸爸妈妈都叫不出口，结果，他父母就不喜欢他。他爸爸经常打他，他非常害怕他爸爸。上完大学，他和朋友开贸易公司，之后，来到美国，做进出口生意。后来，他把父母和弟弟都接到美国来了。虽然已经是四十多岁的人了，但他内心深处还是害怕他爸爸。他比他爸有学问，有才华，有钱，但是内心深处，在心理人格上，他从没有获得过平等的地位。在他爸面前，他仍然是个孩子，表面上，他已经站起来了，但在心理人格上，在他爸爸面前，他仍然跪着......

那些被打骂长大的孩子们，虽然身体和智力都长大了，可是父母打骂的行为和语言在那些幼小的心灵上创下了很多伤口，那些伤口一直在流血，而且，这些伤口是不能用孩子获得的金钱、地位和名声所能抚平的。由于小时候被父母创下的伤口一直没有愈合，长大后，他们要不停的去讨好父母......每次讨好父母，从父母那里得到了一句称赞的话语，他们心理上就得到了一份安慰，这份安慰实际上就像一贴"心理膏药"，贴在那流血的伤口上，暂时止住了流血和疼痛......可过一阵子，"心理膏药"掉下来，心上的伤口又开裂了，血又开始流了......这时，他们又要去给父母献殷勤，讨父母的欢心，从而可以再从父母那里得到一贴止痛的"心理膏药"。他们不停的去讨好父母，不是去尽孝心，讨好父母在潜意识里只有一个目的，他们是为了讨回小时没有得到过的爱、赞许、尊重和公道......

由于他们心理上的创伤从来都没有痊愈过，所以，他们要周而复始，月而复始，年而复始的去讨好父母，直至他们的父母去世。而且，父母去世是他们最不能接受的，是他们最痛心的，因为再也没有机会从父母那里拿到"心理膏药"了......可是，他们心灵上的伤口并没有愈合......

在美国德州，有一个人叫吉米，从小受到他爸爸的打骂虐待。他爸爸老是打他，骂他，说他没有出息，一辈子都是个完蛋的家伙。十二岁时，有一次，他跟他爸爸下地干活，把脚弄伤了，流了很多血。

他爸爸没有送他去看急诊医生，只是简单的给他包扎了一下，骂他笨蛋，是个没用的家伙，并且，继续叫他干活……十八岁，离开家后，他靠自己打工读完大学。他非常勤奋和努力，也非常聪明，毕业后，创建了自己的公司，几年后，公司是个四五百人的大公司了。这时，他爸突然去世了。这对他的打击非常的大。听到他爸爸去世的消息后，他第一句话是骂他爸爸：你这个王八蛋，没看到老子的公司，没看到老子干的比你强百倍，怎么就死了。我小时你那么看不上我，打我，骂我。你这个王八但，为啥要这么早死呀？他爸爸去世后，他的情绪一落千丈，以前的动力都没了。他爸爸没来过他的公司，没来过他的豪宅，没见过他的五岁的儿子，就死了。他取得的所有成绩都是为了给他爸爸看的，所有的成就是为了向他爸爸讨回小时没有得到的爱、赞许、尊严和公道。从前的一切努力和坚持，都是为一个信念，要干出一番事业，展示给爸爸看，证明他自己是个聪明又能干的人。现在，一切好像都白费了，所有的成绩，都白干了，以后，就是把公司做的更大又去给谁看？又有什么意义？他再也没有机会讨回从没得到过的爱、赞许、尊严和公道了。痛苦中，他得了忧郁症。后来，忧郁症越来越严重，他都不能去公司上班了……

为了他的家庭，为了他的事业，他不得不求助于心理医生。心理医生开导他，不论他取得多么大的成绩，他都不可能治愈自己心理的创伤。心理医生让他认识到，他爸爸那样对待他是他爸爸的错，是他爸爸内心深处瞧不起自己，认为自己是个废物，他爸爸才把心里对自己的不满和愤怒释放到他身上。在心里医生的治疗下，三年之后，他真正的抚平了心灵上的伤口……

没有受过虐待的孩子长大成人后，在人格上，他们跟父母在人格上是平等的，他们对父母的孝心是一种发自内心的爱，是亲情。他们给父母的关爱不需要父母的任何回报，不需要父母的称赞。他们的心没有流血,没有创伤,他们不需要从父母那里获得任何的"心理膏药",他们为父母做的一切只是回报父母曾经为自己付出的心血……

总之,棍头之下,绝对出不来真正的孝子,出来的一定是人格上的矮子。

富不过三代

中国有句老话:"富不过三代"。每当看到这句话,或者想起这句话,我就想起葛优演的电影《活着》。电影里,葛优演一个赌棍,一个富家子弟,刚好在解放前赌光了家产,成了穷光蛋。解放后,他因祸得福,捡了一条命。那个把他的家产赢去不久的家伙,成了地主反革命,挨了枪子儿,这小子到了阴间肯定还会继续大骂世道不公。

社会上,为什么会出现像《活着》里的败家子?在旧社会,为什么会有"富不过三代"的现象?在旧社会,创业是一个比较漫长的过程,财富积累的很慢,要不停的把剩余的资金再投入到自己的小企业、小作坊或小商店里去。那些创业的第一代通过辛辛苦苦的努力创造了财富和事业。这些人通过自己的努力和艰辛,不光创立了自己的事业和财富,而且在创业的过程中,获得了自信、自尊和自重。而自信、自尊和自重是人生长久快乐最基本的东西。

由于社会的总体经济发展慢,创业过程慢,大部分第二代仍要参与创业和守业。从中,他们知道创业的艰难,守业的辛苦,懂得钱财来之不易,不是大风刮来的。他们精打细算、勤俭持家、兢兢业业,他们不会大把大把的花钱,不会把来之不易的财富浪费掉。

由于参与创业和守业，第二代创业人也从创业和守业的过程中获得了自信、自尊和自重。通过两代人的努力，家族的事业也就基本稳固了。有些创业的第二代人心底里就有了不同的想法，我们辛辛苦苦创下了这么大家业，我们的孩子们也该好好享福了，等等。

第三代人通常只是享受上两代人创下的财富。爷爷辈创业，爸爸辈守业，自己这辈该享受享受了。家业有了，钱财有了，自己不用干活，不需努力，就能得到想要的。由于没有参与创业和守业，他们不知创业和守业的艰辛，不知道钱来的不易，所以，第三代花钱不心疼，花钱如流水也很正常。不少第三代，由于娇生惯养，自然而然的学会了过不劳而获的生活。爷爷爸爸都劳动了一辈子，到他这儿，该享福了。有钱了，干嘛不花呢？干嘛不享受呢？

由于没有付出努力，没有参与创业和守业，只知道享受生活，结果，第三代人没有一技之长，一副软弱的肩膀，不能担当任何责任。他们在家族的事业中没有努力和付出，没有参与创业和守业的过程，没有在创业和守业的过程中历练自己，他们也就没有父辈们的自信、自尊和自重。没有自信、自尊和自重，他们内心深处就会看不起自己。夜深人静时，他们内心深处会下意识问自己，除了有穿名牌、开好车、住豪宅，自己还剩下什么？什么都没有，只有一副空空的皮囊。他们最怕孤独，孤独时，他们觉得心里非常空，所以，他们要用钱把空空的皮囊装满。他们需要花天酒地,挥金如土,豪饮、豪吃、豪赌……当他们把空空的皮囊用豪赌、豪饮、豪吃等方式填满后，他们孤独的心才能得到短暂的满足，不再感到空，不再感到痛，不再感到苦。可悲的是，填进皮囊里的东西就跟人吃的饭一样，很快就会被消化掉了，很快，他们就又需要用钱来填满他们的皮囊。有的第三代也知道不能这样活着，人不能只是个行尸走肉。人要干事，要努力，要有目标，才能真正活的幸福。可是，他们已经习惯了吃喝玩乐花天酒地的生活，要改变习惯谈何容易。而且，在世上，要做成任何事都要付出代价。只有经过努力、历练和跌撞之后，人才能获得一技之长；才能有个承担责任的肩膀；才能有自信、自尊和自重；才能活得踏实，才能有心里的舒坦和快乐。他们虽然知道这些道理，可他们做不到。由于没有努力过，也没有历练过，他们就不可能有那些能力。这就像一个没有骑过自行车的人，长大了，给他一辆自行车，他怎么会骑？

当代的富人很多是一夜暴富。那就更不会有子女参与创业和守业的事了。子女只有享受的份儿了。所以，"富不过三代"的说法已经是老黄历了。社会在发展，在进步，时代的步伐越来越快，现在的新说法已经是"富不过二代"了。

有了很多钱后，孩子就可以娇生惯养了，就不能让孩子去干那些所谓辛苦的事了。辛辛苦苦挣来钱，不就是为了给孩子一个好的生活条件，让孩子过上好日子，享受好生活，想要什么就应该得到什么。久而久之，孩子就养成了及时行乐的习惯，不愿意付出任何辛苦，得过且过，行乐一天是一天。由于没有付出，孩子长大成人后，自然就没有获得自信、自尊和自重。

当今社会，物质极大的丰富，别说富人家的孩子，就是一般百姓家的孩子，有的都被娇生惯养成一个不争气的人，成为一个只会享乐的皮囊。有人还会成为社会的负担，给社会和他人造成伤害。

由于没有经过打磨，没有经历过历练，没有经过疲惫和跌撞，娇生惯养长大的人内心是空虚的，就像气球浮在空中，没有根。他们忐忑、纠结、迷茫、不安、空虚、痛苦……为了内心的安逸和舒适，为了安抚痛苦的内心，他们就要不停的去享乐，去花钱，去找酒肉朋友，去花天酒地的挥霍……这些东西就像吗啡达一样，可以麻醉自己。大脑被麻醉之后，他们就感受不到心灵的痛苦了。所以，当吗啡的药劲一过，他们就又要去寻找吗啡了，日而复始，周而复始，月而复始……

美国富豪巴菲特很早就立下遗嘱，他死后，他的绝大部分财产全部捐给慈善机构，不留给他的孩子们。巴菲特说，我不能用钱劫持子女们的人生。空白的人生是不幸的人生。钱能让他们变成一副只会吃喝玩乐，消费物质，不会创造的皮囊。他们应该是对社会有用的人，不应该是寄生虫。很多富人，不但给子女很少钱，还叫子女自己独立创业。有成绩者，才能回来参与家族的事业。其实，这些都是为了子女能有一个有意义的幸福人生。

没有疲惫，哪里来的耐力？没有跌撞，哪里来的顽强？没有打磨，哪里来的坚定？没有历练，哪里来的担当？没有这些，哪里来的自信、自尊和自重？没有自信、自尊和自重，真正的快乐和幸福哪里来？

泥里爬，土里滚；经过风，淋过雨；才是一种多彩的人生。多彩的人生给人带来的是自信、自尊和自重，这才是幸福的源泉。

没有自信、自尊和自重的人，就只有花钱才能维持生理上的享受和快感。钱给人带来的生理享受和快感是短暂，想要延续这种享受和快感，人就要不停的花钱，而且，这种快感的强度还有会慢慢的变小，人就要不停的花更多的钱，才能得到更大的刺激，这样，才能得到之前同样强度的快感。跟吸毒上瘾一样，计量要不断的加大，才能保持最初的快感……

实际上，富二代、富三代们花钱买东西填错了地方。心里空，光靠消费物质是填不满的。花钱消费，填的是肚子，不是心，那是隔靴搔痒。结果，肠胃费了不少力气，心仍然是空的。一个心里空空的人是没有兴趣和力量去参与创业和守业的，他们每天想的只是如何花钱消费去填满他们空虚的心。这就是为什么以前有"富不过三代"这句话，而当今社会有"富不过二代"这句话。而且，平常百姓家也能养出败家子和啃老族。

有轨电车

有一道题：一辆失控的电车在铁轨上行驶，在电车行进的前方有五个铁路工人正在干活，他们不知道电车正朝他们冲过来。这时，你正站在扳道岔的操纵杆儿旁边，如果你拉动操纵杆儿，电车就会被切换到另外一条备用轨道上。可是，这时你注意到备用轨道上也有一个工人在干活，你怎么办？ A.拉下操纵杆，改变电车的行进方向，使电车开进备用轨道，压死那个工人。B.你什么都不做，让电车按照原来的路线继续朝前冲去，压死那五个工人。

看了这道题之后，大约百分之九十以上的人回答是拉动操纵杆，一条命换五条命，值。一般人都懂得利益最大化的道理，也就是说，假如我们面前有一堆橘子，我们花一块钱可以拿走一个，也可以拿走五个，我们绝大多数人一定会拿五个。

下面还是同样的问题，只是用另外一种办法去解决电车失灵的问题。你站在天桥上，看见有一电车刹车失灵了，电车继续向前方冲去，电车前方不远处有五个铁路工人正在轨道上干活，他们不知道电车向他们冲来。这时，一个人正站在你身边，你如果把这个人推下天桥，掉到铁轨上，这个人的身体就可以挡住电车，那五个铁路工人就得救了。你是推这个人下去呢？还是不推呢？还是推呢？

同样是让一个人死，五个人活的问题。答案会不会是同上面的答案一样，是不是仍然有百分之九十以上的人同意应该把身边的人推下去呢？结果，答案变了，而且变的很大。这一次，有一半以上的人选择不去推身边的人。

为什么人们的答案变了？而这次为什么多数人选择让一个人活，而让五个人死呢？有人解释说，扳道岔，改变列车轨迹，结果，列车把一个人撞死，你是间接的把那人杀死了，在道德伦理方面，你的心里不会有很大的负罪感。但是，如果你亲自把一个人去推下天桥，你会觉得你亲手杀了人，而且，你能感到身边是一个活生生的人，情感上，你下不去手。这时，你的情感影响了你的理智。这就是为什么大部分人选择不拉操纵杆的原因。

同样的问题。在天桥上，如果你身边站着一个年轻貌美的女人，你推不推她下去呢？可能会有更多的人选择不推。如果你身边的人是你的女朋友，你会推她下去吗？在这种情况下，可能百分之九十九的人会选择不推。那剩下的百分之一的人选择"推"的人为什么选择推呢？肯定是因为他女朋友给他戴了绿帽子。哈哈哈，我瞎猜的……

很多人都看过电影《拯救大兵瑞恩》。该片描述了美军在诺曼底登陆后，瑞恩家四个在前线参战的儿子中，除了小儿子二等兵瑞恩下落不明外，他家其他三个儿子皆已陆续在各个战场战死了。美国陆军参谋长马歇尔上将得知此事后，特令前线组成一支八人的特殊小队，在枪林弹雨中去寻找到二等兵瑞恩，将他平安送回后方。电影结尾，大兵瑞恩活下来了，可营救瑞恩的八个人中死了六个。

那六个人也都分别是其他人的儿子，丈夫，兄弟，父亲呀。死六人而救一人，对吗？从数目上看，从利益最大化上看，是错的。但马歇尔上将认为那是对的。从道义上看，那是对的，美国不能让瑞恩父母一家承担更大的痛苦。

这样看来，有轨电车的问题，并不是一个简单的数目问题。如果我们抛开功利，抛开道德，抛开道义，有轨电车的问题实质上是个理智与情感的问题。当没有情感参与进去时，我们所做的决定完全靠理智，比如在第一种情况下，我们就会选择拉操纵杆，死一人而救五人。当有情感参与进去时，比如我们身边站着的是美女或者是女朋友，我们的决策就基本靠情感，我们就会选择不把身边的人推下桥去。结果，是五人死而一人活。

有轨列车问题既是个难题，也不是个难题。当没有情感参与时，人的理智说了算。当有情感参与时，基本上是人的情感说了算。当然，也有列外，比如，马歇尔将军做决定时，情况就复杂了。对他来说，从数目上看，死六个人跟死一个人没有什么区别。情感上，他对六个士兵的情感跟对一个士兵的情感都差不多。在这样的情况下，当他权衡了理智和情感，又权衡了道义，之后，他选择了道义。

梦的解析

古时有这样一个故事，一个考生在考试前做了三个梦。第一个梦梦到自己在墙头上种白菜；第二个梦梦见天在下雨天，他戴了个斗笠还打了把伞；第三个梦梦到他跟心爱的表妹躺在一起，但是，是背靠着背。第二天一早，考生找了个算命先生，让他解梦。算命先生听了考生的梦后，连连摇头，说：你还是回家吧。你想想，墙头上种菜，不是白费劲吗？戴斗笠还打雨伞，不是多此一举吗？跟表妹躺在一张床上，却背靠着背，这不是没戏吗？考生一听，心灰意冷，回到客栈收拾包袱，准备回家。客栈老板感到奇怪，问道：明天不是要考试了嘛，你怎么今天就回去了，不参加考试了？考生把他做的梦和算命先生的结论说了一番。听了书生的话后，客栈老板乐了，说：你不留下来就太可惜了。我来给你解释一下你做的梦：墙头上种菜，说明你高种了（中）呀；戴斗笠打雨伞，说明你有备无患啊；跟你表妹背对背躺在一张床上，说明你就要翻身了呀！考生听了客栈老板的话后，精神大振，高高兴兴的去应试，结果，居然得了第三名。

这么看来，梦怎样解析都行。如果考生听了算命先生的话，回家了，考生就等于没考中，算命先生算的非常准确。

我小时最怕做的梦是爬高，而且好像还经常做爬高的梦。做的梦大致都差不多，爬山，爬树，爬楼梯，爬着爬着，一下子没抓住手里的东西，我就从高高的上面掉了下来……觉得在空中的时间特别的长，而且这种在空中的感觉非常的恐怖，知道这下子完蛋了，要摔死了，一边大叫，一边手在空中乱抓，之后，就听见扑通一声，掉到了地上。我一下子被"摔"醒了。用手一摸床，才知道自己没死，刚刚是做了个梦，心扑通扑通的跳个不停……

上初中以后，我就再也没做从高处掉下来的梦了。大人们说，小孩做梦从高处掉下来，是在长个儿。

来美国以后，我有时喜欢分析自己做的梦。我没读过弗洛伊德的《梦的解析》一书，我解析不了从高处掉下来的梦说明了什么。有一天，我在一本书里，看到了一点儿梦的解析，书中说，梦见自己从高处掉下来，是自己内心深处缺乏安全感，这个解释好像很合理，小孩子是最没有安全感的。我六岁时有一天半夜，肚子疼，爸爸用自行车驮着我去医院，在从医院回家的路上，我想，如果没有爸爸，我肯定死了。

那本书中还说，大人如果做从高处掉下来的梦，也是内心缺少安全感，可能是工作不稳，压力太大，婚姻在冒烟……等等，这些都会使你感到不踏实，不安全，双脚没站在地面上，不知道将来会怎样发展……梦的内容可以千奇百怪，你可以从山上掉下来；也可以从高楼上掉下来；还可以从飞机上掉下来……可人的情感只有一个，你没有安全感，心里不踏实，感觉失去了把控环境的能力。另外，如果有一段时间，你老做恶梦，比如在梦里被坏人追；有人半夜进了你的卧室；房子着火了，你没处逃，等等，这些梦也都说明你内心深处缺乏安全感。

有些梦是属于身体生理需要做的梦。口渴了，你梦中可能会到处找水喝；有小便了，你梦中可能会到处找厕所；脚伸到被窝外面凉着了，你梦中可能会到处找鞋穿……二十来岁时，我常做梦和一美女躺在床上，而且是面对面躺着，而且是全身赤裸的躺着，而且是……到此打住，我不能告诉你太多个人隐私。梦见和美女躺在一起也是身体生理的需要，那时，我需要一个女人，一个不穿衣服的女人……

有的梦来自于"日有所思夜有所梦"。比如你做了三个梦。第一个梦，睡觉前，你看电视，有一条巨蟒吃了一只小鹿。梦里，你梦见一个大乌龟在海边爬行。实际上，梦里的乌龟就是你电视里看到的巨蟒的化身，巨蟒穿了个马甲就变成了乌龟。第二个梦，你白天看的小说里，描述了一个罪犯杀人抢劫的事。你的梦里，出见了一只豹子在追一只小鹿的画面。第三个梦，你白天去药房买药时，柜台后面穿白大褂的售货员态度非常不好。夜里做梦，你梦见在餐馆里跟一个穿白大褂的大厨吵架。这些梦都是你白天遇到的，听到的或者见到的事情，你的梦又用另一种形式给你又重新演示了一遍。这样的梦基本上与你内心深处的情感无太大关系。这样的梦，你如果去找算命先生算卦，他会，眼一闭，指一掐，说：梦见乌龟是好事，动物里面，乌龟的命最长，您可是个大富大贵之人，而且长命百岁；

当你说梦见一只小鹿被一只豹子追赶。他会说，小鹿是你，后面追你的是你的债主，你肯定是欠了别人的钱。这世上，谁不欠别人钱？不欠个人的钱，也欠银行的钱；你说做梦梦见在餐馆里跟一个大厨吵架。算命先生就会说，你要小心啦，你的梦是个凶多吉少的梦。你想想，除了大厨穿白大褂，另外就是医生穿白大褂，说明你或者你的家人，有人要生病了……

　　实质上，以上这些梦都说明不了你的内心情感，也都不会预示着什么。算命先生的解析都是在瞎掰，目的就是为了骗钱。作为一个活着的人，每个人将来的日子里，不是遇到好事，就是遇到不好的事。所以，算命先生随便一算，就会算对一半。去算命的人，只要有一半人给他钱，他也够了。将来，还会有一半的回头客……

　　还有一种梦，我常做。读研究生的第三年，马上要论文答辩了，可是，我的论文还没写呢。这下子完蛋了，惊醒！原来是个梦；要不就是，马上要研究生毕业了，有一门课，我一直没去上，这下子完蛋了，惊醒！又是个梦；再有，其他同学都高高兴兴的参加了毕业典礼，而我不知道，我错过了毕业典礼，这下子完蛋了，惊醒！又是一个梦……

　　为什么常做这种没毕业的梦？那是因为我刚来美国时，第二学期，修了五门课，太忙了，英语听说能力又差，有一门课期末考试，我没去。同学打电话来，问：你怎么没来考试，病啦？我说我不知道今天考试。同学说：上星期，老师在课堂上说了，考试时间变了……

　　我有一朋友跟我讲了他常做的一个梦。参加考试，他去晚了，刚刚坐下，考卷发就发下来了。拿起考卷一看，一片模糊，怎么都看不清。心里急的不行不行的。使劲揉揉眼睛，拿起考卷，还是看不清。心想，这下完蛋了。突然，下课的铃声响了，他被惊醒了。

工作以后，一遇到压力，没完成工作，或者工作上的事情有拖延，我就做没毕业的梦……我太太说，她常做一种"飞"的梦，上大学时，她常常做梦飞起来，双脚用力一蹬，人就飞起来了，飞的挺高，飞的挺快，下面的房屋街道迅速的滑过，像鸟一样在天空翱翔，心里非常高兴……

我从来没做过飞起来的梦，我做的梦跟我太太的梦相反。有一种梦我经常做：我穿着一双凉鞋出门，天刚刚下过雨，道路非常的泥泞，找不到可以下脚的地方，而且还不得不往前走，弄得我满脚泥水，心里很讨厌；我找厕所，进去后，厕所脏的不得了，到处是粪便，还蹭到了裤子上，心里恶心；我坐火车，火车进了一个山洞，山洞变得越来越小，火车不走了，我只有下火车步行，最后，都不能站着走了，只能爬着往前走，洞里很脏，到处是垃圾，弄得我浑身恶臭……

梦里，我不是弄的两脚泥，就是裤腿上沾到了屎，再就是浑身恶臭……从本质上分析，我做的这些梦跟我太太做的飞起来的梦是一样的，反应出的是我们内心深处的情感，我们都不喜欢我们当时所在的环境，想要逃离那种环境。我太太的梦是在说：不喜欢你的环境，你就飞吧，飞的越远越好。在梦里，她就高高兴兴的飞，逃离了她不喜欢的环境，飞呀飞……而我，也不喜欢我的环境，可是，我被陷进去了，没办法，只有硬着头皮坚持下去。梦里的我，心情非常的糟，困在不喜欢的环境出不来，真是非常难过……哎！跟我太太比，我真的是好可怜，连梦都不会做。

有的梦，是巨大情感冲击后做的。十几年前，一天半夜三点，我接到表哥从中国打来的电话，说我爸爸得了急病，住院了，叫我赶快回去。我赶快收拾行装去机场回国。可是，等我赶回去时，爸爸已经走了。当时是冬天，北方的天很冷，我见到爸爸时，他已经躺在太平间的一个水泥台子上了。我拉着爸爸僵硬冰冷的手，大哭……

回美国后，好像是半年之后，我第一次梦见爸爸。梦中是我回家探亲，我正坐在沙发上看一本小说，爸爸推门进来，穿了一件浅蓝色棉大衣，蓝色裤子，脚上穿一双黑色棉皮鞋，手里拎着一个装着蔬菜的塑料袋，开始换拖鞋……我看着他，吃惊的说：爸，您从医院回来了，病全好啦？这下可太好了。我开始大哭，把自己哭醒了。情感上，当时，我还没有接受爸爸去世了这个事实。第二次梦见我爸是在医院，爸爸躺在病床上，穿着他去世时穿的一身全新的深蓝色衣裤，头上戴着一顶黑色帽子。我拉着爸爸的手说，您在太平间那天，辛亏天特别的冷，您的身体才能保存完好，您才能活过来。说着，我又大哭，在梦中哭着醒来……情感上，我仍然没接受爸爸去世了这个事实。第三次清晰的梦见爸爸，大约是爸爸去世三年之后。我梦见爸爸来看我，他穿了一身浅蓝色衣裤，脚上穿的一双黑布鞋已经破了，露出了大脚趾，腰上扎了一根草绳，衣服上沾了不少黄土，手里拿着一根扁担。见到我后，爸爸没说话，伸手从后背拿出来两串烤肉串，递给我。肉串上有大块的青椒、洋葱和肉。我接过肉串，说：爸爸您在那边过的怎么样（我指的是阴间）？还好吗？爸爸点点头，表示他挺好的，之后，转身朝他来的山洞走去，向他来的那个地下世界走去……梦醒后，我知道，情感上，我接受了爸爸去世了这个事实。爸爸在那个世界里天天都还惦记着我，从地下那个世界来看我，还给我带肉串来……

梦可以千奇百怪，但支撑梦的情感只有一个。梦是虚幻的世界，而人的情感却是真实存在的。

情感与理智

十几年前的一个秋天,在纽约的一个郊区,一个很年轻的小偷,看中了一个房子,通过观察,他知道房主是两个年轻亚洲女人。他听朋友说,亚洲人喜欢在家里藏金子。一个周末的晚上,他在暗地里,看到这两个女人开车出去了。他敲了敲门,没人回应。之后,他用万能钥匙打开了房门。进屋后,他就到处乱翻,想尽快找些值钱的东西,赶快逃。他翻到了些值钱的首饰后,刚准备逃跑时,没想到,一个主人回来了。小偷立即用匕首制服了房主人,把她捆了起来。这时,这个女人威胁小偷说,你把东西放下,我看到你了,我要报警,你逃不掉的。小偷赶快把她的咀堵上。听了女房主的话,小偷非常害怕。他害怕被警察抓住。他以前只偷过商店里的小东西,这是他第一次入室盗窃,如果报了警,他可能被判刑的。他没进过监狱,害怕进监狱,害怕这个女人报警。于是,他把她杀了,之后,逃跑了。

后来这个小偷被抓到了。他说,他当时就是一时糊涂,被那女人的话吓坏了,害怕进监狱,才杀了那女人。他根本没想杀人。他当时如果有些理智的话,不杀人,马上逃跑,就是被抓住,也只是一个入室偷窃的盗贼,而不是一个杀人犯。他非常后悔杀了人。

人为什么在巨大压力下,会失去理智?为什么在生气时,会干出失去理智的事?这时,理智跑哪里去了?理智不存在的情况下,什么东西在支配人的行为?

有一个事业有成的律师,脑袋里长了个瘤。脑瘤切除后,这个律师完全变成了另外一个人。有人骂他一句,他不生气;有人夸奖他一句,他也不高兴。并且,在他的生活中,他对任何人的情感都变成一样的了。如果有人告诉他说:你妈得了急病住医院了。你的朋友得了感冒在家休息。这两个人中你去看谁？这时，这个律师就开始动脑筋进行逻辑推理：去医院看妈妈来回路上要花四十分钟，在医院呆二十分钟，一共要花一个小时。去朋友家，来回路上一共花二十分钟，在朋友家呆二十分钟，总共四十时分钟。从节省时间的角度来看，去看朋友比较划算。于是，他决定去看朋友。脑外科医生的手术刀在切除他脑瘤的同时，把他的喜怒哀乐爱恨情仇也切掉了。

有人做过一个实验，把一群猴子中一个发育正常活蹦乱跳的猴子关进一群陌生的猴子中。在新的猴群中，这只猴子非常害怕，躲在墙角，手捂着头，有吃的也不敢向前去拿。之后，实验人员对这只猴子做了大脑手术。手术后，再把它关回到陌生的猴群中。这时实验人员发现，这只猴子不再害怕了。它能目中无猴的在陌生猴群中大摇大摆的来回走动，见到吃的也敢上前去拿了，也不怕其它猴子过来厮打它了。当实验人员把这只猴子重新关进它以前熟悉的猴群中后，这只猴子也不像原来那样活蹦乱跳了，见到以前的玩伴儿一点儿也没显得高兴，就跟见到一只陌生猴子一样。手术后，这只猴子的情感曲线变直了。

外科手术到底把大脑中的什么组织改变了？到底大脑中的什么组织决定情感曲线的曲与直？人的情感和人的理智之间到底是种什么关系？是情感支配理智？还是理智支配情感？

要回答以上那些问题，最好是从生物进化的角度来阐述说明。众所周知，生物的进化是从无脊椎动物像水母（没有脊椎和中枢神经）进化到脊椎动物如龟、蛇、鳄鱼等爬行动物（脊椎里面有一根主要的中枢神经）。爬行动物的大脑极小，只是中枢神经顶端延伸到头部的一小段，这一小段叫脑干。当爬行动物进化到哺乳动物时，哺乳动物头部里面的脑干开始变大，就像一根花梗上长大的花骨朵，这个花骨朵就是哺乳动物的大脑。花骨朵里面是由丘脑、下丘脑、杏仁核体和海马体这四个成员组成。这四个成员互相连接，形成一个神经系统，叫边缘系统。人的边缘系统大致有鸡蛋那么大。哺乳动物再进一步发展进化到人的时候，花骨朵（边缘系统）的外围就又增加了几寸厚的灰白色的大脑皮层，使人的大脑像一个实心的排球，由里向外分三层：爬行动物脑（脑干），哺乳动物脑（花骨朵）和大脑皮层（几寸厚的最外一层）。

人们知道，水母没有保护自己的能力，只是随波逐流，靠大量繁殖来延续后代。而爬行动物像龟、蛇、鳄鱼等动物都有了自我保护的能力，可以有方向性的游动，奔跑，打斗，从而避免危险。但它们的自我保护行为仍然是本能的反应，自我保护能力仍然很低。它们还是要靠大量繁殖后代来保证种族的延续。虽然在保护自己的能力上有了进展，因为没有花骨朵（原始大脑），爬行动物仍然是没有情感的动物，不知道保护自己的后代，一切行为全靠本能。就拿鳄鱼来说，母鳄鱼不但不知道保护自己的孩子，而且常常会把游到嘴边的孩子吃掉充饥。

哺乳动物与爬行动物的不同是脑干的地方生出了一个包，就是上面说的花骨朵，也就是边缘系统。有了这个边缘系统（花骨朵）后，哺乳动物就开始有了情感。母熊护小熊的行为和母猴护小猴的行为就全都是情感的体现。动物的情感中心就是这个花骨朵。除了有跟爬行动物一样的本能（打斗、逃跑、进食、交配）外，哺乳动物还有了更高级的东西，情感。

有了情感后，哺乳动物就开始有保护自己后代的行为了。在情感的支配下，哺乳动物就能有效的保护后代，就不用靠大量繁殖后代来延续种族了。当进化到人类，人的大脑不但有了情感（花骨朵），而且有了理智（大脑皮层），这使人类的繁衍和壮大得到了更进一步的保证。

通过研究，人们知道中枢神经顶端的花骨朵里的杏仁核体是情感的主要领导。没有杏仁核体（鸽子蛋那么大），或者杏仁核体遭到了损坏，人或动物的情感曲线就会是一条直线。上面说的那个律师行为的改变，和那个动了手术的猴子的行为的改变，都是因为切除了部分杏仁核体的结果。

人的情感变了，人的行为也就变了。这说明行为是受情感所支配的，而且，人的所有行为都是由情感所决定的。由于人的大脑皮层非常发达，人额头后面有一部分大脑皮层叫脑前额叶，这部分大脑皮层的主要功能是分析、判断、思考、推理和抽象思维等等。这部分额头大脑皮层对人的情感中心（杏仁核体）有极大的影响力和控制力。当一个人跟其他人发生口角冲突时，这个人就会通过大脑皮层对当时的形势进行判断、分析和推理，最后得出结论：如果现在去厮打对手，结果对自己不利，可能会被关进公安局。于是，大脑皮层就会压制住情感中心（杏仁核体）发布的命令：去厮打对手。结果，在理智（大脑皮层）的压力下，情感中心（杏仁核体）把命令改为：骂对手几句鳖孙王八养的，算了。

在极少数的情况下，也就是人们所说的气糊涂后所干的傻事。像在上面说的那个小偷，他的情感中心（杏仁核体）根本不跟理智大脑（大脑皮层）商量或根本不听大脑皮层的劝告和压制，想到自己可能会被关进监狱，情感中心怒气冲天，为了避免被抓，直接指挥行动，命令小偷上去杀掉那个女人。这时，这个小偷的杀人行为是因为他动物的原始大脑（情感大脑）劫持了理智大脑（大脑皮层），直接发布命令，杀人灭口。

在决大多数情况下，情感支配行动，而理智又能左右情感，结果，人类的情感及行为就变得非常复杂。

由于不同的人往大脑皮层中储存不同的信息，当遇到同样的事时，不同的人就会产生不同的情感，结果就会产生不同的行为。所以，输入宽容、感恩和慈悲的信息，就会产生宽容、感恩和慈悲的情感，从而产生助人利己的行为。相反，向大脑皮层输入冷漠、挑剔和仇恨的信息，就会产生冷漠、挑剔和仇恨的情感，从而产生损人害己的行为。这就是为什么有的人宽厚坦荡、慈悲良善，而有的人自私狡诈、残忍无情。

人如果没有理智，社会就不会有秩序，世界就不会有科学，人类就不会有进步……人如果没有情感，世间就没有对与错，人间就没有爱与恨，红尘中就没有正义与邪恶……

从总体上看，发达的大脑使人类能够在复杂艰难的环境中对周围事物的大小轻重作出正确的决定和选择。结果，人类就能够在复杂艰苦的环境中有效的保护自己的后代，使人类的繁衍壮大得到了最大的保证。

对于个体来说，尤其是对于一个丰衣足食的现代人来说，情感是人生活质量的主人。在吃饱穿暖后，人有好的情感，人就有高质量的生活；人一时有好的情感，人就有一时的高质量生活；人有长久的好情感，人就有长久的高质量的生活。

好情感是人快乐和幸福的源泉。有好的情感，人就容易体会到生活的美好和幸福。如果没有好的情感，人就很难体会到生活中的美好和幸福。人是否能体会到生活中的美好和幸福，是由人情感的好坏来决定的。而人情感的好坏又是受人理智大脑中的信息所左右。头脑中正面的信息多，好的情感就多，人就有较高质量的生活。头脑中负面的信息多，坏的情感就多，人就有较低质量的生活。所以，要想有高质量的生活，人就应该有意识的，主动的，持久的往理智的大脑中输入阳光的、积极的和慈悲的正面信息；有意识的，主动的，持久的抵制、避免和拒绝向大脑提供阴暗的、消极的和仇恨的负面信息。

人生有梦，岁月无情，蓦然回首，恍然发现，人的一生就是为了好情感而活。只要有了好情感，在阴天的日子里，心里也会阳光普照……

情感的重叠

什么是情感的重叠呢？我说的情感的重叠是说时间顺序上的情感重叠，就是后面的情感叠加在了前面情感之上，结果，淡化了之前的情感。比如，昨天的好情感可以冲淡前天的坏情感；今天的苦恼可以稀释昨天的欢乐；下午的好感觉可以化解上午的坏感觉。总之，后面产生的情感可以叠加在前面的情感上，这样，后面的情感就可以使前面的情感变淡，变的不重要了……

有一个老的笑话，讲的是一个男人去面试一个新工作。面试官说：我们要找一位很负责的人。这个男人想了想，说：我就是你们要找的那个人。我是个很负责的人。在上一份工作中，我出了很多差错，他们说我对那些差错负全部责任……

可想而知，去面试时，如果出现这种灾难性的答案时，求职者怎能找到工作？

在过去的三十年里，心理学家们对求职者怎样才能给面试官留下深刻印象做过很多研究。如果去问任何一位用人单位的面试官，他们为什么选择了A而不是B？他们通常会告诉你，他们主要是看重求职者的资历和工作经验是否胜任这份工作。为了使面试过程更加公平合理，很多用人单位会先列出一连串儿的求职者所需要的关键技能，然后他们研究每一份简历是否符合要求，最后再通过面试来决定求职者是否能胜任那份工作。然而，华盛顿大学的心理学家希金斯进行了求职这方面的研究，结果表明，很多面试官常常也搞不清自己是如何做出决定的。实际上，在他们的潜意识中，他们受到了一种神秘力量的影响。

希金斯追踪调查了一百多名大学毕业生，调查了他们是如何找到第一份工作的。在初始阶段，研究人员检查了每一位学生的简历，查看他们的求职简历里是否具有面试官强调的那两个关键素质：个人资历和工作经验。每当一个大学生完成一次求职面试后，研究人员就要这个求职的大学生填一份调查问卷，描述一下他们面试时是怎么表现的，是否把他们的所有优点都展现了出来，是否表达出对用人单位有极大的热情，是否询问面试官一些求职方面的问题，比如他们想要招聘什么类型的人才？等等。研究团队同时还与面试官取得联系，请他们对求职者的几个方面提供反馈信息，其中包括求职者的表现是否符合公司的要求，求职者是否能胜任这份工作，求职者在面试时是否令人愉悦，以及求职者是否能得到这份工作，等等。经过对研究结果的数据分析，研究人员有了一个令人惊讶的发现，用人单位是否录用求职者的关键因素不是求职者的资历，也不是求职者的工作经验，而是，求职者是不是一个讨人喜欢令人愉悦的人。结果，那些想法讨好面试官，使面试官喜欢自己的求职者得到工作的几率更高。有的求职者会花几分钟时间谈论一些与工作无关却让面试官颇感兴趣的话题；有的求职者会努力保持微笑，并与面试官进行眼神交流；还有一些求职者会夸赞用人单位的业绩和他们的优势……通常情况下，这些行为都得到了应有的好回报。最重要的是，求职者要让面试官相信他们具有较高的情商，是善于社交的人，他们一定能很好的适应职场，胜任那份工作。面试结束之前时，让面试官在情感上感到愉悦是非常重要的，这份愉悦就重叠到了面试官之前对你印象的情感上，你的胜算就大的多。

希金斯的研究清楚表明，要想得到梦寐以求的工作，求职者让面试官感到愉悦要比他们具备的资历、条件和工作经验更重要。当然，如果求职者的简历有瑕疵，比如，上一个工作失职被炒了鱿鱼，或者失业了很长一段时间，等等，面试官的愉悦也是帮不了你多少忙。

那么，如果求职者的简历中有瑕疵怎么办呢？是在面试一开始就主动提出自己的缺点？还是先给面试官留下好印象，等快结束时，才一笔带过自己的不足之处呢？

二十世纪七十年代，美国杜克大学的心理学家爱德华琼斯做了一项研究。他们召集了一些参与者。研究人员先让参与者听一段录音，录音内容是一个人在谈论自己的人生，而这人实际上也是参与者之一。之后，研究人员要求参与者对这段录音内容进行打分，评判录音中谈论的内容是否令人愉悦。录音中的人讲述了他如何因为考试作弊被学校开除的故事。之前，研究人员对录音带进行了剪辑，研究人员让一半的参与者在录音一开始就听到这个爆炸性的坏消息，而让另一半参与者在录音快结束时才听到这个坏消息。没想到这一做法极大的影响了参与者对录音中人的喜爱程度。结果表明，一开始就把作弊的事情坦白出来，会比最后才提起作弊的事情要好的多，作弊的人更讨人喜欢。这也是明显的情感重叠的例子，先把令人不快的事情说出来，之后，再把令人愉快的事情说出来，这样，后面令人愉快的事情就把之前令人不愉快的事情稀释了很多。由于后面令人愉快的好情感能叠加在前面令人不快的坏情感之上。结论，求职人最好在在面试结束之前，给面试官一个好印象。这样，你的胜算就大多了。

其它的一些研究也得出了同样的结论。比如，一个律师一开始就在法庭上把自己这方的不足之处说出来，之后，再把自己这方的优势说出来，这样就会更容易得到陪审团的信任和同情，还能为接下来的局势打下良好的基础。那么，对于简历中的积极方面，是不是要一开始就提出来呢？事实上，这样是不可行的。在上述实验中的另一部分，参与者还听到了录音中的人的一次获奖经历，他获得了一次高额奖学金，并去了欧洲留学。一半的参与者在录音的较早部分听到，而另一半参与者则在录音最后一部分才听到。结果，晚一点提到简历中的优点，比如获得奖学金这种事情，会更受人喜欢。所以，最好是先把不足的地方暴露出来，先给面试官一个不太好的印象，之后再给面试官一个好印象，这样，好印象就能盖住不好的印象，最终，给面试官留下一个好印象。正相反，后面的坏印象也会盖住前面的好印象，最终，给人留下一个坏印象。

总之，当你去面试前，请记住：第一，受人喜欢要比你的资历更重要。自然的跟面试官沟通，表达你真诚的赞美，聊一些与工作无关但面试官感兴趣的话题，并表现出对这样话题感兴趣；保持微笑，并与面试官保持眼神交流……第二，当你在某些方面确实存在不足时，不要等到面试快结束时，才说出来。相反，你要在面试初始阶段就开诚布公的告诉面试官你的弱点。同时，也要记住你的优点，最好在面试的最后阶段才提起。第三，面试时，如果你犯了一些看似很严重的错误，千万不要反应过度。实际上，你犯的错误远没有你想象的那样糟糕。过度的反应，反复的道歉，结果会使得令人不愉快的情感反复重叠，这样，反而会引起面试官对你犯的错误产生更多的关注。适度承认自己的错误，然后，就当什么也没发生一样，继续进行之前的谈话。

在二十世纪七十年代，心理学家丹尼尔邀请一些志愿者参与一项探究美学与艺术的实验。研究人员要求参与者去参加一个展览，并对参与者说，当他们到达展厅后，会有另一位参与者陪同他们。其实，这位后来陪同的参与者是一个实验人员。当实验人员陪同那个参与者欣赏画作时，突然谎称自己口渴，于是他朝摆满饮料的桌子走去。实验人员喝完水后，顺手给那位参与者带来一瓶矿泉水。在他们对所有的画作进行评分之后，这个实验人员对参与者说，他正在销售一种彩票，现在只剩最后几张了，如果他能将这最后几张卖掉，就能得到一百美元的奖金。他恳求这位参与者帮帮忙，买多少张彩票都无所谓，表示一下心意就好。虽然那瓶矿泉水并没有让那位实验人员花一份钱，但对参与者的行为却产生了很大的影响。结果，得到免费饮料的参与者购买彩票的数量是那些没得到免费饮料参与者的两倍。

为什么会有这样的结果呢？因为情感是重叠的。通常，陌生人之间是不会建立起很好的情感的。一瓶矿泉水就能改变人的情感。这样，好的情感就压制了那些陌生的情感。时间可以抚平心灵的创伤，也是同样的道理。随着时间的推移，生活中的好事，一件一件的压在之前的坏情感的伤口上，就像一副一副心理膏药，渐渐的把心灵的伤口抚平……

有人对做肠镜的病人做过一个有趣的实验。把做肠镜的病人分成两组。一组病人，做完肠镜后，医生马上让病人回家。另一组病人，做完肠镜后，医生让病人多呆一会儿，跟病人简单聊几句家长里短，同时给病人一个小礼物，或者一件小摆设。之后，研究人员调查了这两组病人做肠镜的感受。第一组，做完肠镜马上回家的病人，对做肠镜的经历感觉很不好。而第二组，做完肠镜多呆了一会，而且得到一个小礼物的病人，对做肠镜的经历感觉挺好的。同样是做肠镜，结果，两组人的感受却有极大的不同。这说明一个问题，不论做什么事，过程多么不好，只要结尾是愉快的，不好的经历也会变好了许多。

　　以上这些事告诉我们，如果你想省钱，舍不得请你的女朋友，或者你的红颜知己，或者你丈母娘吃海鲜大餐，你就请她吃地边摊。之后,别马上离开,多说几句夸奖她的话,之后,再给她买一件小礼物,她就有吃了一顿海鲜大餐的感觉……

第四章　男欢与女爱

推论，男人的生活中是缺少不了女人的。男人们切记，光靠理性分析和逻辑推理是过不好日子的的的……过不好日子地地地……一个男人需要一个情感丰满的女人，才能过好一个圆满的日子呢呢呢……

那些有共同爱好、相互扶持、同舟共济，能够一起爬过他们人生中遇到的各种障碍的夫妻，就会有更亲密的关系，就会有更大的幸福感。在婚姻这条充满荆棘的路上，他们就会走的更远……

男人是理性的

一般来说，男人的目的性比较强，一旦设定好目标，他们就按计划去施行。

在远古时代，男人的任务是外出打猎。在出门打猎之前，男人要计划打猎行程，准备武器装备，对将来可能遇到的危险进行预判和心理准备。在狩猎这样的环境中，男人的情感起伏很小，心里只有一个目标，打个野物回家。这一野物致命攸关，很可能全家的性命都连在上面了。所以，男人的目标明确，绝不会看到一头漂亮的鹿，而放弃打猎的机会和目标。

由于重任在肩，男人在看待狩猎这样重要的事情上会更理智，更有耐心，更有逻辑性。在狩猎的过程中，猎手不但要小心翼翼，沉着耐心，更重要的是要按照出猎前的计划行动，在出猎的路上对发生的事件进行理智分析和逻辑推理。根据动物的脚印，动物行走的路线，以及动物留下的粪便、皮毛和气味，进行分析和推理，分析是什么动物，动物的数量，动物出现的时间，他与动物之间的距离，等等。最后，根据逻辑推理得出结论，这个动物是不是计划中的目标，他该不该继续追击……等等。长此以往，男人就变得目的性很强，很理智，非常有逻辑性，这也是生存中练就的本领。

男人肌肉发达也是有历史原因的。狩猎是件非常危险的事情，如果出现误判或者失误，狩猎者就很有可能成为动物的猎物。所以，在远古时代，当跟野兽近距离搏斗时候，男人需要强壮的身体和发达的肌肉来与野兽搏斗，追击受伤的野兽，或者在不利的情况下迅速逃离危险……这就是为什么男人的肌肉比女人的肌肉发达的原因。

男人的脾气比女人暴躁也与肌肉有关。在跟野兽搏斗的生死关头，男人容易暴怒。暴怒会引起心跳加快，血压增高，这样，大量血液就快速流进四肢，给四肢提供大量的血氧和能量，这时，男人的四肢才能更有力，更有效的与野兽搏斗，去击毙野兽，或者迅速逃跑脱离野兽的追赶。所以，男人比女人更容易被激怒，男人的脾气更暴躁。不过，娘娘腔的男人脾气可能会好的多，他们可能比女人更温柔。

男人出门去打猎，一路上，就只有与荒山野岭为友，草丛树木为伴，心里有忧虑，不能与荒山分担；胸中有喜乐，也无法与野岭共享。既不能与草丛对话，也无法与树木沟通。在家庭重担的压力下，在狩猎这样恶劣环境的历练中，男人们的情感也就慢慢变得越来越粗砺，感情趋于平淡，情感起伏小。环境造就人，久而久之，男人们就变得善于计划，按部就班，喜欢逻辑推理，不爱交流，情感不太容易随着环境的变化而变。跟男人相比，女人的情感就相对丰满，情感变化大，情感容易随着环境的变化而起伏，而且语言能力也比男人强。

由于不爱交流，情感粗糙，男人与女人在说话和办事等方面就有很多不同。就拿打电话来说吧，男人和女人就有很大差别。比如关公打电话给秦琼：喂，秦琼，忙吗？秦琼：不忙，什么事？关羽：上星期李逵钓了十多条鲈鱼。我周末想去钓鱼。秦琼：你想这个周末去钓鱼？关羽：是啊！我想星期六早晨六点去。你去不去？秦琼：去！关羽：星期六湖边见！通话时间一分钟，简单快捷。同样一件事，女人打电话，可能要打一个小时。

不光打电话不同，男人办事也和女人办事很不一样。比如男人需要买双鞋。一般男人在没去商场之前头脑中对鞋的样子和颜色就都有了一个大致的概念。由于历史的原因，男人的本性是目的性比较强，而且男人不太容易改变计划和目标。到了商场后，男人就直奔卖鞋的地方，选一双跟他头脑中鞋的样子差不多的鞋，之后，交钱，回家，看足球……结论，男人买双鞋，只需二十分钟就能搞定。女人去商场买双鞋，可能需要两个钟头，最后，鞋没买，买个包回家。

男人的目的性强，不容易改变目标，也有坏处。坏处就是男人容易钻牛角尖，按既定路线走到黑，不愿意转弯。男人死脑筋，是历史遗留问题，有情可原。

男人由于情感粗粒，情感起伏小，看电影或者电视剧时，当看到剧中两个情人要分手了，女的跟着剧情哭了起来，而男人没觉得有什么值得哭的？由于喜欢理性分析，男人觉得剧中的两个情人不会真的分手，所以，他根本就不会动感情。而且，根据他的逻辑推理，男女主角最终会破镜重圆，破碗重锯，最后，结婚生子白头到老……所以，同样的场景，女人可能在哭，男人可能在笑……

一般来说，男人的逻辑性都比女人强。男人常常执著自己的逻辑，按照自己的逻辑去推理，去办事，并按照自己推出的理论去解释一切。由于太注重逻辑推理，以及男人的死脑筋，他们往往不知道，有时世上发生的事，光靠逻辑推理是行不通的。比如，当一个人感觉（第六感觉）到环境存在很大的危险，可是，对眼中观察到的情景和耳朵听到的信息进行分析和逻辑推理后，他得出结论：环境很安全。这时，如果执著地按照自己的逻辑推理去行事，这个人可能就会把命搭进去。

由于男人善于逻辑推理，他们察言观色的能力就差，就不如女人，遇到特殊的环境，就容易吃亏上当，严重时，会丧命。比如拜把子兄弟的哥哥实际上已经跟弟弟反目成仇了，哥哥摆鸿门宴就是要把这个弟弟干掉。在这样的环境下，如果是个女人，通过第六感觉，可能就会感觉到气氛不对，氛围中充满杀气。跟女人比，男人的第六感觉就不那么敏感，就很有可能感觉不到氛围中的杀气。结果，鸿门宴上这个弟弟就有可能继续笑嘻嘻的套近乎：咱哥俩谁跟谁呀？来，我再敬大哥一杯，我干了，你随意。这位哥哥心里会骂道，你他妈的死到临头了，还看不出今天的气氛不对劲吗？还要再喝一杯，等喝完这杯，老子马上就放你的血……

由于察言观色的能力比女人差，情感也不如女人丰满，在接人待物中，男人就不如女人活泛体贴，善解人意，所以，男人的社交能力也就自然的不如女人。结果，在大多数情况下，一个家庭的朋友主要是女主人的朋友。每当家里请客开爬梯，多数是女主人张罗，而前来参加爬梯的朋友也大多数是女主人的朋友。

推论，男人的生活中是缺少不了女人的。男人们切记，光靠理性分析和逻辑推理是过不好日子的的的……过不好日子地地地……一个男人需要一个情感丰满的女人，才能过好一个圆满的日子呢呢呢……

女人是感性的

女人，柳眉桃腮；女人，莺声燕语；女人，凸凹有致；女人，裙裾袅袅……女人，感情丰富；女人，多愁善感；女人，情感细腻；女人，心慈念善……一般来说，女人这些特征都是先天生就的，不是后天学来的，是长在骨头里嵌在基因中的，这与远古时代人类活动有关。

在远古时代，男人的任务是外出打猎，而女人的任务是守家做饭照顾孩子。在家照顾孩子与在外面打猎，情景可大不一样，女人的情感一天中要随着孩子们的喜怒哀乐而上下起伏多次。女人不但要照顾孩子们的吃喝拉撒睡，还要照顾孩子们的情绪。一会儿，老二打了老三，老三来告状，女人就要安抚老三，而斥责老二；过了一会儿，老大不吱声了，是生气了？还是生病了？在这样的环境中，久而久之,女人不但练就了一身察言观色的本事,情感也越来越丰富。她们变得心细敏感，善于交流，情感容易随着环境的变化而起落……

女人的逻辑思维比男人差，因为在解决日常家务的时候，她们不需要逻辑思维。她们看问题很直观：衣服脏了，该洗了；天快黑了，该做饭了；孩子哭了，该喂奶了……所以，女人是不会跟男人讲逻辑推理的，她们只需讲简单的道理就行了。

记得很久以前的一个星期六，我太太说：你上午跑哪儿去了？啥活也不干。我开始跟她讲道理。我说：咱家的草坪上长出很多杂草，我去买杀杂草的药去了。刚回家，还没下车，我看到草也变黄了，我就又去买了些化肥。我把割草机也从车库搬出来了，重新加了油，下午抽空我要割草，撒化肥，撒除草剂……我没闲着，一直在干活呀。她说：这点儿活你都不该干吗？我说：这可不是一点儿活。她说：干点儿活就抱怨，你有什么可抱怨的？我洗衣做饭收拾家，我抱怨了吗？我回答：我没说你抱怨了。我也没抱怨啥呀？她说：你没抱怨？那你为什么说我上星期做的包子太咸了？我说：我没说包子太咸了，我只是说盐放的稍微有点儿多了？她说：好。明天你来做饭蒸包子，我想看看你放多少盐！

我只是出门买了点儿化肥，结果，明天该我蒸包子。我上哪里说理去？回头一想，还是自己嘴欠，包子咸了，只吃皮，不就没事了吗？孔子曾经说过，千万不要跟女人讲理。否侧，她们有天大的理由让你晚上睡狗窝。

女人从古至今，慢慢的练就了一身从一件事扯到令一件事的本领，比如两个女人打电话，本来只说一件事，可她们能从一件事扯到另一件事，最后，扯出一百件事……

两个女人打电话，嫦娥：喂，貂婵，这个星期六西单商场的衣服大减价。你上次看上的那件呢子外套好像减价百分之六十。貂婵：要是真的减价百分之六十，我就去把那件外套买了。嫦娥：上星期日，在教会，我看见杨玉环穿了一件短皮大衣，挺好看。她就是在西单买的。我也想买一件。貂婵：杨玉环减肥挺成功，小腰细得跟十六岁女孩儿一样。她现在穿什么都挺好看。嫦娥：我也想减十磅。可是，总也减不下去。貂婵：你身材挺好的，不用再减肥了。嫦娥：不行。我今年的目标是再减十磅。貂婵：西施昨天给我打电话，说她去年烧饼吃得太多，身体发胖，今年的目标也是减十磅。嫦娥：西施现在忙啥呢？昨天我看到她老公武大郎了，骑了一辆新摩托车，挺神气的。貂婵：上星期西施跟她老公吵了一架。她想买一件貂皮大衣，她老公不同意，两人就吵了起来。嫦娥：武大郎的生意挺赚钱呀！武大郎跟别人吹牛说他在做进口生意！貂婵：他不是一直在卖烧饼吗？什么时候开始做进口生意了？嫦娥：是一回事。烧饼往嘴里吃，不就是进口嘛！貂婵：哈哈，是这么个进口，我明白了。嫦娥：西施后来买了貂皮大衣没有？貂婵：买了。武大郎跟她讨价还价，最后达成协议，武大郎同意西施买貂皮大衣，条件是武大郎买一辆摩托车。嫦娥：我老公也想买辆摩托车。我没同意。我怕他喝酒后骑摩托车出事。貂婵：你老公酒的生意怎么样了？嫦娥：我老公的酒生意挺好的，酒都卖到美国去了。貂婵：美国人也喜欢喝桂花酒？嫦娥：是啊。美国的达官贵人们都喜欢喝。吴刚说了，他明年去美国考察，把我也带上。貂婵：我真羡慕你有个好老公。嫦娥：我老公是对我挺好的。可是，我老公最近又新招来一个女秘书，叫赵飞燕，长的非常漂亮，我就怕我老公跟她……

　　两个人约星期六去西单买衣服，几句话就能说完的事，她们在电话里聊了两小时，才搞定。

由于女人的情感细腻丰富，女人买东西的过程和结果就与男人不一样。比如说我太太想买双皮鞋。她进了商场后，到了卖鞋的地方，挑来挑去，最终选好了一双满意的，先把鞋拿在手中仔细查看，再穿到脚上看，再照着镜子扭动腰肢，来回走几步模特步……一切满意后，脱下皮鞋，放回原处，之后，扭腰，提臀，她朝卖衣服的地方走去。到了卖衣服的地方，也是挑来选去，摸摸这件，再看看那件，穿上这件试试，再比量那件瞧瞧……过了不知多长时间之后，又摆胯，抬腿，她又向卖包的地方走去……三个小时之后，她回家了，一进门就跟坐在沙发上看足球的我说：喂，老公，我买了一个包，大减价，给你省了四百六。我一听，心里就明白，这个包肯定不便宜。我很想说：去买鞋就买鞋呗，为啥买个包回来呀？三个月前不是刚买了一个包吗？你说给我省了四百六，四百六在哪儿呢？给我看看？我是个聪明人，心里想的话只能放在心里说。经验告诉我，心里话一定不能说出口，否则绝没好结果。记得三个月前，我说我太太买的衣服太贵，不值那个钱。我太太觉得我言下之意嫌她乱花钱，听了我的话后，我太太不但当晚没做我想吃的红烧肉，而且给我做了三天白菜炖土豆、土豆熘白菜和清炒土豆白菜片。想到这，我面带笑容（假笑容）对太太说：把包拿来我看看，什么高级包给我省了四百六？实际上，我根本看不懂女人包的样子好看还是难看，而且也没兴趣看。我太太一边把包拿给我看，一边说：多好看！这是流行的样式，才五百二。五百二这几个字就跟锥子一样，一下子在我心上扎了个洞，疼。我心里大声质问：最多用两尺牛皮做的一个破包哪值五百二呀？买一头活牛才多少钱呀？再说了，买这么贵的包干啥？装金条呀！人家就是骗你这样的二百五呢！可我嘴上却说：这个包真挺好看，买的挺值。你以后要是看中你真喜欢的包呀、鞋呀的，别等减价再买，不用给我省钱，只要你高兴，想买就买！钱这东西，花完了再挣！刚说完慷慨的话，我心里就大声抱怨：钱哪儿那么好挣的？就算天上掉馅饼，我不是还要张大嘴不是？等你把我变成穷光蛋，我就用你那些时尚的包包去换土豆！

当晚餐桌上，我太太不但端上来了红烧肉，还有麻婆豆腐，一盘炒豆苗，外带一盘炒花生米，这些菜全是我喜欢的下酒菜。我太太还为我打开了一瓶二锅头。两杯酒下肚后，我心旌有点儿荡漾，面色有点儿发红，大脑有点儿轻松……越看，我太太的模样越俊，每多喝一口酒，我太太的姿色就往上涨一分，第三杯酒下肚后，我太太简直就是一位古代美人，媚眼含羞，丹唇逐笑，眉不画而翠，唇不点而红……我心里纳闷儿：我面前这位俏佳人到底是谁呀？又喝了一口酒，突然想起了红楼梦，我一下子大悟：哎哟喂，我的亲奶奶呀，我太太不就是林黛玉她二姨转世嘛！

第二天酒醒后，我琢磨出一条真理，好男人千万不要跟女人讲道理，要跟她们讲情感，感情，感情情……

男女间的博弈

俗话说，男追女隔座山，女追男隔层纱。为什么会出现这种现象？

男人与女人不但身体和生理上有很大不同，男人跟女人的思维也相差很远，所以，才有女人心海底针的说法。

男人和女人本能的吸引力是通过性体现出来的。因为男人和女人不一样，男女思维上就有巨大差异。就拿性这件事来讲，男人肯定是觉得多多益善，内心里是希望跟不同的女人上床。这就是男人天生多偶性的特征。从进化的角度来看，动物一出生就背负着基因不断复制传承的使命。没有基因传承欲望的生物会慢慢灭绝的。男人交配一次，等于播种一次种子，跟不同的女人交配，就得到了多次基因复制的传播。跟更多的女人交配，他的基因传承下去的机会就更大。结果就是，男人潜意识的去追求和交配更大数量的女人。

女人不一样，交配一次就要面对一次巨大的风险。因为女人怀孕后是无法正常生活的。怀孕的女人需要一个安全的和一个有效的能量持续供给的环境。所以呢，女人追求的不是数量，而是要获得一个优质的基因，以及交配生育后，有一个稳定的生存环境。由于千万年的进化和传承的需要，男人和女人就产生了不一样的思维模式。男人追求数量，女人追求质量。男人追女人时，恨不得女人越直接越好，越快答应越好。刚好相反，女人希望保证质量，所以女人会更有耐心，慢慢的热。结果，女人的矜持，男人看作是做作。而男人的猴急，女人看成是性饥渴。女人为了追求质量，就需要男人付出更多的成本。这样男人才会死心塌地一心一意的对待她。通俗一点儿讲，就是把男人对她的想法从只是下半身思考变成全身思考。

一开始男人喜欢一个女人，肯定是被荷尔蒙推动的。之后，男人付出的越多，就越放不下，结果，就变成迷恋，就变成舍不得，就变成了所谓的"爱情"。到最后，男人发现越猴急越没用。男人就开始减少索取，有时连很简单的正常要求甚至都不敢提出来，这就是男人和女人的博弈全过程。男人知道这一点很重要。女人潜意识里为了保证质量，会对男人有本能的冷漠。女人吸引男人，最低段位的方法就是利用自己的身体。如果女人只让男人产生性欲，而没有激发起男人的征服欲，男人就会轻看这个女人，得到了她的身体后就会失去对她的兴趣。女人的冷漠和矜持对女人自身来说是一种保护。让男人不断的付出"诚意"，结果，男人付出的越多，就越不甘心，就越不放弃，当真正得到这个女人的时候，他就会更加死心塌地对待她。当一个男人死心塌地对待一个女人，在婚配后，他就会愿意为这个女人承担所有的责任和风险，比如对女人怀孕期间的照顾，对后代的养育，以及承担家庭中更多的责任，等等。

所以，女人在跟男人博弈的过程中，虽然喜欢一个男人，但她做的最多的是保持友好关系或者暗示。接下来，她期待这个男人读懂她的意思，然后让男人主动去承担博弈后的风险。在男女两人博弈的过程中，男女关系是不可能一帆风顺的。女人为了守住自己的主导权，会适当的刁难这个男人，想看看这个男人会不会知难而退。如果这个男人退缩了，她就会认为这个男人不符合要求。这是一种特别的筛选，比如她喜欢成熟的男人，不喜欢比她小的男人。如果一个男人觉得自己不够成熟，显得焦虑不安，她就会觉得这个男人不够自信，将来他不可能承担他应该承担的责任。一个男人如果显得不自信，往往就在暗示他在某些方面的能力不足。女人潜意识里就会觉得他的基因有缺陷，是个没有担当的人，渐渐的女人就会把他踢出候选人名单。

总之，一个成熟的男人要保持淡定，不要因为女人的刁难而显得患得患失，这是自信的表现。

女人的冷漠也好，筛选也好，无非是想设置障碍，让男人不断的付出，以确保这个男人是有诚意的，而且有足够的自信，愿意承担风险去推进两个人的关系。正因为如此，男人一定要读懂女人的暗示。她是真的拒绝，还是矜持。

讲到这里，男人们应该开始懂了，为什么女人节日想收礼。情人问她想要什么，她却说不用这么麻烦了，她什么也不缺。当情人送了礼物后，她会说，太浪费钱了，然后，她会搂住情人的脖子，亲对方一口。明明心里美滋滋的，还是会说反话，女人就爱"演戏"，但这不能怪她们，因为这就是女人的本性，也是她们的可爱之处。

在漫长的进化过程中，女人学会了这种"自我保护"的本能。结果，恋爱中的女人就都爱"演戏"了。作为男人，应该看破不说破，读懂她的矜持，适当的时机去满足她的需求，去满足她的浪漫和惊喜。

两性关系最迷人的地方，就是进入暧昧的时候，你知道我图谋不轨，我知道你故作矜持。当男人无法猜透女人心思的时候，他试着通过女人的角度去分析他们之间的关系，他就会发现，女人可能只是等待他的主动出击而已。

总之，健康的两性关系中，最重要的一点是同理心。男人不要把女人当男人来看，而是要考虑到女人"注重质量"的心理。既然注重质量，女人就会等待和观察，甚至考验对方。多一点儿耐心，多一点儿自信，不要再去做猴急的饥渴男。一个猴急的饥渴男很掉价，很快就会让女人丧失兴趣……丧失性趣……

爱情保鲜剂

有一首很好听的爱情歌曲：《站着等你三千年》。歌里有两句是这样唱的：哥哥做胡杨等你三千年。生也等你，死也等你，等到地老天荒，我的心不变……

听了这首歌后，我被感动的热泪就像两条江水从双眼里向外流……

其实，人间的爱情是非常脆弱的，是很容易破碎的，世间很少有等到地老天荒的爱情。否则，世上就不会有那么多的夫妻离婚，那么多的情人分手，那么多令人心碎的爱情故事了……

任何浪漫恋情的开始，通常都伴随着一段兴奋的时光，双方都会感受到与一位新伴侣体验新生活的新鲜感。可是，若是将一对新伴侣未来二十年的生活以快进的方式像放电影一样播放出来，那将是一幅完全不同的画面。多年后，伴侣双方都彼此非常了解，生活也变得平常寡淡。同样的对话；同样的日子；同样的度假目的地。虽然熟悉的生活、环境和情景会让人感到舒适，但剩下的就是些乏味和枯燥的生活，不少伴侣还有很多的矛盾，相互的误解，以及不愉快的争吵……

美国斯托尼大学的心理学家艾伦想，怎样才能让一对结婚多年的伴侣去做一些新奇有趣的事情，从而打破他们乏味单调枯燥的婚姻生活，怎样才能让他们彼此双方从新具有吸引力，让男女双方体验到恋爱时期的兴奋感，让他们渐渐变小的爱情之火重燃变旺呢？

现代心理学之父威廉·詹姆斯认为人的思想和人的情感不仅会影响到人的行为方式，而且人的行为方式也会影响到人的思想与情感。心理学家艾伦和他的团队对人的行为与人的情感关系做了细致的实验研究。从实验结果里，他们进一步了解到人的行为是怎样影响人情感的科学证据，并且找到了有助于让伴侣之间更加亲密的方法。

艾伦和他的研究团队在报纸上招募了一些志愿者。研究人员要求参加实验的每一对伴侣完成一份关于他们婚姻关系的问卷，之后，他们被随机分配到两个小组中。接着，实验人员在地板上铺一张体操垫子。然后，开始进行实验的下一部分。对第一组的夫妇们，研究人员把夫妻一方的右手腕与伴侣的左手腕拴在一起，同时也将一方的右脚踝与另一方的左脚踝拴在一起。接着，研究人员将一米高的泡沫障碍物放在房间中央，然后，交给每对夫妻一个大枕头，要求每对夫妻趴在地上，手脚并用，匍匐爬到障碍物前，然后跨越这个障碍物，继续爬到房间的另一边。之后，转过身，沿着原路跨过泡沫障碍物，回到一开始出发的地点。为了让整个游戏变得更有趣，研究人员还要求参与者在整个过程中只能用他们的身体托着枕头，不能用手臂或是牙齿拉住枕头，并且限时。研究团队还借口避免参与者在这个游戏中擦伤自己，要求他们脱下手表，然后研究人员假装说，每对夫妻都在限定的时间内完成了任务。结果，参与者在完成游戏后，都很高兴他们在限定的时间内完成了任务。

研究人员要求第二组的夫妇们做的是一很简单的事情。研究人员在房间中央画了一个红色圆圈，要求一对夫妻中的一人趴在地面上，用头将一个球从房间的一端滚到房间中央的圆圈里。他们的伴侣则站在房间的另一边观看。当球滚进了圆圈后，就轮到他们的伴侣上去将球从圆圈里滚回到一开始的地方。

实验结束后，研究人员要求所有的伴侣完成一份调查问卷。这份问卷有一个相当浪漫的名字：浪漫的爱意清单。调查问卷要求伴侣们对他们的幸福感进行打分。实验结果与研究人员的预期一样，与那些完成滚球游戏的伴侣们相比，那些共同努力跨越泡沫障碍物的伴侣们给自己的幸福感打的分数更高，并且他们从伴侣那里感觉到了更多的爱意。

一个简单的实验，只需要进行几分钟全新有趣的活动，就能使伴侣双方增加幸福感，就能达到非常好的积极效果。

研究人员认为，这种共同参与、互相依赖、共度难关的事情使得第一组的伴侣们觉得新颖有趣，让他们兴奋，使他们有同舟共济共同生存的感觉。这样的活动能让这些伴侣们有机会共同合作解决困难，并且能以一种不同寻常的全新视角看待对方。一起合作的游戏，给伴侣们增加了新鲜感，一种不能缺少对方的依赖感，从而增加了他们之间的信任度和感情。这种体验与伴侣们初恋时的感受很相似。结果，他们调查问卷中幸福感的分数就高。与此相反，第二组的伴侣们所做的游戏非常的简单，他们各自完成自己的任务，并不需要他们之间协同合作跨越障碍。他们在行为上不需要共同合作共度难关，心理上也就没有同舟共济相互依赖的感觉。所以，他们从伴侣那方感到的幸福就少，调查问卷中幸福感的分数就不高。

受到上述实验结果的鼓舞，艾伦与他的团队重复了以上的实验。这次实验他们没有采取实验后问卷调查的方式，而是采取了另一种方法来衡量夫妻双方对婚姻的满意度。实验结束后，研究人员对每对伴侣谈论他们将来度假的事情，讨论家居如何装饰，以及房屋装修等方面的事情进行录像。之后，研究人员仔细观看和研究了录像。他们仔细的查看了录像中夫妻任何一方表示出积极友好态度的次数。结果显示，拴在一起越过障碍物的夫妇要比那些进行滚球游戏的夫妇说了更多正面的积极的话语，并且态度更亲和友善。

艾伦团队研究的结果进一步证明了人的行为能对人的思想和情感产生重要的影响。通过一起参与那些共同协商、共同合作，共度难关的事情，伴侣之间就能感到他们之间的互相帮助，相互依赖；感到同舟共济，感到是同一个命运共同体。这样的经历能激发起恋爱时期的情感，有助于重新唤起过往的激情。

上述的研究结果表明，任何枯燥乏味的婚姻关系都可以通过克服一个大泡沫障碍物，以及开放的心灵来得到改善。用行动转化能量来增进夫妻间的吸引力。艾伦团队的研究结果表明，维系长期婚姻关系的夫妻，伴侣们在定期参加一些需要共同努力才能实现目标的新奇有趣的活动时，会觉得对方更具吸引力。这个发现得到了其他心理学家的支持。这表明维系长期婚姻关系并感到幸福的夫妻更愿意参加一些需要双方合作的休闲活动。这些活动能给婚姻带来新鲜感和新的刺激，使他们的情感处于积极活跃的状态，使他们的幸福指数增高。所以，无论是参加某项体育运动、业余戏剧活动、攀岩、到一个新地方游玩、还是学习一种新舞蹈、学习一种新语言……总之，那些有共同爱好，相互依赖，同舟共济，能够一起爬过他们人生中遇到的各种障碍的夫妻，就会有更亲密的关系，就会有更大的幸福感。在婚姻这条充满荆棘的路上，他们就会走的更远……

一见钟情

"一见钟情"是指男女双方一见面相互之间就产生了一种莫名的喜欢；就被对方的外表、举止和谈吐深深的吸引了；就产生了深深的爱慕之情……这种"一见钟情"的现象在人际关系心理学中称为"人际吸引力"，即"仪表吸引力"，既是以个体的容貌、体态、外观的言谈举止产生的男女之间的相互吸引力。这"一见钟情"的心理学基础是被对方的外在表现所吸引，从而给予以专注的爱慕情感，这"一见钟情"里的"钟"就是专注的意思。

性心理学家指出：正常男女都有一个特点，对异性存在着普遍的好感。女性几乎对所见到的每个英俊的男人都要进行细致的观察，欣赏他的外表、举止和才华，等等。而男性对每个靓女都要进行详细的审视，欣赏她的体型、仪态和言谈，等等。"一见钟情"是一种正常的心理现象，表明了个人选择配偶的心理倾向，是每个男女走向恋爱过程中都渴望遇到的……

很多人认为坠入爱河是一件相当复杂的事情，这取决于人的外貌、举止、个性、环境和机缘等方面的总和。"一见钟情"这种事，是需要天时、地利，以及人和的。不是任何一对男女一见面，马上就有了"一见钟情"的情感。

都说眼睛是心灵的窗，真的是这样吗？中国民间有句话：看对了眼儿。这句话好像是说"一见钟情"是从眼睛里产生出来的。那么,"一见钟情"是不是真的通过彼此的眼睛,打开了对方心灵的窗?之后,就产生了伟大的爱情呢?

美国有一个叫莱尔德的心理学家对这种独特又神秘的"一见钟情"进行了研究,他想用科学的方法证明"一见钟情"是否真的从人的眼睛里产生出来的。莱尔德认为,在人们的日常生活中,坠入爱河的恋人显然会有很多机会相互直视对方的眼睛。莱尔德想知道反过来是否也一样?在坠入爱河之前,陌生的男女双方是否可以通过直视对方的眼睛,之后,男女双方就坠入了爱河。是先有了爱情,才去直视对方的眼睛,还是先直视了对方的眼睛之后,才生出了"一见钟情"的情感呢?

莱尔德想通过巧妙的设计和精心的安排让一对陌生男女通过彼此的眼睛产生"一见钟情"的情感来。设计一个什么样的实验才能让一对陌生的男女在毫无察觉的情况下,直视对方的眼睛呢?莱尔德必须要为直视陌生人的眼睛找个幌子。最终,莱尔德和他的研究团队想出了一个好方法:心灵感应实验。研究人员告诉参与者,他们想通过"心灵感应实验"知道人与人之间能不能通过视觉感应到对方的心里活动。

莱尔德和他的研究团队把招募来的单身志愿者按年龄的大小分成五个年龄组:20-30岁、30-40岁、40-50岁、50-60岁、60-70岁。之后把每个年龄组里的男女随机配对儿,每组10对儿。研究人员要求男女双方两个人之间不能用听觉、嗅觉、味觉和触觉传递信息,而只用视觉来传递思维和感觉信息。实研究人员要求每对男女面对面而坐,默默的相互直视对方的眼睛五分钟之后,离开十分钟,再回到原位,再默默直视对方五分钟……总共直视对方四次,每次五分钟。

莱尔德认为，眼神的接触是一对单身男女擦出相互爱慕火花的根本原因。在虚假的心灵感应实验结束之后，研究人员要求所有的参与者都对他们的实验伙伴儿进行恋爱情感评价。实验得出的数据证明莱尔德是正确的。很多参与者都说，他们对新伙伴儿产生了真挚的爱慕情感，并且深深为之所吸引。

莱尔德的实验表明，坠入爱河的男女，不需要"天时"，只需要"地利"及"人和"。也就是说，只要把两个年龄、背景、资历和相貌基本相当的两个单身男女放在一起，相互直视对方的眼睛一段时间后，这两个单身男女之间就能产生"一见钟情"的情感。

从上面的心灵感应实验中我们能得出这样的结论：如果父母、亲戚、媒婆，或者热心的朋友想促成一对单身男女的爱情，也可以照搬莱尔德研究团队的实验方法，想办法创造一个环境让男女双方能有机会直视对方的眼睛。最好的办法是请他们吃饭。吃饭的条件是要求男女双方面对面而坐，少说话，边看对方的眼睛边吃饭……媒婆团队要有下血本的勇气，一次请吃饭不成，就继续请他们吃，一直请到他们之间出现"一见钟情"为止；一直请到他们自愿的相互请吃饭为止。

读者您如果是一个单身男子，内心深处喜欢一位女神儿、女仙儿、女天使，或者是一位女菩萨，而这位女神仙并不知道您暗恋她，您就要想办法制造出"一见钟情"的情感来。无论什么年龄的女人都有一共同的特性，也不论她是神儿、是仙儿、是天使，还是魅力四射的妖精，她们都喜欢美食。根据女人喜欢美食这个特性，您就可以找到一个最佳的"一见钟情"的环境：餐馆。您请她吃饭；您请她喝咖啡；您请她饮功夫茶；您请她啃猪蹄子，等等。不过，您千万不要请她看电影，打麻将，爬大山，钓大鱼……参与那样的活动时，她的眼睛就没功夫看您了。也不要请她吃龙虾，成本太高，不是土豪，您请不起。对一个普通工薪阶层的单身汉来说，最实惠的是请她啃猪蹄子。她啃猪蹄子时，您一定要坐在她对面。您千万别闷着头闭着眼，使劲的啃那猪蹄子。您一定要一边啃着猪蹄子一边盯着她的眼睛看，一直看，不要朝两边看……您要看的她不好意思；看的她面红耳赤；看的她抓耳挠腮；看的她嬉皮笑脸……直到她捂着脸说：别看啦，我爱你，你……

以上建议只供参考，不是找老婆、找伴侣、找爱情的秘笈。没找到女神儿、女仙儿、或者仙姑，您找个漂亮妖精回家，与本人无关，后果自负。您如果找到了一个仙女妹妹、神仙姐姐，或者佛祖姑姑，你一定要请我吃饭呦。吃饱喝足后，我会透露给您一秘笈：怎样留住仙女在人间……

第五章　心理与行为

世间事，很多大事的发生，追本溯源，都来自一件小事。"蝴蝶效应"告诫我们，"勿以善小而不为，勿以恶小而为之。"

往事已过去，我们如果有能力把那些不好的、悲哀的、阴暗的历史，重新涂上温暖的颜色，把冰冷的历史变成温暖的历史。那样，我们的日子就会过得更幸福，对将来就会有更美好的梦想……

一个人想要有一个美好的未来，不在于你经历了什么，而在于今天你的想法是否聚焦在乐观的、阳光的、正面的事物上……

我们被忽悠了

作为一个普通老百姓我们常常被忽悠，可是我们却不知道。下面我就通过锚定效应来说说我们是怎样被忽悠的。那么，什么是锚定效应呢？容我慢慢道来。

心理学家康纳曼和他的同事们曾经做过一个特别有意思的锚定效应实验。他们招募一群大学生来做这项试验。他们让大学生们转动一个幸运轮盘，之后记下轮盘指针指的数字。幸运轮盘上面刻的数字是从零到一百。当然，这个轮盘是被他们动过手脚的。康纳曼研究团队对轮盘进行了改装，使轮盘每次旋转后，最终轮盘上的指针要么停在 10上，要么停在 65上。他们让每个同学都去转这个轮盘，转完轮盘后，研究人员问一个问题：你觉得联合国里边的非洲国家大概占百分之多少？对于这个数字，同学们都很陌生，很少有人确切地知道联合国里面非洲国家有多少？在不知道确切数字的情况下，参与实验的学生们只有估算非洲国家占整个联合国有多少。结果，凡是那些转到10这个数字的学生，给出的平均数是 25%，而转到 65的学生，大部分人认为非洲国家占整个联合国的平均数是 45%。也就是说，转到数字比较小的学生，认为联合国里面非洲国家占的数目就比较小；转到数字比较大的学生，就认为联合国里面的非洲国家占的数目就比较大。

从 25%到 45%，这是一个非常大的一个差距。而这个差距是怎么来的呢？结论，是因为这些大学生们的心理被提前锚定了，那两个数字 10和 65就是定在大学生们心里的"锚"。这两个锚定数字使得大学生们在心理上不自觉的往这两个数字靠拢。心理暗示常常也就是一种锚定效应。

有人做过一个类似的实验。实验人员问一些参观旧金山自然博物馆的人两个问题。他们问第一组人的问题是：加州最高的那颗红杉树是高于1200英尺，还是低于1200英尺，你认为那颗最高的红杉树有多高？而问第二组人的问题是：你认为加州最高的那颗红杉树是高于180英尺，还是低于180英尺，你认为那颗最高的红杉树有多高？不出所料，两个组人给出了完全不同的平均估值。第一组人给出的树高平均值是844英尺，而第二组人给出的树高平均值是282英尺，两组人给出的数字相差562英尺。这真是难以想象，在不知道确切数字的情况下，两组人的答案会相差这么多。

美国红杉树深林是国家公园（Redwood National Park），位于美国加利福尼亚州北部。红杉树是世界上最高的树，其中最高的一棵树高达380英尺，大约是115米，三十多层楼那么高。

可想而知，在不了解实情的情况下，普通老百姓被专家们忽悠是多么容易的事呀。而且，老百姓根本就不知道自己被忽悠了。也就是说，被人卖了，还帮别人数钱……被人卖了，还帮别人摇旗呐喊：卖的好！卖的好……

另外，还有一个非常有趣的实验。一个心理学家和他的同事们做过这样一个实验。他们找到一些有十年以上经验的法官。实验人员让这些法官掷两个色子。当然,这两个色子提前被他们做过手脚了。每次投掷的色子一停，结果不是3就是9。投掷完色子后，实验人员就叫法官读一个案例，是一个妇女在商店里顺手牵羊偷商品被捉住的案例。然后，实验人员就问这个法官：那个偷东西的妇女被送进监狱后，你认为她应该服刑多长时间？结果，那些掷了9的法官们说关那个妇女7至8个月，而掷了3的法官们说关那个妇女4至5个月。这样看来，法律也是容易被忽悠地……

下面我们讲一个现实生活中的例子。在美国，一个心理学家做了这样一个实验，在一个超市里，把一种鸡汤罐头降价，打五折。一个星期以后，实验人员发现，罐头打折后，购买者平均每人买 3 罐。第二个星期，实验人员在货架边上又贴了一个标签，上面写：每人限购 12 罐。一个星期之后，实验人员发现购买者平均每个人买 6 罐鸡汤。而在这之前，大家的平均购买量是 3 罐。限购后，鸡汤罐头销售量一下子翻了一倍。这是什么原因呢？原因就是当把 12 这个心理锚定数字种在消费者心里后，这个锚定数字就引导着购买者朝这个锚定的方向走去……

从上面这些实验中，我们可以得出这样的一个结论，如果一个人在进行谈判的时候，当双方在价钱上还没达成一致的时候，往往是先提出锚定数字的一方占优势。因为他们可以按照自己心中的目标先把锚定数字在对方心理上定位。

锚定效应在现实生活中到处都是。比如姐妹两人，姐姐找了个男朋友，其他条件都很一般，但身高 180 公分。三年之后，当妹妹找男朋友时，她的第一个条件就是男朋友身高不能低于 180 公分。180 这个锚定数字是姐姐三年前给妹妹种下的。妹妹心理上在不知不觉的情况下往这个数字靠拢。这就是典型的锚定效应。

总而言之，咱们普通老百姓是很容易被各种各样的锚定理由或锚定数字忽悠地……尤其是被所谓的专家们忽悠……乡亲们，小心啊！小心啊！不过，我不是专家，我是不会忽悠您们的。听我的没错，真地没错。"明天，您们谁最支持我写书，谁买这本书最多，谁中彩票的几率就最大。"真滴！

棉花糖与命运

记得那年我儿子刚刚三岁。那一年的万圣节（俗称鬼节），我和我太太带他在我们社区要了很多糖。在回家的路上，我儿子边摆弄那些糖边吃，吃了好几块。回家后，把儿子放在沙发上，我太太对我儿子说：你不能再吃糖啦。你先玩儿一会，摆弄那些糖，可不能再吃了。过一会，你该睡觉了。

过了大约二十分钟，我太太从厨房回到客厅，叫儿子把他要来的糖装进那个装糖的小塑料桶里，他该上床睡觉了。这时，我太太发现，儿子衣服前襟湿了一大片。我太太意识到，儿子前襟那片湿是儿子流的哈喇子弄湿的。我太太赶快笑着对儿子说，再挑两块你喜欢的糖吃吧，吃完了，我们去刷牙睡觉。

可想而知，对于一个三岁的孩子来说，面前放着他喜欢的糖，能忍住不吃，是多么难的事啊。

上个世纪七十年代，美国斯坦福大学心理学教授沃特做了一个非常著名的实验，棉花糖实验。沃特教授的实验对象是一群四岁多的孩子，一共有六百个孩子。实验很简单，给每个孩子面前的桌子上放一颗棉花糖，并告诉孩子，你现在就可以吃掉这颗棉花糖。但是，如果你能忍住不吃这颗棉花糖，十五分钟后，我们就再给你一颗棉花糖。孩子们心里很清楚，他们自己有选择，如果想要得到两颗棉花糖，就要等十五分钟。

结果，这一群孩子大致分为两部分，一部分孩子不能等，或者等了一小会儿，就赶快把面前的棉花糖吃了。而另一部分孩子想得到两颗棉花糖，就坚持等了十五分钟。十五分钟看起来时间并不长，可在棉花糖的诱惑下，对于一个四岁的孩子来说，十五分钟的时间是极其漫长的。孩子们为了消磨掉那难捱的十五分钟,有的假装睡觉，有的低头摆弄手指，有的小声唱歌……

多年后，实验人员对这些孩子进行了跟踪调查。他们发现，大部分当年选择一颗棉花糖的孩子，长大成人后，在受教育程度、工资收入、社会地位以婚姻状况上，都比选择两颗棉花糖的孩子差。

为什么会有这样的结果？

孩子的情感塑造实际上在孩子一出生就开始了。到四岁，孩子的大脑已经长到成人的三分之二。这几年中，在父母、亲人、幼儿园老师等人的培养和教育下，孩子的情感造型已初具规模。这时，孩子大致知道自己怎么样？在父母眼里，我是否可爱，我是否重要？

在一个淡漠的松弛的放任家庭里，父母没有在孩子身上花很多精力和时间。他们忽视孩子的情感需求，有意无意的用各种借口对孩子情感的需求不予理睬。由于太忙，或者由于无知，或者听信那些没有任何道理的谬伦："孩子哭了，不能抱。孩子哭了，你不抱他（她），他（她）以后就不哭了。"等等。孩子哭了，是在跟父母交流。他（她）可能害怕了，需要父母来安慰，来爱抚。在这样不良环境下长大的孩子，心底里缺乏安全感。由于从父母那里没有得到他们所需的关爱和安全感，孩子跟父母的情感关系是冷漠的。他们的内心深处永远是孤独的，不安的。由于在他们需要父母的时候，父母没有给他们需要的安慰和爱抚，所以，在他们的内心深处，父母是靠不住的。因为跟父母没有建立起亲密的情感关系,内心缺乏安全感，加上对父母的不信任，孩子长大后，他们不信任外人，对世界不感兴趣，对自己将来也持有怀疑态度。为了消除内心的不安，为了驱赶情感的孤独，他们不可能有长远的人生目标，他们只有眼前的欢愉和桌面上的利益。由于眼前的欢愉和桌面上的利益可以马上消除掉他们内心的不安和孤独的情感，结果，他们只看到眼前的利益，尽早的消费掉眼前的利益，来抚慰他们内心的不安。结果，他们未来的人生就只能是"一颗棉花糖"的人生……

有的家长不顾孩子的情感需要，也不管孩子的表现如何，一切根据自己的喜怒哀乐行事。父母情绪好时，无故给孩子奖赏，孩子想要得到什么就立刻满足孩子的需求；孩子做错了事，也视而不见，听之任之。父母不痛快时，就拿孩子撒气，无缘无故的惩罚孩子。在这样的环境下，孩子无可适从，不知怎样做是对，怎样做是错。在他们内心里，好坏的标准是模糊混乱的，好坏的标准是随时可变的。有的父母说话不算数，答应孩子的事，到时不兑现。这一切，都造成了孩子对父母的不信任。慢慢的，孩子内心里明白了一条道理，世上不但没有明确的对与错，连父母都是琢磨不定的，是不可靠的，继而，世上的一切都是琢磨不定的，都是靠不住的。在这样环境中长大的孩子，他们的情感造型就有很多的瑕疵，或者是畸形的。因为连父母都是靠不住的，在这个世上，还有什么能靠得住？在他们的眼里，什么都是靠不住的，将来也是靠不住的，只有眼前的利益是靠得住的。对他们来说，没有将来，只有眼前。所以，只顾眼前，不管将来，就成了他们的习惯，他们的个性，他们的世界观。将来，他们的人生就是"一颗棉花糖"的人生……

有的孩子从小娇生惯养，父母给孩子无限的宠爱。孩子在家不用守规矩，家里也没有给他们订规矩。他们不用守规矩，不用有目标，想要什么，马上就能得到什么。结果，这样娇生惯养出来的孩子，没有自制力。面前放着棉花糖别说忍十五分钟不吃，忍两分钟都太长了。由于情感的把控能力太差，长大后，他们的生活中就只有一个目的，迅速收获眼前的利益，来尽快填充饥渴的情感。将来，及时行乐就是他们的人生态度，"一颗棉花糖"的人生就是他们的人生……

在一个温暖的，亲密的，充满爱的家庭里，父母给予孩子极大的关爱、扶持和抚育。父母肯在孩子身上多花时间，跟孩子一起玩耍，一起读书，一起做事，一起建立奖罚分明的规则，而且在实际中，认真执行这些规则。父母所做的这一切，都是在给孩子脆弱的情感幼苗灌水施肥……从父母的言行中，孩子得知，自己在父母那里是可爱的，是重要的，而且父母是可靠的。在这样环境中长大的孩子情感幼苗发育正常，他们有自信心，有安全感，知道对与错，知道奖与罚，心理瑕疵少。为了得到两颗棉花糖，他们就能够忍十五分钟不吃面前的棉花糖。这样的孩子长大了，上初中，上高中，上大学，为了考出好成绩，他们就能够抵制周末娱乐活动的诱惑，不去参加爬梯，不去看电影，而是在家复习功课。他们的性格是乐观的、阳光的、积极的、向上的。他们对世界充满好奇，与人为善，对将来充满希望。从而，他们的人生态度就是去得到两颗棉花糖。他们的人生就是"两颗棉花糖"的人生……

棒球帽的作用

事情发生在十几年前……

他是一个百货商场的经理，每天管很多事，勤劳敬业，事无巨细，费心经营，每天工作十个小时，总有做不完的事，干不完的活。他做事非常认真，对手下的员工要求很高，每天摆在货架上的东西稍微有点儿不整齐，他都要求员工从新摆放整齐，或者亲自动手摆好。他管理的商场窗明架净，货品整齐，一尘不染。

他是一个四十岁白人，五官端正，相貌堂堂，穿着利落，白衬衫、笔挺的裤子、漂亮的领带、黑皮鞋，每天衣服的样子虽然变化不大，但都是洗衣店烫熨好的，干一天活下来，皮鞋仍然是亮亮的，头发一丝不乱。他讲话跟他的服装很相称，干净利落，简洁，很少浪费一个字。

在很多情况下，人的外表与人的内心恰恰相反，他的内心压力很大，心情通常很糟糕，内心里老是有隐隐约约的痛，总有种说不清道不明的苦。每当把一件事情认真做好后，满意了，他的内心就获得了片刻的平静，紧张的情绪就得到了短暂的舒展，痛楚的内心就得到了一时的抚慰。所以，他对每件事，不论大事还是小事都非常认真，用最大的努力去干好。

生活里，他目前正处在情感的危机之中，面临第二次婚姻危机，太太带着四岁的女儿回了娘家。第一次婚姻十年前结束了，有一个儿子，被前妻带走了。他感到这次婚姻可能会走上次婚姻的老路，离婚。妻子不满的理由是跟他在一起生活太累，没有喘气的机会，他的控制欲太强。

工作中，尽管他尽心尽力勤奋工作，他的手下对他非常不满，暗地里跟他较劲，经常有人跟他的老板说他的坏话，说他吹毛求疵，做事太注意细节，对手下的员工太刻薄。他的老板对他的工作也颇有微词，说他工作效率低，领导能力差。他心里觉得他很快就要被老板找茬炒鱿鱼了。他已经作出了百分之两百的努力，可结果与他的努力不成正比。事业上，前途无望；婚姻里，漆黑一片。他内心极其苦闷，觉得活得太累了，人要被这些压力压垮了。

最终，他下决心去见心理医生，希望心理医生能拉他一把，把他从恶劣的状态里拉出来；希望心理医生给他的婚姻开一个窗，让他看到些亮光；希望心理医生给他打一剂强心针，让他那极度疲劳的心休息一下……

按照约定的时间，他一分不差的按时推开了心理医生诊所的门。跟心理医生见面后，心理医生简单的问候了一下，叫他坐下。他环顾了一下四周，有些踌躇的坐到沙发上。他还没开口说话，心理医生看着他填的表，先说话了，心理医生说：从你填的表上看，你是第一次看心理医生？他说：是。心理医生又说：你的职业是个百货商场的经理？他说：是。心理医生又说：你结婚了，有个孩子？他说：是。停顿了一下，心理医生又说：让我来猜猜你的个性。你穿的皮鞋是一种价钱比较高的意大利皮鞋。你的上衣和裤子都熨烫的很平整，皮鞋擦的很亮。从你的穿戴上，我能看出你是个比较注重外表的人，同时还是一个拘谨的人，不是一个随便的人。我叫你坐下，三人沙发，你坐在中间，而不是坐在沙发两头，坐在沙发上的姿势也不是松散的，脊背是挺直的，这能说明两个事，一是怕沙发太脏，不想把手放到沙发扶手上，也不愿意后背靠在沙发靠背上，所以，你选择坐在沙发的中间。这还说明另外一点，你是个对自己要求很严的人，时刻要注意自己的形象，生怕自己在形象上或者行为上有不当的地方，被人嘲笑。你跟我握手时虽有一定的力度，但非常短暂，回答我的问题也是能说一个字绝不说两个字。这也说明你生怕做错事，说错话。

听了心理医生的话后，他没吱声。好像是默认了。

心理医生继续说：下面我来猜测一下你从小生长的环境。从你的手臂、脖颈和你面部的皮肤上看，你的皮肤很好，说明你很少晒到太阳，十几年，或者说你从来都没在室外工作过，在百货商场当经理之前的工作也是在室内工作，估计也是经理之类的工作。你的手指比较细，这说明你从来都没真正干过重体力工作。如果在你的工作中，尤其是干过几年重体力活的话，你的手指关节会变大，手掌也相对变得比较宽厚。估计你出生的家境比较好，受教育程度也不错。你坐沙发时犹豫不定，怕沙发弄脏你的衣服。你的衣着讲究，衬衫雪白，皮鞋铮亮，头发一丝不乱。我猜你裤兜里老是有一块擦鞋布，在没人时，你总是要擦一下你的皮鞋。从这些方面来看，估计你的母亲有洁癖，母亲有洁癖，孩子也很容易有洁癖。你非常准时的来到诊所，说明你做事认真。你的眼神有一丝很难被人察觉的漂移，说明你内心悸动不安。你说话严谨短暂，肢体行为有些僵硬，说明你做事过分拘谨小心。总之，这一切说明你小时有一个要求多而又非常死板非常严厉的父亲。小时，你父亲对你的方方面面都有很严很高的要求。任何一件小事，你如果达不到他的要求，你就会得到严厉的惩罚。你在惶恐不安中度过了十八年。

停顿了几秒后，心理医生问他：我说的对不对？他说：对了百分之八十。我母亲对我们管的也很严。我爸爸也有洁癖。还有一点你没猜对，我的裤兜里没有擦鞋布，不过，我常常去洗手间用擦手纸擦皮鞋。心理医生接着说：你来看心理医生，也是在心里斗争了很长时间后，才做出的决定。因为你这样的人，连做一件小事都生怕出错，就更不愿意承认自己心理上可能有毛病。你是实在没有办法解脱你的困境，才来看心理医生的。我猜，你不但工作不顺心，婚姻的路上也闪了红灯。他回答说：对。我太太带着我女儿去她妈家住了。我的老板对我的工作不满意，嫌我工作效率低。我手下的员工也跟我作对，嫌我找他们的毛病。实际上，不论是对待我的家庭，还是对待我的工作，我都是付出了百分之两百的努力。我活的非常的累，什么事还都没干好，我快要崩溃了，我该怎么办？

心理医生说：你的状态是由你的习惯和你的个性造成的。你的习惯和个性又是你小时的生长环境造成的，是长年累积的结果。想要改变你的状态，首先要改变你的习惯和个性，也要改变你头脑中的想法和做事的方法。改变一个人的习惯和个性，是不会在很短的时间内通过一番说教、一件事两件事，或者读一本书就能改变的。你别指望我有什么绝招可以一下子改变你的状态。我们只能走一步，试一步，慢慢来。你主要的心理问题是对自己太不满意。你要把任何事做得最好，心里才对自己满意。实际上，做完事，你并没对自己满意，只是对自己做的事满意了。可内心深处，对自己还是不满意。一件事做完，你就要马上找第二件事去做。你要不停的做事，每件事都要做得十全十美，心里才舒服。你是第一次来看心理医生，我说太多也没用。这样吧，我先给你个任务，你完成我交给你的任务后，过两个星期，你再来。

按照心理医生的医嘱，从心理医生诊所出来后，他去一个商店买了六顶不同颜色的棒球帽。心理医生要求他每天戴一顶不同颜色的棒球帽去上班，要坚持戴两个星期，之后，再去见心理医生。

他从来都是西装革履的去上班，现在戴上一顶棒球帽去上班，使他感到浑身不舒服，帽子好像太小，勒的他头疼，连走路的姿势都有些变了样。他担心超市的员工或顾客看到他戴不同颜色的棒球帽，一定会笑话他，背后议论他，他一定会很丢脸，以后员工们不会再重视他，他的话员工们就更不肯听了。

出乎他的意料，有员工看见他西装革履的戴了一顶红色棒球帽上班，感到奇怪，笑着说：你的棒球帽挺漂亮啊。你是想走在时装潮流的前面吗？他尴尬的说：是的。第二天上班，有的员工注意到他戴了一顶不同颜色的棒球帽，说：你的头怕冷，开始戴帽子上班了。第三天上班，员工们虽然注意到他继续西装革履的戴一顶棒球帽上班，也见怪不怪了，而且再也没人问他为什么戴棒球帽上班了。大家都很忙，打理自己要干的事，哪有那么多的闲情老关心他戴不戴棒球帽上班？到了第四天，他自己也不觉得戴棒球帽上班有什么特别了。一个星期后，他干了一件自豪的事，一件自己多少年来没干过的事，停车时，他故意压着白线停车。以前，任何时间任何地点，他停车时，都是一定要把车停在停车位的正中间，有时为了把车停在车位的正中间，他要前后停好几次车。

那天，在回家的路上，他的内心有一丝从来没有过的解脱，感到闷不透风的胸腔透进了些新鲜空气，僵硬的躯体有了点从来没体验过的松散，好像长时间在黑暗中度日的人终于看到了一点儿亮光……

啊！人生中很多事，尤其是些小事，不用做得十全十美，就算做错了，日子也照样过。

他希望让这两个个星期赶快过去。他想去见心理医生。他猜想心理医生下星期会不会交给他更艰巨的务？叫他一只脚穿皮鞋一只脚穿旅游鞋上班？叫他上身穿西装戴领带下面穿短裤上班？叫他把头发染红了上班？

他给自己打气，不论心理医生交给他多么艰巨的任务，也一定要下决心完成它……

蝴蝶效应

什么是蝴蝶效应？

二十世纪七十年代，美国气象学家洛伦兹提出：亚马逊雨林中一只蝴蝶偶尔扇动几下翅膀，在两周后就可能引起美国得克萨斯州一场龙卷风。尽管这个比喻有些哗众取宠，言过其实，但是它隐喻着我们生活中的种种现象：初始一个微小事件经过一连串的变化放大，最终将导致未来一巨大事件的发生。古语有云：失之毫厘，谬以千里；千里之堤，以蝼蚁之穴溃；百尺之室，以突隙之烟焚。

数百年来，有一古老的英格兰民谣，代代相传，广为传唱："少了一个铁钉，丢了一只马掌。少了一只马掌，丢了一匹战马。少了一匹战马，败了一场战役。败了一场战役，丢了一个国家。"这是在西方一个流传甚广的故事。而它叙述的竟然是一段真实而又无情的历史。据说故事是这样的：为了抢夺英国王位，英格兰王室查理三世与兰加斯特家族的亨利伯爵已相互厮杀了三十年。1485年的冬季，在波斯沃斯城郊的荒原上，双方最后的较量终于打响了……两军对垒，刀光剑影、战鼓雷鸣、旌旗飘扬……查理三世气宇轩昂，挥刀策马，冲向敌阵，千军万马紧随其后……亨利伯爵的部队则连连败退，其身后不远处，则是一片辽阔的沼泽，水面上泛着绝望的寒光……查理三世似乎已经看到了胜利女神在微笑着向他招手。奔跑中，突然，他的战马一个趔趄，把查理三世掀翻在地。看到主帅突然从马上掉下来，查理三世手下的官兵误以为统帅中箭阵亡，顿时军心大乱，慌作一团。此时，亨利伯爵见机，趁势大举反攻。最终，亨利伯爵的部将砍下查理三世首级，转败为胜，从此将英格兰置于亨利伯爵的统治之下。

是什么原因导致查理三世在这关键的时刻"马失前蹄"呢？原来，就在决战前夕，查理三世的马夫在给查理三世的战马换马掌的时候，马夫发现马的一个前蹄少了一枚铁钉，而当时又寻觅不到一枚合适的铁钉，马夫想，少一枚铁钉也无妨。可人算不如天算，就在发起总攻的关键时刻，正是因为少了一枚铁钉的马掌松掉了，马失前蹄，把查理三世掀翻在地……

谁会想到，一个帝国的存亡竟由一枚小小的铁钉决定了它的命运……

在美国，还有一个真实的有趣的蝴蝶效应的故事。黄石公园在1872年成立的时候，一开始并没有法律保护那里的野生动物，游客们和附近的居民们可以任意猎杀公园里的动物。一些年以后，美国政府出台了新的野生动物保护法，黄石公园的大部分野生动物就都得到了保护。可是，灰狼这样的捕食动物不受新法的保护。当时，灰狼被认为是破坏者，它们捕食其它动物，危害其它动物的生存。黄石公园的工作人员，游客们和附近的居民们仍然可以随便猎杀灰狼，这样就可以控制灰狼对公园里其他动物的危害。到1926年，黄石公园的狼群被杀光了。

灰狼是麋鹿的主要天敌。灰狼从黄石公园消失之后，麋鹿数量开始剧增，而柳树和杨树的幼苗是麋鹿最喜欢吃的食物。没有几年，河边的柳树苗和杨树苗就全都被啃光了。很快，河边柳树林和杨树林也就消失了。没了柳树和杨树，河狸没法用柳树枝和杨树枝在河上建坝筑窝，河狸也就都搬走了。没有了水坝，下雨后，河水上涨，水流急湍，湍急的河水就常常冲垮河道，改变河水的方向，同时把河岸两边的泥土冲走，造成大量的水土流失，而湍急的河水还使河道变深，水位下降……最终，河两岸附近的树木由于缺水而都干枯死掉了，荒草泛滥，森林变成了荒原……

很多年后，生物学家们注意到了黄石公园的生态环境在逐步恶化。这时，人们对狼的看法已发生了变化。1966年，美国通过《濒危物种保护法案》，灰狼被列入第一批保护名单。可灰狼在美国大陆几乎被杀光了。经过多年的研究和辩论，直到1995年，向黄石公园引进灰狼的计划才开始实施，14只从加拿大捕捉的灰狼被引进黄石公园，第二年，又向黄石公园引进了17只灰狼。

几年后，黄石公园灰狼的数量就超过了100只。在灰狼被重新引进黄石公园10年后，生物学家观察到麋鹿的数量出现了显著的下降。麋鹿数量的下降，柳树和杨树的幼苗有了生存和发展的机会。十几年后，黄石公园出现了新的柳树林和杨树林。有了树林，靠柳树枝和杨树枝建坝筑窝的河狸又回来了。到了2005年，黄石公园已经有了 10 个河狸群。河狸建坝蓄水，河面上形成了一个个天然小水库。由于河坝的建立，河水水流不再像以前那么急，河岸泥土得到了保护，河水水位上涨，河岸两边的树木草丛得到了滋润，开始繁茂的生长……黄石公园生态逐渐恢复了生机盎然的原貌……

蝴蝶效应不但存在在自然环境中，在人们的生活中也有很多。

在美国德克萨斯州，有一个人，叫泰德。泰德离婚三年了，两个月前新交了一个女朋友。泰德的好朋友吉米不喜欢泰德新交的女朋友，背后骂他的女朋友是个坏女人。泰德听说后不高兴了，决定教训一下吉米。一个周末，泰德和吉米去另外一个朋友家开爬梯，看电视直播足球比赛……爬梯上，泰德故意灌吉米，希望吉米喝醉酒后出洋相。知道爬梯后要开车回家，吉米没喝多少酒。吉米没喝醉酒，没出洋相，泰德有些失望。他趁人不注意，到厨房拿了一把刀出来，找到吉米的车，用刀在一个后轮胎上扎了一个小口。他想叫吉米出洋相，开车回家的路上，车胎没气了，还得叫拖车把车拖回家。由于喝多了，扎完吉米的轮胎后，泰德就把这个事忘了，自己怎么开车回家的都忘了。

第二天下午，泰德的另一个朋友打电话给他，告诉他，吉米死了。听了这个消息后，泰德非常吃惊，问是怎么死的。朋友说，是昨天晚上，在回家的路上，车胎没气了，吉米下车换轮胎，没想到被一辆车撞了，当场就死了。听了这个消息后，泰德非常难过，非常内疚，是自己把好朋友害死了。如果他不扎吉米的轮胎，吉米就不会下车换轮胎，也就不会死了。

参加吉米的葬礼时，泰德看到吉米的父母像是一夜之间老了十几岁。吉米是独生子，还没结婚，有个未婚妻。吉米的死是他父母一生中最大的打击。泰德心里非常的内疚，但也不能把事实告诉吉米的父母。

三个月后，吉米的爸爸心情不好，喝了些酒后，心脏病发作，也死了。剩下吉米妈妈一个人，又多病，只有卖了房子，搬到一家养老院去了……半年后，吉米妈妈得了急性肺炎，死在了当地一所医院。一家三口人，就这样全都没了……

参加完好吉米妈妈的葬礼后，泰德非常的难过和自责，认为好朋友一家三口全是被他间接害死的。他的情绪非常的低落。一个月后的一个星期天，泰德在家里躺了一天，觉得浑身难受，就起身出门，开车出去逛一逛，散散心。车开到市郊时，他看到一大片墓地，墓地上有很多树木，绿草坪，墓碑以及墓碑前面的鲜花……他觉得墓地真美。泰德就不自觉的把车慢下来，找到一个路口，把车开进了墓地……

把车停在墓地的一个路边，泰德下了车，来到一个大树下一个有漂亮大理石墓碑的墓前坐了下来。坐下来之后，他并没有去看墓碑上的字，而是闭上眼睛享受墓地带给他的宁静。他觉得心情非常的安逸和舒畅。他想，人如果死了，会是一种很幸福的事……

自从那天之后，泰德班也不去上了，每天都去那个墓地呆上几个小时，想象着自己也是墓地里的一个死人，认为自己也快死了，基本上就是个"活死人"，很快就会被埋到墓地里了……他觉得他的肠子、肝脏、胃等器官都正在坏死，过不了多久，他的内脏器官全都坏死了，那时，他就死了。自从开始去墓地之后，他日渐消瘦，吃不下饭，因为他觉得他的内脏在慢慢的坏死，消化不了很多食物……

这时，泰德的女朋友也离开了他。女朋友的离开，对泰德没有任何影响，他照样每天去墓地坐几个小时，那里是他心灵唯一能得到抚慰的地方。

泰德消瘦的身体，引起了他的父母和妹妹的注意。他妹妹强迫他去看医生。经过诊断，泰德的身体没有问题，内脏各个器官的功能都很正常，是他的心理出了问题。之后，他妹妹又带他去看心理医生。经过心理医生的诊断，泰德得的是"活死人症"，学名叫"科塔尔综合症"。

"活死人症"是一种非常罕见的心理疾病。这种心理疾病是一个叫科塔尔的法国心理学家在1880年首次证实的，所以学名叫"科塔尔综合症"。患有这种疾病的人通常认为自己快要死了，有人认为自己已经死了，或者自己已经不存在人间了。有的人因为认为自己已经死了，他们就躺在床上，不吃也不喝，慢慢的身体变得越来越虚弱，最后就失去了意识，人就死了。

造成"活死人症"的原因是人受到了某种强烈的精神刺激，精神上受到很大的打击，或者长时间的忧郁都可以引起"活死人症"。这种"活死人症"是一种严重的忧郁症。其症状与严重的忧郁症非常相似，比如自我否定，无价值感，无存在感，等等……患"活死人症"的病人非常难治，因为病人对自己的状态是非常肯定的，几乎无法动摇。不论医生和家人怎么跟他解释他没死，他还活着，他都不相信。对待这种病人的唯一办法就是把他们当作严重的忧郁症病人进行治疗……

经过两年的心理治疗，泰德的病轻了许多。他一个月内偶尔去一两次墓地，但是他已经不认为自己是个"活死人"了。看来上天原谅了他……

一件很小的坏事，虽小，也不要去做。有时，一件很小的坏事，可能会引起一连串儿的反应，最后，变成一件非常大的恶性事件，到头来遭报应的很可能是自己。同样，一件很小的好事，虽小，去做了。这件小事可能会引起一连串儿的反应，最后，变成一件非常大的好事，而最终自己也是那件好事的获益者。

世间事，很多大事的发生，追本溯源，都来自一件小事。"蝴蝶效应"告诫我们，"勿以善小而不为，勿以恶小而为之。"

修女的自传

上个世纪九十年代末，美国肯塔基大学的一个心理学教研组，对美国威斯康辛州、马里兰州和北部几个邻近州的天主教圣母修道院的修女做了一项调查，调查结果显示，修女们的平均寿命比美国一般老百姓的寿命长。

一年后，实验人员又进一步对修女们做了另一项调查，结果，他们发现了与修女们寿命相关的有趣的现象。实验人员找个理由，给大约一千个年龄在七十五岁至九十五岁之间的修女写信，要求这些修女们写一个简单的自传，两百至三百字。自传内容包括：出生年月、出生地、父母种族、父母的职业、上过多少年学，以及修女的个人喜好，当修女的原因，进修道院后的生活，等等。

大约有六百多个修女回了信。修女们的自传有很多不合格的，有的写了几千字；有的写的太短只是个非常短的简历；有的修女大脑有些不好使了，瞎编故事，乱写一气。最后，实验人员从六百多个自传中，挑出来一百八十份合格的自传。

实验人员从每个修女的自传中找出正面的、积极的和乐观的词汇和语句，比如：感恩、幸福、满足、希望、宽慰、怜悯、无谓，等等。同时也找出负面的、消极的和悲观的词汇和语句，比如：愤怒、轻蔑、厌恶、悲伤、恐惧，等等。

研究人员发现，修女们的寿命与她们自传里的词汇和语句有紧密的相关性。一个修女的自传里，如果正面的、积极的和乐观的词汇多，这个修女的寿命相对就长。而一个修女的自传里，如果负面的、消极的和悲观的词汇多，这个修女的寿命相对就短。正面的、积极的和乐观的修女与负面的、消极的和悲观的修女之间寿命相差大约八至十年。

这一现象说明，人头脑中储存的信息与人的寿命息息相关。当人的头脑中流过正面的、积极的和乐观的信息时，人感到的是快乐和愉悦，也可以说有一种幸福感。每当人有幸福感时，人大脑里以及身体里的所有器官都正常工作，人体产生的荷尔蒙、多肽氨基酸、与人体免疫系统有关的抗体，以及有利于人体组织器官发育生长相关的其它因子都很正常的生产。而当人头脑中流过负面的、消极的和悲观的信息时，人感到的是悲伤和难过。这时人体的系统就开始进入一种防御抵抗态。人在这种防御抵抗状态时，人体内有些有助于人体细胞分化生长的荷尔蒙、多肽氨基酸、与人体免疫系统有关的抗体，以及调节人情绪的多巴胺和血清素，等等，数量都在减少，而肾上腺素这样准备打斗的激素在增加，人体内开始出现荷尔蒙和激素生产不平衡现象。长此以往，由于人体内的激素、荷尔蒙和其它有助于人体细胞和器官正常发育生长的因子不平衡，人体器官就会出毛病，其结果就会影响人的寿命。

所以，一个人如果想要长寿，就要有意识的主动的把头脑中的负面的、消极的和悲观的信息删除掉。而有意识的主动的往头脑中输入正面的、积极的和乐观的信息。

八年至十年的寿命可不是个小数目呀。

人的真实世界

我和欧阳很熟,是我多年的老朋友。

欧阳在美国一所不出名的大学里教数学,薪水不错。说起来,欧阳算得上我们这个年龄段的幸运儿。上大学、出国、结婚、工作、买房子、生儿子,他一样也没耽误过。可是,欧阳似乎活得很累很苦。跟他聊天儿,欧阳的话题一成不变,全是埋怨和诉苦。从交谈中得知:欧阳的童年很不快乐。他不知道父母整天忙都些什么,从没有时间给他多少关爱和照顾。所以,欧阳觉得他的童年和青少年都很不幸福。青少年时,他朋友不多,所以,他没有多少玩乐,只有干不完的家务活……

欧阳不喜欢自己的工作。因为,在美国人群里作事,他总觉得自己是后娘养的,事情做的多,还不得宠。欧阳心中常有不平,对他的婚姻也很不满意。他嫌太太做事不认真,不体贴他,做的饭也不好吃,还喜欢乱花钱,等等。他们夫妻间吵闹虽不多,但生闷气总是不断。对未来,欧阳也感到不安和发愁。他觉得,儿子学习不努力,一定上不了好大学。太太的心与自己的心也越来越疏远,说不定哪一天太太就会与自己分手。儿子接受的是美国文化,一定不愿意与年老的爸爸一起生活。而一想到老了以后要住养老院,欧阳就感到非常的绝望。他讲话语音低沉,却非常健谈。加上他的博学和当老师的气质,使欧阳讲的话极具说服力和感染力。与他闲聊,人会不由自主地沉浸在他娓娓道来的情绪中,使听者的心情也变得忧虑和沉重,生活就像是一片乌云压在人的头上……

我和司马也很熟,他也是我的一个多年老友。

司马在一家IT公司工作,是一位中级主管。司马的工作压力较大,但薪水很好，与大多数作工程师不一样的地方是司马的笑脸特别多，整天嘻嘻哈哈的，他好象没有一点儿愁事。司马也很健谈，即愿意回忆过去，也喜欢展望未来。司马的童年很快活，父母由于工作繁忙，无暇顾及他，所以，小时候，司马有很多时间淘气和探险。他有爬别人家墙头偷梨吃的经历；有独自溜上火车到邻近小镇探险的经历；还有养五六只兔子的经历……司马的青年时代也不错。司马谈过两次恋爱，第一个女朋友虽然负心于他，但毕竟是初恋，还是给他留下了许多甜蜜的记忆。第二个女朋友就是司马现在的太太。婚后，司马发现太太很小气，很抠门，而且有些霸道，可经过一段时间的磨合，司马对太太越来越满意了。司马认为太太勤俭持家，做事任劳任怨，不与自己太叫真儿，是个过日子的好女人。

司马对自己的工作，即满意又珍惜。虽然工作有压力，而且还常碰到问题，可司马总认为，作为一个外国人，在较短的时间内，自己就获得了优于很多美国人的职位和收入，他甚感欣慰。他感到美国真是给人机会的好地方。为此，他常有一份感激之情。看明天和未来，司马总有工作和生活上的各种憧憬和目标。他常被自己的目标鼓动的兴奋又激动。与司马聊天，不知不觉中，人会被他开朗快乐的激情所感染，从而感到生活是祥云万朵蓝天一片……

常年与欧阳和司马接触，感觉上，自己会不断地出入两个不同的世界。一个世界给人愁苦，心情暗淡，令人惧怕明天……而另一个世界给人愉悦，心情舒畅，令人憧憬未来……

行为学家们认为，人感受到的世界，不仅仅在于世界本身，更主要在于人脑的活动。一个人如何看眼前的事儿，常常在于人对过去有什么记忆。人的记忆是有选择性的。悲观的人常常把那些坏的经历记得深刻而鲜活。同理，乐观的人喜欢把那些好的经历记得牢固而生动。因为记忆是经验和判断的基础，同时还是脑中不断涌现出的各种想法的源头。人的想法决定了人的情绪，好情绪使人容易看到光明，坏情绪容易使人看到阴暗。所以，记忆在很大成度上把控着人怎么看世界。人的记忆很机械，有些象照相机的镜头，对同一个风景，镜头的聚焦点不同，人得到风景可能完全不同。记忆还有创造性，人的记忆还能对头脑中的世界进行渲染，点缀和增添细枝末节。结果，记忆有选择性地使头脑中的一些事件放大而使其变得活龙活现和意义深远，也可使另一些事件淡化，变小甚至使其消失。人的思维方式是人记忆的聚焦点和创造的总编导，在总编导的指挥下，依据人生所经历的各种事件和不同情感的积累，悲观的人会不断在令人难过的事物上聚焦，不断的把悲观的事物渲染得更悲观，更令人难过。而乐观的人会不断在令人快乐的事物上聚焦，不断的把乐观的事物描绘的更乐观，更令人向往。就这样，人的思维方式给人提供了人对过去的感受，同时又把握了人对今天和未来的感受。人对今天和未来的感受如何，全在于人把聚焦点放到什么事物上。人把聚焦点放到悲观的事物上，人对今天和未来的感受就是悲观的、消沉的；人把聚焦点放到乐观的事物上，人对今天和未来的感受就是乐观的、向上的。

人如何对待眼前的事，还在于人怎样看未来。因为对未来有希望，有信心，人就不怕眼前的困难，对逆境的承受能力也高，而且还会忽略很多小事的纠缠。

因为人脑在不停的工作，所以，人在经历生活的同时，人还在感受生活和记忆生活。有资料表明，除了集中精力工作，聚会和欢宴等特殊情况外，人的大多数想法都来源对过去经历的回顾、品味和审视，以及对未来的展望、憧憬和担忧。也就是说，人的想法不是停留在过去，就是飞跃到了未来，却很少集中在眼前。如此说来，如果人聚焦和夸大过去的懊悔、气愤、不公和失败的记忆，人对未来就会没有信心，就会充满了担忧和失望。结果，不论目前经历的事物或所处的环境有多好，人也很难感受到生活的美好。而且，不管人情愿还是不情愿，人今天的想法决定人是憧憬未来，还是担忧未来……

欧阳和司马都感到自己对生活的体验很深、很真，而他们的感受又都是各自的想法和经历的重叠。虽然无法判断谁的体验和感受更真更深，但是，我们却可以下这样一个结论：因为想法不同，欧阳和司马体验和感受的世界也就不同。欧阳对过去的和今天的世界的感受是悲观的，他注定会迎来一个悲观的未来和一个暗淡的世界。而司马对过去的和今天的世界的感受是乐观的，他注定会迎来一个乐观的未来和一个光明的世界。

一个人想要有一个美好的未来，不在于你经历了什么，而在于今天你的想法是否聚焦在乐观的、阳光的、正面的事物上……

改变历史

读者您一看题目，可能就会想我是在哗众取宠，用一个字来形容就是"瞎掰"。

不少人认为历史是可以改变的。他们这里说的改变不是篡改历史，不是把真实的历史事件改成另一种没有发生的事件。历史是客观存在的事实，怎样发生发展的就是怎样发生发展的，容不得虚假的胡编乱造。读者可能会问，既然历史是客观存在的事实，如果不篡改历史，你怎么能改变历史呢？

历史是客观事实，历史的时间、地点、人物，以及事件发生发展的过程都是不能改变的。但是，我们可以给时间、地点、人物和事件发生发展的过程赋予不同的意义。历史被赋予了不同的意义，历史也就被改变了。打个比喻，假如历史上的时间、地点、人物和事件的发生发展过程就像是在白纸上用铅笔画的素描。因为我们对不同阶段的历史有不同的情感，我们的情感就像各种颜料，我们就用这些丰富的情感颜料给不同阶段的历史涂上不同的颜色。如果对一个阶段的历史有好的情感，我们就给那段历史涂上暖色。结果，每当想起那段历史，人就感到踏实、兴奋、轻松和喜乐。如果对一段历史有坏的情感，我们就给那段历史涂上冷色。而每当想起冷色调的历史，人就会感到不安、压抑、沉重，甚至愤怒……

那么，我们是怎样给历史涂上颜色的呢？比方说，有两个人各自都出生在一个很相似的贫困家庭，他们从小过着缺衣少食的穷苦日子。其中一人给贫穷赋予的意义是：虽然出生在贫穷家庭，可是他觉得那段历史仍然是一段美好的历史。虽然生活很艰苦，但他的内心还是幸福乐观的。而艰难的生活磨练了他的意志，激励起了他脱离贫穷的梦想，使他不断的朝着他的梦想努力。这个人就给那段贫穷的历史涂上了暖色，涂上了彩虹般的色彩。结果，每当他想起那段贫穷的历史，那段暖色的历史就能给他增添力量，就能不断的推动着他往前走……而另一个人给贫穷赋予的意义是：由于从小过着贫穷的日子，贫穷的日子让他感到非常的不安，感到痛苦，感到世界是冰冷的。那段贫穷的历史是段黑暗的历史。黑暗的历史使他害怕长大，不敢去外面闯荡。这个人给他那段贫穷历史涂上的色彩是寒冷的色彩，涂上了压抑人情感的阴暗色彩……结果，那段令人感到压抑的阴暗历史使他缺乏闯荡世界的勇气，不敢冒险，畏缩不前，长大后，他就逐渐变成了一个胆小怕事的人……

人给历史赋予的意义不同，人就获得了一个不同的历史。同理，人给历史涂上不同的颜色，人就得到了一个不同颜色的历史。

人是有情感的生物，而且人的情感是随着时间在不断变化的。人的情感变了，历史也就相应的变了。当一个人的情感变坏了，一段好的历史也可能变成了一段坏的历史。反之，一段坏的历史也可能变成了一段好的历史。举一个例子，比如，一个人有一个好朋友，做生意亏了钱，找他借钱。他借给了朋友很多钱。可当他的朋友的生意有了起色后，他的朋友没有按时把钱还给他。那时，他自己的生意是正需要钱的时候。结果，生意的资金链断了，生意倒闭了，他蒙受了极大的经济损失。之后，他怨恨他的朋友。对他来说，那段历史是不堪回首的历史，是段阴暗的历史。想起那段历史，他就生气，就愤怒。他恨那段历史，那段历史让他绝望，不敢憧憬未来。他给那段历史涂上了黑色……

多年后，他东山再起，生意做的如火如荼，比以前的生意好十几倍。这时，他想起他的朋友，他原谅了他的朋友。他给那段历史赋予了新的意义。那段经历磨练了他的意志，使他获得了经验，吸取了教训。那些经历、教训和经验是他东山再起必不可少的元素。回顾那段历史，他觉得不再是一段黑色历史了。没有那段历史，他今天的生意就不会做的这么大。这时，他给那段历重新涂上了红色。历史的颜色变了，历史也就变了。结果，想起那段历史，他不再愤怒了，而且变得快乐了，对未来有了更美好的梦想……

所以，历史是可以改变的。人所在的社会在变；人的阅历在变；人的情感在变；人的灵魂在变；人的思想在变，人的历史也一定在变。当人的内心变得更成熟；经历更丰盈；情感更饱满；思想更敏锐；智慧更充裕；心地更善良，一段坏的历史也可以变成一段好的历史，冷色调的历史也能变成暖色调的历史。当一个人的内心变得更阴暗；经历更逼仄；情感更冷漠；思维更愚钝；智慧更贫乏；心地更邪恶，一段好的历史也会变成一段坏的历史，暖色调的历史也能变成冷色调的历史。

对于我们个人来讲，改变历史是为了改变我们自己的现状；为了改变我们的思想；为了改变我们的心情；为了改变我们的行为；为了改变我们的生活……坏的历史变好后，它反过来又可以使我们的心理状态变得更好，使我们情绪更加乐观，给我们力量，使我们的行为朝着我们的梦想而动，结果，我们就离我们的梦想更进一步……

给一段黑暗的历史涂上温暖的色彩，它可以提升了我们的灵魂，使我们变成一个更智慧的人，一个更慈悲的人，一个更善良的人，一个更幸福的人……

往事已过去，我们如果有能力把那些不好的、悲哀的、阴暗的历史，重新涂上温暖的颜色，把冰冷的历史变成温暖的历史。那样，我们的日子就会过得更幸福，对将来就会有更美好的梦想……

木桶效应

木桶效应也叫水桶定律，是由美国管理学家彼得提出的，又称短板理论，其核心内容为：一只木桶盛水的多少，不取决于桶壁上最高的那块木板，而恰恰取决于桶壁上最短的那块木板。

对于我们绝大多数人来说，我们的短板不是聪明不足，而是耐力不够。一个人想要成功，两样东西不可少，一是聪明，二是耐力。世上很多成功的人，都不是因为他们的天赋有多高，而是他们的耐力非常的大。

日本著名作家，诺贝尔文学奖常年陪跑者，村上春树每天坚持写四千字，多年如一日。在三十三岁时，他开始跑步健身，每天跑十公里，一跑就是三十年。由于天天写，天天练，每天写四千字，常年下来，要写多少没用的废话，多少破句子，多少烂文章。也就是由于写了太多的废话和太多的烂文章，村上春树才能下笔如神，才能能写出最好的东西来。

美国著名篮球运动员科比，每天早晨四点开始训练，十多年如一日。没有那样刻苦的训练，没有那样的勤奋和努力，就是有再高的天赋，科比也不可能成为真正的科比。

我儿子在工作之余，去学画画。他问老师：怎样才能画好画儿？他的老师回答：只有不停的画，最终，你就能画好画儿了。什么叫不停的画？就是要有长久的耐力。

著名画家齐白石（享年九十五岁）一生中画了大约三万张画。他每天画画儿，几十年如一日。如果他一年只画一幅画儿，不论他的天赋有多高，他也绝对成不了一代大师。

有人用毛竹作为例子。毛竹花了四年时间才长了三厘米，可从第五年开始，毛竹就以每天三十厘米的速度疯狂的生长，仅用了六个星期，就长到了十五米。其实，在前面的四年里，毛竹把它的根在地下延申了数百米，它是在积攒耐力……

毕加索曾对他的一个版画家朋友说：如果我是一个鞋匠，我会成为做鞋最多的一个。他还自信地说：给我一个美术馆，我能将它填满它。创作的数量对于毕加索而言好像成为他自尊的一个重要指标。毕加索在大约七十五年的创作生涯中创作完成了四万五千多件作品。其中包括一千八百八十五幅绘画、一千二百二十八件雕塑、七千零八十九幅素描、三千幅版画、一百五十个速写本、三千二百二十件陶瓷作品，另外还有大量的书籍插图、铜版画和挂毯等作品。毕加索的儿子克劳德说：我们得租下帝国大厦才能装下爸爸所有的些作品。

毕加索一天的工作很辛劳。他从下午两点开始一直画到晚上十一点，中间基本不停歇。弗朗索瓦兹问他：你是否感觉疲惫？毕加索说：不累。当我工作时，我好像把自己的身体留在了门外，就像穆斯林教徒进入清真寺之前把鞋留在门口一样。有时候，顺利完成一幅画儿以后，他宣告：自己把想说的话都在画儿里说清楚了。遇到不顺心时，毕加索会停下笔来，盯着画儿看，坐在那里，不再动笔。也许一小时以后，他可能有了解决方案，就继续画。如果不顺利，他就彻底放弃，第二天回到画室继续研究。

毕加索说：我也不知我从哪儿得到这么多创造的精力和能量。我只有一个念头，就是工作，我需要绘画就像我需要呼吸一样。工作的时候我感到放松。无所事事或者接待客人时，让我感觉疲惫。我经常是早上三点才完成工作，关灯睡觉。其实每个人都有同样的精力，普通人只是浪费在很多细小的事情上。而我只想着一件事，我的绘画儿。其他的任何事都可以牺牲，包括我自己。

毕加索虽然有时候也睡懒觉，但是他在午餐之后两点左右就开始工作，之后，他短暂休息吃晚饭，然后继续工作到第二天清晨。

毕加索出生于一八八八年十月二十五日，去世于一九七三年四月八日，享年九十一岁。西班牙画家、雕塑家。现代艺术的创始人，西方现代派绘画的主要代表。毕加索是个不断变化艺术手法的探求者，印象派、后印象派、野兽派的艺术手法都被他汲取改选为自己的风格。在各种变异风格中，保持自己粗犷刚劲的个性，在各种手法的使用中，都达到内部的统一与和谐。他的作品不论是陶瓷、版画、雕刻都如童稚般的游戏。

一个人只有坚持不懈，才能登上别人遥不可及的巅峰。可是，我们绝大多数人不是不想努力，而是我们坚持不下去。我们绝大多数人都可以凭一时的兴趣，做一件很快就能得到结果的小事情。事情做完后，我们得到了满足和快乐，心中有种成就感。可是，如果一件大事需要我们常年的努力去完成，我们大多数人就坚持不下去了。当前网络流行语：臣妾做不到呀！

　　我们每个人都有一定的天赋，是我们水桶的长板。可是我们的耐力不够，是我们水桶的短板。如果短板太短，我们的长板再长也没用。我很喜欢网络里流行的另一句话：以绝大多数人的耐力程度，还远到不了拼天赋的地步。

　　每个人都有天赋，可是，怎样才能坚持不懈的把一件事做下去呢？我想，首先要找到自己喜欢做的事情，这样，做起来就不会枯燥，就不会感到疲劳和无趣。虽然喜欢做自己感兴趣的事，可是在做事情的过程中，时间长了，由于体力、精力以及时间的消耗，我们对所做的事情的兴趣会慢慢下降，慢慢的变成不喜欢做这件事了，最终，我们也就做不下去了……

　　我们怎样才能坚持做我们喜欢的事情呢？

　　明朝有个木匠皇帝，是明朝第十五位皇帝，也是明朝倒数第二位皇帝—朱由校。他是明朝最富有传奇色彩的一个皇帝，为什么这样说呢？因为他对朝政不感兴趣，既不贪财，又不好色，也不求仙问药去找长生不老的妙方，却独独有个喜欢做木工活个的癖好。他做木工活的技艺极高，据说是个奇才，被称赞为"巧匠不能及"。朱由校为了检验自己手艺的高低，他命令太监乔装打扮成一个普通百姓，把他的"木工活"送到集市上去卖。结果，他的"木工活"一登场就变成抢手货。卖掉"木工活"的太监回来后，向他汇报完他的"木工活"在市场上是如何的抢手，如何的被人称赞。听了太监的描述，朱由校就满脸堆笑，高兴的手舞足蹈，之后，就把卖"木工活"的钱赏给那个太监。每卖掉一件"作品"后，朱由校皇帝就又开始琢磨做下一件"作品"，终日乐此不疲……

为什么朱由校皇帝这么喜欢做木工活去卖呢？实际上，他做木工活跟毕加索画画是同样的，都是艺术创作。每做出一件"作品"，得到外人的称赞，他就有一种成就感，这种成就感就是推动他不停的去继续创做新"作品"的动力，这样，他就能坚持一件一件的把他的"木工活"做下去。

有人说，对于"耐力"这件事来说，人除了对所做的事情要感兴趣，另外最重要的指标就是做这件事的正反馈，也就是成就感。什么是成就感呢？成就感就是指一个人做完一件事或者做在这件事的每个阶段，为自己所做的事情感到愉悦和满足，或有一种成功的感觉。说白了，就是做这件事反馈回来的信息是赞许的、正面的和鼓舞人的信息，使人感到取得了成就，有了进步，等等。

所以，如果想坚持把事情做下去，首先要对这件事感兴趣，其次，每做完一件事，或者每一个阶段，人要有一定的成就感。成就感就好像是汽车的汽油，当你开的汽车走了一段路后，油箱里的油快没有了，你就加进去一些汽油，这样，你就可以继续往前走了。一辆车，只有不停的往油箱里加汽油，这辆车才能走的远。比如你对弹钢琴感兴趣，你开始学弹钢琴，你最好在弹钢琴这件事的每个阶段设计各种各样的成就感，比如预先设计好两周完成一首曲子，之后，庆祝一下自己的成就感，出去找个自己喜欢的饭馆吃一顿；两个月办一次小型家庭音乐聚会，听一下朋友们的赞赏；半年办一次大型家庭音乐聚会；想办法一年登台演出一次，享受一下观众的掌声，等等。在这一步一步成就感的推动下，你就可以为自己喜欢的事情坚持做下去……最终，你就能登上你梦想的巅峰……

写到这里，我感慨道：阎先生啊，努力吧！不努力，你永远都不知道你的天赋有多高，你永远也不知道你能爬上那座山峰……你可能是第二个毕加索呢！

我不能继续浪费我的天赋了，是我该努力的时候了。我明天就去学画画儿。读者，您们谁知道哪个有名的画家招学生，请给我留言。您不白帮我，等我的画儿在纽约佳士得按十万美金一尺拍卖时，我就画一幅十平方米的长卷送给您……

行为暗示与心理暗示

在美国，有心理学家曾经做过这样一个实验，实验对象是纽约大学的一些大学生。实验要求一些学生从五个词汇的词组中挑出四个单词来造句。比如第一组学生的单词里有五个单词：是健壮的、漂亮的、活泼的、有效的、纽约州，等。而另一组大学生的五个词汇的词组中多数都含有与老年人相关的词汇：健忘的、秃顶的、灰白的、皱纹的、佛罗里达州（很多退休老年人喜欢养老的州）。当完成这项任务后，这些学生又被叫到大厅另一头的办公室，去参加另一个实验。实际上，要求学生们从大厅的一头走到另一头，是这次实验的主要内容。研究人员悄悄的测量了这些大学生们从大厅这头走到大厅另一头所用的时间。结果，那些以老年词汇为主题造句的大学生比另一组大学生走时要慢很多……

为什么会出现这种现象？研究人员得出这样的结论：尽管那五个词汇中没有提过老年这个词，但那些与老年人有关的词汇令那些大学生联想到了老年人，大脑中就下意识的有了老年人这个想法，老年人这个想法就又下意识的催生出了一种与之相对应的行为：动作迟缓；步履蹒跚；彳亍而行……大学生们缓慢行走这个行为与老年人相关，并且，大学生们的缓慢行走是无意识的。当问这些大学生们，他们是否注意到那些词汇与老年人有关？他们回答没有注意到那些词汇与老年人有什么关联。而且他们都坚持认为他们缓慢行走的行为与在实验中看到的那些词无关，那些词汇并没有对他们的行为产生任何影响。这说明与老年人有关的概念并非是这组大学生的自觉意识，但他们的行为却因此有了改变。

有人称上述这个由概念影响行为的效应为"概念行为效应"。值得我们每个人关注的是，尽管我们自己没有意识到这个效应，但读了上述文字之后，与老年有关的概念肯定对我们也产生了一定的影响。假设需要站起来去接一杯水，我们起身离开椅子的动作就会比平常稍稍慢上那么一点儿。除非我们恰巧不喜欢老年这一概念。有研究案例表明，如果对老年这一概念反感，人的动作就会比平时稍稍快那么一点点。

在相反的情况下，概念行为效应也同样适用。在德国一所大学，有心理学家曾经做过一项实验，研究人员要求参与实验的大学生以每分钟三十步的速度，在房间里绕着圈走五分钟。这个速度是他们平时行走速度的三分之一。这个简单的实验过后，研究人员要求学生们从一篇文章中找出与老年有关的词汇，结果，与没有参加实验的大学生比，这些大学生能更快的辨认出与老年相关的词汇，比如健忘、缓慢、孤独、白发、皱纹……等等。这项实验表明人的行动也能影响人头脑中的概念和想法。如果首先想到老年，人的行为就会表现的像是上了年纪的人。而这种缓慢的上了年纪的行为反过来又会强化人头脑中有关老年人的概念和想法。

这种行为与概念相互联系相互影响的现象在生活中十分常见。列如,我们觉得高兴时就会微笑,而微笑的行为又会使我们感到高兴。

有人曾经做过一个非常有趣的行为影响情绪的实验。研究人员给一部分大学生每人一只铅笔,要求他们用牙齿咬住铅笔的中间部位,比如有橡皮的那一端指向右边,笔尖那一端指向左边。这个动作使得大学生们的脸上有了微笑的表情,眉毛舒展,一幅高兴的样子。而要求另一部分同学用嘴唇叼住铅笔有橡皮的这一头,另一头冲向前方,这个动作使得他们撅起嘴唇,皱起眉毛,一幅生气的样子。之后,研究人员给这两组大学生每人一本幽默漫画,要求他们看完画册后,在画册背面给这本漫画评定幽默等级。结果,那些横着咬铅笔面戴微笑的学生们给这本漫画的评价比另一组那些皱着眉头一幅生气模样的学生高许多。

一个处于喜乐状态下的人,或者处在愁眉状态下的人,尽管自己是无意识的,他(她)在对待同样的事情时,也会做出不同的决定。所以,无论做什么样的决定,人只有在心平气和的状态下,才能做出最正确的决定。

在另一项实验中,研究人员找来一些大学生,让他们试听新耳机。学生们被告知这项实验的目的是检验耳机的质量。研究人员要求他们边听耳机边摇晃着脑袋,以检测耳机在人摇头时是否有声音失真的问题。研究人员要求其中一半学生要上下点头,另一半学生要左右摇头。这些大学生听的内容是一篇社论。测试结果,那些听耳机并同时点头的大学生们往往赞同那篇社论的观点,而那些摇头的大学生们则否定那篇社论的观点。这里强调一点,上述那些大学生们并没有意识到他们摇头的行为或者点头的行为影响了他们对社论的观点。

写到这里,使我不由的想起一个心理暗示的故事。这个故事是美国作家欧·亨利(O.Henry)写的《最后一片叶子》。小说叙述了两个年轻的女画家到华盛顿市去写生,其中一个叫琼斯的女子不幸得了肺炎。她病倒在旅馆的床上，非常的绝望。一天下午，她注意到窗外不远的一堵墙边，长着一颗常春藤树。树上的叶子大多数都被秋风吹落了，没剩下几片了。她将窗外那颗常春藤树比作自己的生命。每天，她都数着窗外树上的叶子，叶子一天天越落越多。一天，她看到窗外的常春藤树上只剩下最后一片叶子了，她想，等这最后一片叶子掉下来，她的生命也就结束了。当天夜里，外面风雨交加，琼斯想，那最后一片叶子肯定被风吹落了。第二天早晨，她醒来后心情沉重的向窗外望去，没想到那片叶子熬过了一夜的风雨，仍然挂在树枝上。琼斯内心里暗暗的想，那片叶子顶住了风雨，没被吹落，她的生命也会像那片叶子一样，一定会熬过去的。其实琼斯不知道，窗外那颗常春藤上的最后那片叶子在那风雨的夜里已经被吹落了。琼斯看到的那片叶子是老画家贝尔曼得知她的病情后，知道她把自己看成常春藤上的那片叶子，为了让她重新振作起来，顶着那晚的风雨，在琼斯窗外的墙上画了那最后一片叶子。没想到，由于冒着风雨绘画，画完那片叶子后，老画家却染上风寒，得了肺炎，不久，在一个秋雨潇潇的夜晚离开了人世。而毫不知情的琼斯受到那片叶子的鼓舞，那天之后，她的病渐渐的好转了……

既然心理暗示生活中到处都有，我们就要主动寻找积极的阳光的心理暗示装满我们的大脑。比如我们想保持年轻的状态，首先我们要排斥掉大脑里一些与老年人有关的词汇和概念，比如年迈、年老、寿星、迟缓、孤独、健忘、皱纹、夕阳……等词汇。除了要去掉大脑中有关老年的词汇和概念，我们还要多往大脑里装些与年轻人有关的概念和想法，比如年轻的、朝气的、青春的、活力的、强壮的、旺盛的、活泼的、漂亮的、英俊的……等等。不但要往头脑里装些与年轻人有关的词汇和想法，在行为上我们也要向年轻人学习，做什么事，别磨磨蹭蹭慢慢腾腾的，干活利落点儿，速度快点儿，别拖泥带水的……

如果生病了，我们还可以用苹果树的心理暗示去除病魔。如果生病一个星期了，您就请人在您床对面的墙上画一颗苹果树，在树上画一片树叶……如果又过了一个星期，病情仍没有好转，您就请人在树上画上第二片树叶……如果过了三个星期，病还没好起来，您就请人在树上画三个苹果……

第六章　命运与轮回

人的命天注定，人的运气也是天注定。有的人英年早逝，命都没了哪里还有运气。不论是人还是钱财物品，不是你的就不是你的，没啥道理可以讲，也没啥可后悔的。

人生啊，是你的终是你的，不是你的终不是你的。命里有时终须有，命里无时求不来……

谁一辈子总能踩对点儿？何时踩对点儿是命里注定的。总能踩对点儿的人生，就不叫人生了。

我的前世是个秀才

人有没有前世？

一年前，有一位日本妈妈在推特上发了一条推文，说她正在帮她的儿子找她儿子前世的妈妈……这条推文一出来，很多人转发，在日本引起了大量的关注，媒体也纷纷赶来采访。她们一家一共三口人，孩子爸爸是个公务员，妈妈是个护士，孩子是个七岁的男孩儿。大约在四年前，在孩子三岁时，有一天，妈妈在哄孩子睡午觉时，孩子对妈妈说：妈妈，你说话的声音没有我以前的妈妈的声音好听。孩子说的是"我以前的妈妈"。这句话引起了孩子妈妈的注意，在后来的生活中，这个孩子冷不丁的就蹦出几句让孩子妈妈很费解的话。

后来，爸爸给孩子买了一台游戏机。孩子就说：我以前玩儿的是"红白游戏机"。孩子爸爸觉得这就完全不合理了。孩子是 2013 年出生，他根本就没有见过"红白游戏机"。"红白游戏机"简称 Nintendo Entertainment System，是任天堂公司发行的第一代家庭游戏机，1983年推出，2003年就停产了。在孩子出生前十年，市面儿上基本就没有卖"红白游戏机"的了，孩子根本就不可能见过"红白游戏机"，更别说玩儿过了。

再后来孩子的爸爸给他买了个红色玩具摩托车，孩子说：我以前骑摩托车的时候被撞死了。这孩子讲的话很叫人吃惊。之后，这个孩子说的话越来越多了，他的父母就把他所有说的东西一点儿一点儿的记下来，拼凑在一起，就形成了一个故事……

孩子的前世也是日本人，他前世的父亲是一个药剂师。在他 17 岁的时候，他前世的母亲给他买了辆红色摩托车。有一天，他骑着摩托车出去逛街的时候,在一个十字路口被一辆白色的车撞倒,之后,他被送往医院紧急抢救,右腿粉碎性骨折。他被抢救过来了,后来,由于右腿感染得并发症而死亡。他清楚地记得他骑的什么颜色的摩托车,撞他的车的样子和颜色,以及那个十字路口是什么样子的,等等。并且他都很清楚的画了下来。他还很清晰的记得信号灯发出"哔啵、哔啵"的声音。他不记得以前的妈妈的样子,但是,很清晰的记得以前的妈妈说话的声音很好听。

孩子刚开始说这些时,他的父母完全不相信他说的话,以为这个小孩儿就是为了吸引父母的注意力,或者是纯粹想象,胡乱说的。后来,把孩子这四年里所说的东西整合在一起之后,发现他说的内容是没有违和感的,而且,在这四年里,他说的话前后没有不一致的错误。

孩子的父亲是名公务员,是个非常严谨的人。他很仔细地把孩子说的话都细心地记录起来,经过认真的观察和分析之后,认为孩子说的不是谎言,也不是想象,绝对是真实的记忆,因为孩子在说这些事情时,都是在不经意间说出来的,是在普通对话中突然冒出来的,是想起来随口而出的。

那么,孩子的母亲为什么要帮助孩子找孩子前世的母亲呢?据孩子母亲说,那是因为孩子死时才17岁,她能够深切的感觉到作为一个母亲失去孩子的那种痛苦。所以,她就想,如果她真的能找到孩子前世的母亲,让她再次见到自己的孩子,她一定会感到很欣慰的。孩子的母亲肯定很后悔,如果她当初没有给孩子买这个摩托车,也许孩子就不会死。由于能够深切感觉到这种失去孩子的痛,她才鼓起勇气发出了这条推文,寻找孩子前世的母亲。由于孩子不记得自己前世的名字和家的住址,也不知道事情发生在日本哪个地方,所以,能找到孩子前世的母亲的可能性比较渺茫……

不久，有网友在鹿儿岛找到了一个一模一样的孩子发生车祸的路口，有人去当地问了一些附近年长的老人，可是，没有人听说过那个路口有撞死人的事故。有老人介绍，说那个路口曾经发生过一起车祸，被撞死的是一个中年男子，四十几岁，不是一个高中生。这条线索断了之后，好像就再也没有新线索了……

孩子的父亲表示，他以前是完全不相信轮回这种事情的，但是通过很理智的分析，他相信孩子的这些记忆绝对是前世的记忆，而不是编造出来的，也不是想象出来的。但在媒体采访的时候，孩子已经七岁了，这时，孩子对这些前世的记忆已经开始逐渐忘记了。那些记忆，在孩子三四岁的时候是最清晰的，问什么都能答出来。

媒体在采访孩子母亲时，问她对孩子有前世记忆怎么看？孩子的母亲说，在发现孩子有前世记忆之前，她想人如果有前世就好了，因为有前世就意味着有后世。真正出了这个事情以后，她感到非常的惊讶，人真的还有前世啊！

人真的有前世吗？我们再来讲一个美国小男孩的故事。

在美国的路易斯安州，有个小男孩儿叫詹姆斯·雷宁格（James Leininger），2001年出生。在很小的时候，他就对飞机特别感兴趣。在他两岁的时候，妈妈给小詹姆斯买来一个玩具飞机，并且说：你看这个飞机多好啊，飞机翅膀下面还挂着炸弹。小詹姆斯听后，说：妈妈，这不是炸弹，这是飞机的副油箱。妈妈当时就惊叹了，问：你说什么？你说这不是炸弹是副油箱？当时孩子说的英文是："Drop Tank"。妈妈当时完全不知道这个词的意思，然后，就去问孩子爸爸。孩子爸爸也不知道这个词的确切意思，后来在网上一查，才知道这个词的意思是副油箱。二战时，为了让战斗机飞的更远，就在飞机翅膀下面挂副油箱。为了减少飞机的飞行阻力，副油箱被做成流线型，看上去就跟炸弹一样。而且，当飞机不需要这个副油箱时，是可以随时扔掉的。后来技术改进了，二战之后的战斗机就再不用副油箱了。

詹姆斯父母弄明白"Drop Tank"是副油箱的意思后，就觉得非常奇怪，一个从未接触过飞机的两岁小孩怎么会知道什么是副油箱，这可真是一件不可思议的事情。孩子是从哪里学来的这个词呢？不是专业人士，不是军事迷，一般人都不太知道什么是副油箱的。

后来有一段时间，詹姆斯的父母觉得这个孩子有些异常。每隔两三天，一到半夜，他就哭闹。他的父母就来到他的床边安慰他，问他是不是做噩梦了？或者是哪里不舒服？这样哭闹，连续了很多天。他的父母就带他去看医生。检查完孩子后，医生说孩子一切正常，身体没有任何毛病。身体虽没有毛病，可小詹姆斯还是隔三岔五的半夜哭闹，哭闹了好几个月。有一天晚上，他又开始哭闹，妈妈赶来看他，问他是不是又做噩梦了？他说：着火了，我被关在里面，出不去了。妈妈问：哪里着火了？你被关在哪里了？他说：飞机着火了，我被关在飞机里面出不去了。妈妈问：飞机为什么着火了？他回答：我的飞机被人打着火了。妈妈问：被谁打着火了？他答：被日本人打着火了……

詹姆斯这样的描述把他父母吓坏了。这孩子描述的完全是一个战争场面。一个不识字的两岁孩子绝不可能从任何渠道获得这样的信息。而且，按理说，他说的话里有很多词汇他是不应该知道的。后来，孩子父母又问他飞机里的人是谁呀？叫什么名字？孩子说飞机里的人叫詹姆斯，詹姆斯就是他自己。问他还有其他人吗？他又说出了一个人的名字：杰克·拉森（Jack Larson）。问他杰克·拉森是谁？他说不知道。后来，他描述的更详细了，他说他驾驶的是一架海盗式战斗机（F4U Corsair）。他爸爸以前没听说过海盗式战斗机。

后来继续聊天，爸爸问他：你的海盗式战斗机是从哪里来的？他说是从"Natoma"来的。这个词听起来像是日语，爸爸问：飞机是从日本来的？他说不是。后来，爸爸在网上查到，"Natoma"是美国一艘航空母舰的名字，全名叫纳托马湾航母（Natoma Bay）。这艘航母1943年服役，二战结束后的第二年，1946年退役。这艘航母参加的最著名战役是硫磺岛战役（Battle of Iwo Jima）。

之后，詹姆斯爸爸把小詹姆斯所讲的内容连在一起，整理成了一个完整的故事：在二战期间，有一个叫詹姆斯的美国飞行员驾驶着一架海盗式战斗机，从纳托马湾航母（Natoma Bay）上起飞，参加硫磺岛战役。战役中，不幸被日本人打了下来。为了证实孩子的这段记忆不是瞎编的，孩子爸爸就去调查了二战期间美国海军伤亡人名单，在一万多阵亡人名单中找到了纳托马湾航母（Natoma Bay）上所有阵亡人名单，纳托马湾航母（Natoma Bay）上一共阵亡十八人，里面有一个叫詹姆斯·休斯顿（James Huston）的 21岁美国海军飞行员，在硫磺岛战役中，他的飞机被日军炮火击中而坠毁身亡。这十八个阵亡的人里没有叫杰克·拉森（Jack Larson）的人。

故事到此并没有结束，后来有了一个更大的进展。不久，纳托马湾航母（Natoma Bay）举办了一个老战友团聚会。詹姆斯爸爸想办法参加了这个团聚会。参加聚会的人都很老了，有些人都坐轮椅了，很多人相互都不认识了。詹姆斯爸爸抱着一丝希望，见人就问：你们有没有人认识一个阵亡的飞行员叫詹姆斯·休斯顿的人，很多人都说不认识。他又问：你们有没有人认识一个叫杰克·拉森的人。他想，如果能找到杰克·拉森，说不定会打听出詹姆斯·休斯顿的一些信息。有人说他知道这条船上有一个叫杰克·拉森的人，不过，他今天没来。

之后，孩子的父亲经过各种调查，最终找到了杰克·拉森，去了他家。孩子爸爸问杰克·拉森认不认识一个叫詹姆斯·休斯顿的飞行员。杰克·拉森说他认识，他们一起参加了硫磺岛战役，一起出发的。结果，杰克·拉森回来了，詹姆斯·休斯顿没回来，没人知道詹姆斯·休斯顿是怎么死的。孩子爸爸又问：詹姆斯·休斯顿开的是海盗式战斗机（F4U Corsair）吗？杰克·拉森说他自己开的是地狱猫战斗机（F6F Hellcat），他记不得詹姆斯·休斯顿开的是不是海盗式战斗机了……

又过了大约一年的世间，孩子爸爸找到了詹姆斯·休斯顿的姐姐，她还活着，已经九十岁了。詹姆斯·休斯顿的姐姐给孩子爸爸看了几张詹姆斯·休斯顿的照片，其中有一张照片是詹姆斯·休斯顿站在他的战斗机旁边照的，他身边的战斗机就是海盗式战斗机。

到此，这个事情的来龙去脉就基本清楚了，并且证明了这个小詹姆斯所说的一切都是真实的记忆，绝不是编造出来的，也绝不是想象出来的。无独有偶，跟那个日本小男孩儿一样，到了六七岁时，小詹姆斯也渐渐的忘记了小时候说的那些事情了。虽然忘记了小时说过的那些事情，可他对飞机还是特别的感兴趣，他的房间里挂满了各种飞机模型，他说他长大了要当个飞行员。

美国弗吉尼亚大学在上世纪五十年代就开始研究人的前世记忆。根据他们五十来年的统计，全世界范围内，被证实的，认为确实是前世的记忆，而不是胡编乱造的，也不是凭空想象出来的，大约有2600多人有前世的记忆。这些记忆几乎全部来自 2-3岁的小孩。佛杰尼亚大学的研究人员估计这世上很多人都可能有前世的记忆。但是，2-3岁小孩说的话，常常都被大人忽略了，或者根本不知道孩子在说些什么。再有，一个 2-3岁的孩子的语言能力非常的差，根本不可能讲述一个完整的故事，就这样，绝大多数孩子前世的记忆都没被大人发现，或者孩子根本就都没说出来多少……

我想，如果时光倒流，流到我两岁时，我一定记得我的前世。可是，到了我现在这个岁数，关于我的前世，我都忘了几百回了。虽然没有前世的记忆，咱们还是可以推论一下我们的前世呀。轮回到现今这个世上，小詹姆斯依旧喜欢飞机，而且还想当个飞行员。结论：小詹姆斯的前世是个飞行员。

从小詹姆斯的故事中，我们可以进行这样的逻辑推理：一个人上辈子喜欢干什么，这个人这辈子还会继续喜欢干什么。那么，我这辈子喜欢干的是什么呢？到目前为止，我一直比较喜欢写点儿杂文啥的，闲的想躺平的时候，我喜欢坐在书桌前写几个毛笔字。结论：我上辈子一定是个动笔杆子的秀才，帮这家写封家书，帮那家写幅对联儿，偶尔还帮有冤屈的人写张状子，等等，以此雕虫小艺养家糊口福荫子嗣……

既然我的前世是个秀才，而我这辈子除了懂中文还学会了洋文，那我的今世就是个举人喽！既然我们有前世，有今世，那么我们一定还有后世。前世，我是个秀才；今世，我是个举人；那么，后世，我一定是个进士，也可能是个状元呢！喜！为了后世，我一定要健康的，乐呵的，活好每一天……

看官，您下辈子可能是个大富大贵之人呢！忘掉一切烦恼，为了下辈子，快乐的活吧……

命里有时终须有

唐朝时，有个书生叫韦固，杜陵（今陕西西安东南）人，他想早点娶媳妇成家。一天，韦固去清河，路过宋城（今河南商丘），在城南一家旅店住下。旅店中有个朋友，给他介绍前清河潘司马的女儿，约好第二天清晨去旅店西边的龙兴寺门口和媒人见面，商议婚事。

韦固求婚心切，第二天凌晨，天还没亮就出门了，前往龙兴寺。来到寺前，他发现那里有位老人，身后倚着一个布袋子，坐在台阶上，借着月光，正在翻阅一本书。韦固凑上前，在一旁窥视，他发现书上面的字形如蝌蚪，自己根本不认识，于是就问老人：老先生读的是啥书啊？晚生自幼苦读，世间的字很少有不认识的，而老先生书中的字，我咋从没见过呢？老人笑着说：这不是凡间的书，你咋会见过呢？韦固又问：不是凡间的书，那它是啥书呢？老人说：这是幽冥之书。韦固再问：您是幽冥之人，为何到了这里呢？老人回答说：你起得太早了，被你看见了。掌管幽冥事务的官吏也同样掌管着凡间的事务，也会常来凡间呢。如今在这路上，一半是人，一半是鬼，只是你无法分辨罢了。韦固又问：老先生您掌管什么事务呢？老人回答道：我掌管的是天下婚姻。韦固大喜，于是说：我自幼就成了孤儿，希望自己能早点儿成家，延续子嗣。可是近年来多方求婚，都没成功。如今，有媒人和我约好，在这里商议和潘司马女儿的婚事，不知道这次能不能成？老人说：成不了，成不了，你们命中不合。你的妻子如今才三岁，十七岁那年才可过门。韦固又问：老先生这布袋子里装的是啥呢？老人回答：里面装着红色的线绳，用来拴在夫妻的足上。夫妻俩活着的时候，红线虽然看不见，却一直缠绕在夫妻之间。两人就算是世家仇敌，贫贱悬殊，天涯海角，吴楚异乡，用这红线牵连，一辈子也断不了。如今你和你妻子的脚已经系在一起了，你找别人也没有用。韦固有些失望，于是又问：我的妻子现在在哪里呢？她家是做啥维持生计的？老人说：此处向北有个卖菜的陈婆，她的女儿就是你未来的妻子。韦固问：我可以去看看吗？老人说：陈婆经常抱着女儿在市场卖菜，你跟我来，我指给你看。

韦固跟在老人后面来到了菜市场，看见一个瞎了一只眼的老女人，怀中抱着一个衣衫褴褛的三岁女娃。老人指着那个女娃说：这个女娃就是你未来的妻子！听了老人的话后，韦固发怒，说道：我杀了她可以吗？老人说：人的命天注定。这个女娃将来还会因为你们的儿子享受爵位和俸禄呢，怎么可以杀掉呢？老人说完话就不见了踪影，韦固气急败坏，大骂道：老鬼如此妖言惑众！我士大夫家出身，娶妻一定要门当户对。为何要娶瞎老太婆的丑女儿呢？韦固回到店内，交给仆人一把锋利的短刀，让他去杀死那个女娃。第二天，仆人把刀藏在衣袖中，来到菜市场行刺女娃。慌忙之中，仆人向那女娃刺了一刀，便跑了。回来后，仆人向韦固汇报，说：那个女娃被他一刀刺死了。

后来，韦固多次求婚相亲，都没有成功。转眼十四年过去，韦固以父荫出任相州参军。当时，相州刺史王泰看他颇有才干，令韦固兼职掌管刑狱，并且把自己的女儿嫁给了韦固。王泰的女儿十七岁，长得貌美如花，韦固非常满意。婚后，韦固发现妻子眉间常常贴着黄花花钿，沐浴和睡觉的时候也不取下。

婚后一年有余，韦固一直觉得妻子眉间的黄花花钿很奇怪，于是就逼问妻子，眉毛之间为啥总是贴着黄花花钿。妻子眼泪汪汪说道：妾本是刺史王泰的侄女，不是他的亲生女儿。当年我父亲在宋城县做县令时，死在了任内，不久，我的母亲和哥哥也相继离世。三岁的我就被奶妈陈氏收养，她靠卖菜艰难度日，常常抱着我去菜市场卖菜。不成想，有一天，有个歹徒刺了我一刀，在我眉间留下了这个疤痕，为了遮掩刀痕，我一直就用黄花花钿遮掩。七八年前，我的叔叔到卢龙县做官，我就被送到了叔叔家，叔叔一直把我当成亲闺女，后来就嫁给了你。韦固惊问：陈氏是不是一只眼瞎了？妻子说：是啊！你咋会知道呢？韦固说：当年，是我派人去刺杀你的！于是就把前因后果说了一遍，妻子感叹说：太神奇了！这就是命啊！此后，他们夫妻恩爱和睦相处，后生一子名韦鲲。韦鲲成年后出任雁门太守，因此王氏受封"太原郡太夫人"。

人间事，一切都是命中注定的，人的能力是无法改变的。

马未都也讲过一个发生在他身上的故事。有一年，马未都去香港，看见一个金器，喜欢得不行。这个金器是古人系在马脸上的装饰，叫"当卢"。这样的东西系在人脸上的就叫"花钿"。"当卢"就相当于今天那些豪车前面的车标识，英文叫Logo。这个"当卢"纯金打造，上面镂刻着花纹和神兽图案，是周、秦、汉、唐代显示贵族身份的重要标识。马未都看到这个"当卢"的时候是在香港的荷李活道。当时，他跟卖家说，这个"当卢"他非常喜欢。卖家却说：你喜欢不成了。马未都问：为什么？卖家说：我卖了。马未都问：那人给钱了吗？卖家说：交了定金了。马未都知道这就没辙了。

隔了两年，马未都又去了荷李活道，又说起那只"当卢"。卖家问他：你还想买吗？当初那个交了定金的人再也没来过。马未都想他的机会来了。马未都说：我可以给你钱，但不能给当初他给你的那么多。卖家说：我凭什么便宜卖给你？马未都说：你去过菜市场吗？上午的菜就贵，放到下午就便宜了，塌秧儿了嘛。马未都把价格拦腰砍了一半，答应当时就给钱。那人抬起脑袋冲天想了想，仰天长叹道：可以。这个纯金"当卢"现收藏在马未都的观复博物馆里。

人生就是这样，很多东西不是你能争来的，是有命数的。很多事情，没有道理可以讲清楚的，一切都由命注定。

人生啊，命里有时终须有，命里无时莫强求。莫求啊，莫求！

算命先生

古时，很多人都相信命运。所以，很多人都喜欢去算命，都希望算命先生能给自己算出一条好命来：骑白马、做高官、三妻四妾、子孙满堂、家财万贯、寿比南山……

我想，在古代，算命先生应该是个非常好的职业。我如果出生在宋朝，我去就当个算命先生。在热闹的街边摆个摊儿，白布铺桌，桌两边竖起两面白幡。右手边幡上写：相面测字算寿运，生辰八字测轮回。天意可猜。左手边幡上写：一座山上一杆旗，富贵荣华白马骑。运势能算。我，坐在桌后，长袍马褂，羽扇纶巾，慈眉善目，心焦如焚……焦急的等人来算命。还好，等了一炷香的功夫，一名大约三十来岁的男子走了过来，坐下后，递给我一两银子。没等他开口，我就仔仔细细的观察了这位陌生男子的面相、服饰和举止，从中观察出有用的蛛丝马迹线索，从而进一步洞察他的人生。他，服饰整洁，五官端正，皮肤白皙，手指细长，举止儒雅，等等……这一切表明他家境富足，不是引车卖浆之辈，可能是个舞文弄墨的教书先生，照现在的说法，他是在办公室里工作的一个高级白领。他的每个指甲都光秃秃的，这说明他最近经常咬指甲。这个咬指甲的行为暗示他遇到了麻烦事，可能是家道中落，或者是最近刚刚失业，失去了教书先生的职位……从他愁眉的样子来看，他的婚姻可能也出现了危机，估计他母亲逼他休掉了他的爱妻……猜到这些后，我心里有数了。等我看完他的生辰八字，之后，再问他想算哪方面的运势？算仕途？算寿命？还是算子嗣？或者是算福报？我随机而算……

总而言之，算命先生一般都是连猜带蒙，投其所好，花言巧语，就把对方兜里的钱放到自己的腰包里了。

实际上，如果算命先生知道人食指与无名指长度的秘密，他可能会赚到更多的钱。

十八世纪欧洲有个著名人物，叫卡萨诺瓦。根据卡萨诺瓦个人自传里写的，他曾经是欧洲多个国家君主、大主教、诗人和著名艺术家的座上宾。他的自传里有这样一段描述：他与德国著名画家拉斐尔共度了一段时光。没过多久，他们就开始争论起来。拉斐尔指责卡萨诺瓦没有尽到他的宗教职责。而卡萨诺瓦则指责拉斐尔是一个喜欢体罚仆人的酒鬼。当他们的争论变得越来越激烈时，卡萨诺瓦指着墙上拉斐尔画的一幅画，开始对拉斐尔的画进行攻击。卡萨诺瓦指出画里那个男人的食指比他的无名指长，这不符合人的生理结构。拉斐尔为自己的画做辩护，亮出自己的双手让卡萨诺瓦看他的食指就比无名指长。卡萨诺瓦坚持自己的观点，也亮出自己的双手，让拉斐尔看他的无名指比食指长，并宣称，绝大多数人的无名指都比食指长，并说有他这样手指的人才是亚当的子孙。拉斐尔对卡萨诺瓦的说法非常恼怒。于是，拉斐尔提出用一百枚古西班牙金币打赌。接着，拉斐尔召集了所有的仆人，查看他们手指的长度，以验证到底谁才是正确的。检查完仆人们的手后，卡萨诺瓦被证明是对的。但是，拉斐尔表示他自己不是个普通人，是个不同于普通人的天才。

心理学家约翰曼宁曾经对手指长度进行了细致的研究。他认为手指长度的差异能在某种层面解释人类的心理状态。约翰曼宁与他的同事测量了很多人的食指与无名指的长度。结果表明，大多数男人的食指比他们的无名指短些。而大多数女人食指的长度与她们无名指的长度大致是相等的。所以，如果算命先生是个瞎子，不用听对方说话，他只需要摸一摸对方的手指长短，就能猜出对方是男还是女。

为什么会出现这样的情况呢？根据约翰曼宁的研究，其原因可以追溯到一个人生命的最初始阶段，这与母体子宫内睾丸酮水平有紧密的关系。在受孕六周后，母体子宫内睾丸酮的水平会出现变化。当子宫内产生较多的睾丸酮激素时，胎儿就会渐渐的出现男性特征，将来无名指就会比食指长。若子宫内产生较少的睾丸酮激素，则胎儿会渐渐形成女性特征，将来无名指比食指长，或者一样长。这些也将显示出人在心理特征和生理特征上在多大程度上趋向于男性化或者女性化。那些食指比无名指短的人，更有可能展现出男性生理特征。而那些食指比无名指长的人更可能展现出女性生理特征。现在很多研究结果都证实了以上的说法是正确的，其中包括对人体力量与运动的研究，也验证了上面的说法是正确的。

在一次实验里，约翰曼宁团队的研究人员测量了一组参与者的手指长度。然后，要求他们完成各种不同的力量测试，包括肩膀运动，将重物高举过头，以及仰卧推举等运动。研究人员发现那些食指比无名指短的人，要比那些食指与无名指一样长的人能举起更重的东西，而且差别还很大。就以杠铃推举来说，食指比无名指短的人要比那些食指与无名指一样长的人能多举起 24 磅。同样，那些食指比无名指短的短跑运动员，他们完成一百米、八百米与一千五百米的跑步时间也比那些食指与无名指一样长的运动员跑步速度更快。而在另一场实验里，约翰曼宁与他的团队测量了三百多位欧洲足球运动员手指的长度。在庆祝英格兰冠军联赛成立一百周年的庆祝大会上，研究人员说服了超过三百名足球运动员，给他们的双手拍照。之后，研究人员将这些足球运动员的手指长度与五百多名从未踢过球的人的手指长度做比较。结果，跟没踢过足球的人相比，足球运动员的食指相对普通人的食指短的多。与一般水平的运动员相比，那些优秀运动员的食指也比一般水平运动员的食指短。

许多其它研究结果表明，那些食指比无名指短的男性，有着更为阳刚的大脑，处理空间信息的能力更强。类似的研究还表明，食指比无名指短的女性往往会表现出男性化的倾向，这包括做事更加果断，而且更愿意冒险。根据约翰曼宁的理论，这种手指效应还能拓展到音乐创作上。在音乐才能方面，那些技艺娴熟表演者的食指相对他们的无名指更短。约翰曼宁研究团队对英国一个著名的交响乐团里的五十四名男性成员进行了食指长度和无名指长度进行了测量。在交响乐团里，负责不同乐器的人，都是按等级划分的。那些技艺高超的人会被安排在重要的位置上。研究结果发现，与那些在一般位置上的同事相比，那些在各种乐器的演奏里担任首席的演奏家们的食指相对他们的无名指更短。

按照这个理论，无名指相对较长的人，更具有男性的大脑与身体，一般会在体育运动上有着良好的表现。并且，他们具有较强的音乐创作能力，有更强的自信心，情感处于更稳定的状态。与大多数男性相比，那些食指相对无名指更短的男人更具有阳刚气息。而与大多数女性相比，那些食指比无名指短的女性就更倾向男性化，性情刚烈，桀骜不驯……等等。而食指比无名指长的女性就更温柔，温情似水，像泉水……泉水叮咚，泉水叮咚，泉水叮咚响……对不起，跑蹄了……

除了观察人的食指长度和无名指长度外，通过观察人的拇指，我们也能获得一些人脑的秘密。读者您如果想知道您是左脑思维模式的人，还是右脑思维模式的人，您就做一个简单的动作，就能知道您大脑的运作模式了。您自然的将双手十指交叉。如果您的左手大拇指压在了右手大拇指上，您就是右脑思维模式的人。反之，您就是左脑思维模式的人。通常右脑思维模式的人更依赖直觉和视觉，有更多的创造性思维，更愿意承担风险，更喜欢独立，更叛逆，做事比较冲动。与右脑思维的人相反，左脑思维模式的人更依赖逻辑和次序，更多的是以语言为基础的思维。因此，左脑模式更善于辩论和分析。他们更愿意去接受具体的信息，不愿意进行抽象思维，他们更愿意依赖逻辑思维，而不是直觉思维。他们一般都显得比较内向，自控力强。

综上所述，男人找女人做伴侣时，首先要看看这个女人的手指，食指越长的女人，女人味越重，性情温柔可爱……遇到难事时，她们喜欢哭闹，爬树，挠墙，拽头发……同理，女人找男人时，男人的食指越短，男人味越强，性情稳重可靠……遇到难事时，他们喜欢喝酒，摔碟，打碗，骂老婆，打孩子……

声明：本文只是八卦，不是算命指南。您给他人算错卦，挨打，后果自负。

穿越时空的人

有一个人，没有任何宗教信仰，他根本不相信人死后还有另外一个世界。在 1977年，当时他只有 22岁，他突然得了一种非常罕见的疾病：上肠间膜动脉十二指肠闭塞。他马上被送到医院，抢救无效，死亡。

死亡四十分钟之后，他突然复活了。据他回忆，在他死亡的这四十分钟时间里，他经历了很多不可思议的事情。死亡后，一开始，他看见自己在一个漆黑的地方，在离他很远的地方，有一点亮光。他慢慢的走向那个亮光，当他走近这个亮光，发现是一个洞的入口，走进这个洞口，他发现是个隧道。刚一进隧道，他就一下子被传输到了另一个地方。那是个什么地方呢？他走出那个洞口，脚踩在泥土上，面前是一片草原，上面开着各种各样的鲜花。他是光着脚的，有触感，他能感觉到脚下的泥土是松软的，还能感觉到草从他的脚趾缝中伸出来……

他继续往前走，没走几步，突然看见一条大河横在他面前。他能隐隐约约的看见河对岸的草地、树木和大山。然后，他走到河边，看见一条小木船放在那里。他上了船，船上没有浆，他就用自己的双手划船。划了一会儿，他感到非常的累，划到一半儿时，他都累的不行了。好不容易划到了河对面，下了船后，他就瘫倒在河边的沙滩上。这时，他看见从远处走过来五个人。可是，他看不太清楚那五个人的面孔，但能看清那五个人穿着白衣服。他们穿的不是亚洲人的服装，他们穿的是西服。其中一个人走到他面前，是一个女的，他不认识。那个女的问他，你为什么来这里？他当时愣住了，愣住的原因是他不知道他来这里的理由。之后，这五个人就带着他继续朝河对岸走去。走了一会儿之后，看到一座大山，在爬大山之前，他看到了他死去的家人，他的爷爷和奶奶，还有他的一个表哥。接着，他就开始爬山，到了山顶之后，他面前出现了一张脸，只有脸，没有身子。那张脸跟他说了什么，他不记得了。然后，那张脸就消失了……

正在犹豫不安的时候，他突然感觉到他回到了自己的身体里了，回到了病床上，他睁开眼之后，看到他爸爸和妈妈就站在病床边上。他感觉到他自己能听到自己的心跳，咚，咚，咚，咚的响了四下，之后，就再也没心跳的声音了。他意识到自己的心跳停止了。而且，他还意识到自己也没有了呼吸。当他有这个意识的时候，突然间他妈妈，本来站在病床傍边，把头一下子凑到了他身边，说了一句话：啊，他死了。然后，他妈妈就非常悲痛的离开了病房。他爸爸仍然站在病床旁边，看着他。他当时愣了一下，之后，他就跟爸爸说话，他爸爸没有反应。之后，他马上就坐了起来。坐起来之后，他的视线就跟他爸爸的视线差不多高了。按理来说，他爸爸就应该看见他了，结果他发现他爸爸没看见他。他爸爸仍然低头看着病床。他就顺着他爸爸的视线往下看，发现他自己仍然躺在病床上。在这个时候，他意识到，坐起来的这个自己是没有身体的。他也意识到他刚才以为自己醒了，其实不是，坐起来的自己是自己的灵魂而已。

坐起来后，他发现自己有视觉，有嗅觉，有听觉。他能闻到医院里面消毒水的味道，但是他没有味觉，没有触觉。他摸不到人，摸不到东西，但是他能感觉到风和温度，他能感觉到空气的存在。在这个时候，他突然想起，他妈刚才去哪里了？当他刚刚想他妈时，他就瞬间移到了他妈身边。离开他的病床后，他妈妈就跑到楼下去给他大姐打电话去了，告诉他大姐他死了。来到妈妈身边后，他跟他妈说话，他妈没有反应，也看不见他。因为他妈在跟他大姐打电话，他又想到了他大姐。结果，他一下子又瞬移到他大姐那里去了。他大姐当时正坐在车里往医院赶。车上有他大姐，他大姐夫和他的另一个姐姐。他姐夫在开车，他的两个姐姐坐在后排。瞬移到车里后，他就坐在了他的两个姐姐中间，看着他的两个姐姐在说话。他的两个姐姐说话时，是穿过他的身体在说话的，她们看不见他的存在。他的两个姐姐在车里所有的交谈他都能听到。醒来之后，他还跟他姐姐确认过他姐姐说过的话。他的两个姐姐都很吃惊的问他，你是怎么知道的？

他的这个瞬移经验让他立即想到一个事情，如果他能瞬移，也就意味着时间和空间是不存在。他马上得到了一个推论，他可以穿越时空，可以时间旅行。想到穿越时空，他先做了一件事，尝试了一下，想一下自己小的时候。一想到他小的时候，他就立即穿越到了他小的时候。也正因为这次穿越，让他解开了从小到大的一个迷。在他小的时候，大约七八岁的时候，有一次和他的姐姐到河边去玩儿，河上有几块大石头，他们可以踩着这几块大石头过河。当时在河边玩的人只有他们两个小孩，没有别人。他俩过河，走到一半儿的时候，他突然听到耳边有人大声喊：危险。他顺着声音往河上游一看，一个大石头正从河上游滚下来，马上就要撞到他姐姐了，他姐姐还没有注意到，他就使劲推了他姐姐一把，他也因为反作用力倒到后面去了。这时，那块大石头就顺着河水哗的一下子在他们俩中间滚了下去。那时，他不知道在那危险的时候，是谁喊了"危险"两个字。这时他知道了，是他自己喊的"危险"这两个字。当他穿越到了小的时候，他看到了他和他姐在那里玩儿，他也看到了那块大石头滚了下来，他就对小时候的自己大喊了一声：危险。是他救了他自己，是他未来的自己救了他小时的自己。

这一次穿越结束之后，他马上想到另一个事情。他要穿越到未来去，他要知道自己死没死。结果，他成功的穿越到了未来，看到了40岁的自己。他当时非常不理解他看到的未来。因为他看到自己站在一个讲台上，在给一帮大学生讲课。当时他只有22岁，根本就不是什么教员，他不解。不仅看到了他40岁的未来，他又看到了更远一点儿的未来，他看到了自己的老年，看到了一帮小孩围在他身边，他在教这帮小孩用望远镜看天上的星星，是一个其乐融融的画面。但是，又有一个事情让他非常不安，那就是他看到的这个画面是半透明的，这个画面下面还有一个画面，下面的画面是一片废墟。按照他的理解，这个未来可能是不确定的，所以，他看到了未来是两个重叠的未来。

为了证明时间穿越是真的，他又做了另一件事情。他想，他如果能穿越到过去，能留下点儿什么证据，而这个证据能一直保留到现在，等他醒来之后去看一下，不就证明他是真的穿越到过去了吗？于是，他就穿越到了500年前，把灵魂附体到了另外一个人的身上，他有这个灵魂附体的能力。他还能把灵魂附到他爸的身上，以他爸的视角来看他自己。他灵魂附着到一个人的身上之后，来到了一个叫"土佐神庙"的地方。进到这个神庙里后，他就拿一块儿石炭在一个柱子上写了两个字：鹤彦。

从死亡中醒来之后，他做的第一件事就是去那个"土佐神庙"看看。他还真看到了那个柱子，柱子上的字经年累月的已经看不太清了，但是，隐隐约约的能看到"鹤彦"两个字。并且，这个"土佐神庙"的主持至今还保存着一本书，里面记载了这个神庙曾经发生的所有事情，其中就有一条记载了五百年前发生的一件事。这个庙的很内侧的一个柱子上，突然一天晚上出现了两个字：鹤彦。当时这个庙的主持觉得这两个字是上天赐给他们这些僧侣们的一个预言，写在了这个柱子上。他们研究了很久都不知道那两个字是什么意思。现在那两个字还在，但是，那两个字已经变得很浅很浅了，因为经过了五百多年了。

后来，他才知道，跟他说话的那个穿白衣服的女人是谁。那个女人是他爸爸的姐姐，他的大姑。他大姑在他刚出生不久就离世，所以，他从来没见过他的大姑。

那么，这个死后能穿越时空，在"土佐神庙"柱子上写字的人是谁呢？他就是非常著名的日本天文科学家，彗星探索科学家：木内鹤彦。他是专门研究彗星的科学家。木内鹤彦在天文学界非常有名，尤其是他在1992年发现的那颗彗星，差点儿就让他得了诺贝尔奖。后来，为了表彰他在天文学界的贡献，还把一颗小行星命名成他的名字。

木内鹤彦认为濒死体验的人看到的黑洞，看到的亮光，看到的河……等，这些都是大脑的幻觉，他并不认为那些景象是人死后的世界。他认为人濒临死亡的时候，因为极端的恐惧，身体就会分泌一种像多巴胺的东西，让人不感觉到痛苦和恐惧，而这个东西会让人产生幻觉。而他死后的经历，比如他穿越到小的时候，他认为那绝对不是幻觉，那是真正死亡后的世界。

说到这里，人们会想，人最终都是要死的，所以，如果灵魂可以穿越回去，改变一些事情的话，那些经历过死亡体验的人，死亡后，都会穿越回去，改变一下自己以前的命运。这样看来，一个人现在如果过的很好而且寿命很长，就说明未来的他在不断的穿越回来帮他自己规避危险，度过难关。一个人如果现在过的不好的话，就说明，未来的他没有穿越回来帮助他自己。那么，在什么情况下会造成他没有穿越回来帮他自己呢？可能因为未来的他没有经历过死亡的体验，人还没有死过。

其实，每个人这一辈子都有几个他能感觉到的瞬间，啊，好险！啊，好幸运啊！而这几个瞬间，其实都是未来的你在经历死亡体验的时候，在昏迷的时候，你的灵魂在那短暂的时间里，穿越回来帮了你一下。你的灵魂虽然不能够一直不停的帮你，但是经历了你的一生之后，你的灵魂已经知道你的生命中哪些地方有坎坷，哪些地方有难处，那些地方有危险，于是，你的灵魂就穿越回来帮你一下。其实，你生命中那点儿幸运，那点儿好事，都是未来的你穿越回来帮助你的结果。由于未来的你数次穿越回来救你，你才不至于过早夭折，你才能活到今天。

这也说明生命是在不断循环着的。也就是说，现在过的好的人，可能他们的生命都循环好几遍了，死了又活了好几遍了。每次死亡的他都穿越回来救他自己一次。也可以这样说，现在富有的人，日子过的爽的人，寿命长的人，能够避除各种危险的人，有各种幸运事发生的人，那是因为他们的生命都轮回了好多次了。每次轮回，未来的他们都穿越回来改变一点儿他们的命运，每次穿越回来就改变一点儿他们的命运，每次穿越回来就改变一点儿他们的命运，让他们的生命变得越来越好……

读者，有幸读到这里，您有福了。因为您知道了人死后是可以穿越时空的，未来的你可以穿越回来帮助现在的你。所以，每次死亡后，你的灵魂就会有意识的穿越回来帮助现在的你，使你的生命变得越来越好……

我相信，我以后的日子还会越过越好。因为我坚信，未来的我还会继续回来帮我……

我们能认识到灵魂可以穿越时空这一点非常重要，因为认识到这一点后，好的事情就一定会不断的发生在我们身上！

命里无时莫强求

在宋朝，有一个进京赶考的书生，在途中遇到了一位李小姐。相识后，他们相爱了……书生许诺李小姐，等他取得功名后便回来娶她。

三年后，如书生所愿，书生取得功名回来了，可此时的李小姐已嫁人了。书生痛不欲生，就此一病不起，眼看就要驾鹤西去，来了一位僧人，僧人从怀里取出一面铜镜给书生看。书生透过铜镜看到：一名女子的尸体躺在沙滩上，一丝不挂，第一个路过的人叹了口气，摇了摇头走开了。第二个人经过时，脱下了自己的长衫，盖在女尸身上，也走开了。书生看到这个脱下长衫的人正是自己。书生刚要说话，僧人示意他不要说话，继续看下去。书生又看到经过女尸的第三个人，他在沙滩挖了个坑，把那个女尸认认真真的掩埋了。此时，僧人说话了：李小姐的前世就是这个女尸。因为上辈子你给了她一件遮体的衣衫，所以这辈子李小姐跟你有一段情缘。你们之间的一段爱情，是她还你那件衣衫的情。可是李小姐要用她的一辈子来感激那个上辈子把她埋葬的人，那个人就是她现在的丈夫。听到这里，书生恍然大悟……

马未都曾经讲过一段他的经历。上世纪八十年代末，马未都去上海。上海当时有一种商店叫"友谊商店"，商店的主要目的是赚外国人的钱，但是中国人也能买店里的东西。他在那儿看到一个碗，很漂亮。当时，商店认为那个碗是民国时期的仿品，所以，可以卖给外国人。标价多少呢？人民币外汇三万元。那时候提倡争当"万元户"，有一万元的人都很少见，何况三万元，还是人民币外汇。虽然他拿不出三万块钱，但架不住他喜欢啊。每次去上海，他先奔友谊商店，把那个碗要出来，翻来覆去的看，看完再还给店员。魂牵梦绕了一年多，一九八八年年底，他带着钱，又去了上海，一看，碗没了，被别人买走了。他的心一下子就凉了，感觉就像是"校花"被"校草"牵走了。第二年，香港苏富比拍卖会，那个碗拍了792万元人民币，被一个日本人买走了。那是个乾隆时期的珐琅彩黄地开光胭脂红山水纹碗，不是民国仿品，是珍品。从三万元到792万元，短短的半年多时间。看到那个消息后，马未都说他何止心凉了，连脚心都凉了。早知道是那个结局，他当初借钱也得把那个碗买下来啊。又隔了九年，到了一九九七年，那个碗重新上拍，那时候，日本经济不景气,把碗拿出来变点儿现钱。最后,那个碗拍了多少钱呢？2147万元，几乎是那个日本人买进价的三倍。今天如果再把那个碗拿出来拍卖，最低估价一个亿。曾经那个碗就摆在他面前，让他捧着玩儿了好多遍，那么多次机会，他都没把握住。

马未都的这个故事说明了什么？说明了马先生命里就不该有那个碗。

人的命天注定，人的运气也是天注定。有的人英年早逝，命都没了哪里还有运气。不论是人还是钱财物品，不是你的就不是你的，没啥道理可以讲，也没啥可后悔的。

谁一辈子总能踩对点儿？何时踩对点儿是命里注定的。总能踩对点儿的人生，就不叫人生了。

人生啊，是你的终是你的，不是你的终不是你的。命里有时终须有，命里无时求不来……

偶然与必然

巧合是一种非常低概率的事件，但是人人都遇到过。那么，什么是巧合？下面举几个巧合的列子。生活中最明显的列子叫"说曹操，曹操到"。也就是说当我们刚想到某个人，或者刚提到某个人的时候，这个人就出现了，这就是一种非常极端的巧合。还有一种大家都可能经历过的一种巧合，就是当你刚想到某一首歌的时候，你旁边就有人开始哼唱这首歌了，或者车载收音机里就开始播放这首歌了。另外，还有一个比较明显的列子就是"直觉"，很多人都有过类似的直觉，就是你预感可能要发生什么事情，这个事情就真的发生了，不管你预感的是好事情还是坏事情。直觉在科学的角度来说，是没有任何科学根据的。所以，大部分科学家们认为直觉只是一种巧合。在科学的范畴里边，以上这些巧合就都被认为是偶然发生的。

以上这些巧合，虽然从客观上来讲，我们只能说它是巧合，但是这些巧合都显得特别的"不自然"。这个不自然体现在两点上。一点就是明明是极小概率的事情，却经常发生在我们周围。有的人一生中遇到过很多次这样的巧合。第二个就是这些巧合跟我们的主观意愿有一定的联系。就是"说曹操，曹操到"这种现象就不像是客观事件偶然发生的，不像是单纯的巧合。

历史上曾经有一个人深度研究过这种事情。这个人就是世界三大著名心理学家之一的卡尔·荣格。他管这种巧合叫做"共时性巧合"。荣格一辈子遇到过很多次这种"共时性巧合"。所以，他对这种现象特别的感兴趣。后来经过多年的研究,他提出了"共时性巧合"这套理论来解释这种偶然巧合的现象。

那么，荣格是个什么样的人呢？在1875年，荣格出生在瑞士一个小山村里。他的父亲是个牧师，他的母亲是个通灵师。他的爷爷是个非常有名的医学教授，一个特别有学识，特别有地位的一个人。荣格就是在这样一个神秘家庭里长大的。由于家庭的多元化，荣格从小就对很多事情感兴趣，比如灵异学、神学、考古学、等等。后来，他考入了瑞士著名的巴塞尔大学主修心理学。由于非常的聪明而且勤奋好学，最终他以首席的身份通过了国家医学考试，并到苏黎世大学给一个非常有名的精神病学家尤金·布鲁勒教授当助手。精神分裂这个词就是尤金·布鲁勒最先提出来的。后来，荣格又遇到另一个著名的心理学家，弗洛伊德。跟弗洛伊德相处七年之后，由于对心理结构认知的不统一，又分道扬镳了。

那么荣格是怎么解释这个"共时性巧合"的呢？他认为，共识性巧合不是偶然发生的。虽然表面看上去，"说曹操"和"曹操到"之间没有因果关系，但实质上，这两个事情是由另一深层"联系"结合在一起的。这两个事情分开来看，单独看任何一个，都不奇怪，都很正常。如果把这两个事情放在一起来看，就有些不可思议了。比如说，大家在饭桌上聊起一个姓曹的同学如何如何，这并不奇怪。或者，大家正聚在一个包间里吃饭，碰巧姓曹的同学也来了，大家也都不会觉得这有什么奇怪的。但是，如果大伙儿刚聊起姓曹的同学，这时，姓曹的同学就推门进来了，这就显得很奇怪了。荣格说这就是一种"有意义的"巧合，也就是"意义"把这两个没有因果关系的事情联系在了一起。

荣格提出这个想法之后，他受到了科学界强烈的抨击。因为科学界认为世界万物只存在因果关系，任何不能用因果关系解释的就都叫"偶然"。比如"说曹操，曹操到"这个事，在科学的理解上，这就是单纯的偶然。但是，荣格不这么认为。他认为，这两个事情之所以有联系，是因为它们两个之间有个共同的"意义"。这个意义把"我想到"和这个人的"出现"联系在一起，也就是说"意义"能够把"主观的思维"和"客观的事物"联系在一起。"意义"能够把"精神世界"和"物质世界"联系在一起，也就是主观意识是可以影响客观的。你如果体会不到"说曹操，曹操到"这里面的意义的话，这两件事就完全没有关系。也就是说，你说曹操，结果曹操到时你没看见，"说曹操，曹操到"的这种巧合对你来说就不存在了。可实际上，说曹操，曹操真的到了，可是你没看见。你没看见，不等于事情没有发生。那么，如果说曹操，曹操真的到了，那这就不再是一个"纯粹的"巧合了，而是一个由主观意识决定的必然结果。荣格说，这种"共识性巧合"也就是"有意义的巧合"，随时都在我们身边大量的发生，只是我们注意到没注意到的问题。所以，不论你看到还是没有看到，很多事情都是由于你赋予的"意义"而发生了。这样看来，偶然是不存在的，都是必然的结果。比如说，你刚刚想到你的生日，而这时就有一个人与你擦肩而过。你可能并不认识这个人。可是，这个人是跟你同年同月同日出生的。如果你知道这件事的话，你会觉得"哇"，这太不可思议了。但是，你如果不知道的话，这个巧合对你来说就不存在了。虽然，这个事情在表面上对你来说不存在了，可实际上它确实发生了。所以，实际上，这个世界的运行根本就不是靠概率运行的，而是靠"意义"运行的。实际上，世界上每个事物我们都已经赋予了一个"意义"在上面，是这个"意义"在运行世界的万事万物；是这个"意义"在安排事物之间的各种相遇……

有人尝试用荣格的"共时性巧合"理论去解释一些物理现象，比如量子纠缠。究竟是什么东西让两个量子纠缠在一起了呢？一个动，另一个就动；一个向左转，另一个就向右转，而且它们中间没有传递任何信息。按照荣格的理论，这两个量子纠缠在一起的原因根本就不是因果关系。不是因为一个动，所以，另一个也动。单独观察两个量子中的任何一个在动，都没有什么特别的。把两个量子放在一起来观察，它们的运动就显得很特别。这就跟"说曹操，曹操到"是一样的。单独看，不奇怪，放到一起看就很奇怪。因为两个量子之间有一个共同的"意义"，所以，一个动，另一个也动，而且不管它们之间的距离有多远。而这个"意义"是我们人类的主观意识所赋予给它们的，是人类的主观意识让两个量子产生了纠缠。也就是说，量子世界是由我们人类的主观意识所决定的。

这样看来，我们的主观意识不但可以让两个量子产生纠缠，而且可以让世界上的万事万物产生"纠缠"。因为世界万物都是由最小单位的量子所组成的，所以，只要我们赋予它们"意义"，两个不相干的事物就能纠缠在一起。我们说曹操，曹操就一定会到。

我心里很早以前就有一个"曹操"。我经常念叨"他"，有时特想让"他"来，可是，"他"就是没来。其实，我心里的"曹操"也没有什么特别的，就是一张能赢几百万的"彩票"。 现在用荣格

"共时性巧合"理论来解释,那就是我的"曹操"来了,可是我没看到。

从今以后,我知道该怎么办了。每次去卖彩票之前,我就给我将要买到的彩票赋予一个意义:我的彩票是一张能赢的彩票。之后,我就细心观察我周围所有与数字有关的东西,比如现在是几点了,今天是那一年,那一月,那一日,星期几,商店里有几个人,中午我吃了几个包子……等等,把我所有我遇到的数字都记下来,填到彩票上……

死后的世界

通常,人们会想,如果人死后还有一个世界,生命还能继续的话,那将是一件多么美好的事情。

西方的宗教认为人死后,人的灵魂要接受上帝的审判,之后,灵魂要么去天堂,要么下地狱,西方宗教没有轮回这一说法。而在东方的佛教里面讲轮回,就是说,人死后,人的灵魂还会轮回转世,托生成人,或者托生成畜生,从新回到人世间。然而,对于死,科学的解释,死亡就是结束,就是消失。肉体没了,灵魂也跟着没了。

那么,人死后究竟有没有死后的世界呢?死后的世界究竟是什么样子的?

要想知道人死后的世界,只有一个办法,那就是死而复生。那么死而复生这样的事情目前地球上还没有发生过。地球上虽然没有人死了之后,又活过来了。但是,地球上确有不少经历过短暂死亡的人,他们的短暂死亡体验通常叫濒死体验。当然,也不能说经过濒死体验的人就一定知道死后的世界是什么样子的。除了有濒死体验之外，还需要很多其它条件，人们才会相信这个人说的确实是人死后所见到的世界，而不是瞎说的，也不是凭想象而捏造出来的。比如说，这个经过濒死体验的人必须记得短暂死亡后他看到了什么，再一个就是，这个人必须是个有公信力的人。比如一个经历过濒死体验的人回来后，说了一大堆死后所见的世界，可是，如果这个人没有什么公信力，大家就不会信他说的。而且，光有公信力也不够，这个人不能是一个神父。如果一个神父经过濒死体验回来后，说他看到了天堂。那些不信教的人估计就不会相信这个神父说的话。所以，这个经过濒死体验的人必须是个有公信力的人，而且，他一直就是一个不相信人死后还有一个世界的人，并且，经过濒死体验之后，他自己确实看到了死后的世界……

那么这样的人还真有一个。

2012年有人写了一本书，叫《天堂的证明》，英文：（Heaven Is Real）。这本书一出版，立马就火了，一下子就卖出了两百多万本。之后，美国各大新闻媒体都报道了这个事。这本书的作者记述了他经过濒死体验后所看到的另一个世界。其实在这本书之前，也有很多人都描述过他们经历濒死体验之后，看到了这，看到了那，看到了另一个世界的模样……等等。可是，为什么那些人所说的东西没火起来呢？其实主要原因是那些有过濒死体验的人都是些没有公信力的人。而这个人的书火了，是因为写这本书的作者特别不一般。

《天堂的证明》这本书的作者叫埃本·亚历山大三世（Dr. Eben Alexander III），是一个著名的脑外科医生，而且是研究脑神经方面世界级的权威人物。他的父亲也是一位非常有名的脑神经外科医生。这个亚历山大家族，家里人全都是名医、律师，各种社会精英。埃本 1980毕业于美国著名的杜克大学。他在很年轻的时候就是一个非常出名的脑外科医生。他的一生都致力于脑神经科学研究。所以，他还是个科学家。他曾经多次说过，他根本就不相信人死后的世界。

作为一个脑神经外科医生，埃本曾经多次把他的病人从死亡线上拉回来。很多人跟他描述过他们的濒死体验。在埃本的书中，他描述了他的一个病人是这么跟他说的：在医生们抢救他时，他看到自己走在一个隧道里，隧道里漆黑一片什么都看不见，只看到远处有亮光，像是隧道的出口，之后，他就朝亮光走去，当他朝亮光走近时，亮光也在向他靠近，慢慢的，亮光变得越来越大越来越亮，结果，自己就走进了亮光里，之后，他的周围就只有亮光了。这时，他旁边出现了一个人，一个男人。这个男人就跟他说，你还不属于这里，你赶紧回去吧。突然，他就一下子沉下去了，之后，就回到了他的病床上，回到了自己的身体里面，他就醒了。这个病人回想说，他看到的那个男人就是他死去的父亲。

埃本遇到过很多病人说过类似的情景。作为一个脑神经外科医生，他不太相信这种死后的记忆，他觉得那些都是记忆上的错觉，或者说是大脑的一种幻觉，就像做梦一样。可是，为什么很多经历过濒死体验的人都有类似的记忆呢？埃本不太理解。

美国医学学会曾经专门做过调查，之后，整理出了一个全国范围内发生过的这种濒死体验报告，从中发现很多有过濒死体验的人的记忆都有很多共同点。然而，这些濒死体验报告里也有几个特别有名的案例。第一个案例发生在1985年，有一个女人得了急病，被送到了某个医院。这个女人说：我看到我自己躺在一张手术床上，医生们在抢救我。然后，我就慢慢地漂浮起来了，漂浮起来之后，穿过天花板，一直漂浮到了医院外面，站在了医院最顶层的房顶上。这时，她看到周围的东西都非常清晰，不像是在做梦。梦里的场景一般是比较模糊的。她还看到楼顶上有一只红色的女人鞋落在那里。

之后，脚下出现了一个洞，顺着洞，她又回落到了手术室，落到了手术床上，回到了她的身体里。醒了之后，她就把她看到的事情跟护士说了，说她刚才看到医院楼顶上有一只红色女人鞋。那个护士不相信她说的话，跟她说：你可能是做梦了。刚做完手术，你身体非常虚弱，需要好好休息。后来那个护士出于好奇，真的跑到楼顶上去了，结果，她看到楼顶不远处真的有一只红色女人鞋。那个护士当时吓坏了，因为一般病人是不可能上到楼顶上面来的。而且，这个女病人是因为特殊情况被临时送到这个医院的，她还在病床上躺着呢，根本不可能去过楼顶。这是一个很难解释的现象。

还有一个有名的案例。在1973年，一个女人因为交通事故被送到一个医院进行抢救。醒来之后，这个女人说，她当时看到自己躺在手术床上，很多医生和护士在抢救她。她一直站在手术室里看着那些人在抢救自己。她记得屋子里所有医疗器械摆放的位置，记得所有抢救她的工作人员的模样。醒过来之后，她马上就跟她的主治医生说，她亲眼看见所有抢救过她的人，他们长的样子，哪个医生长的什么样子，哪个护士长的什么样子，手术室里的医疗器械都摆放在哪里。听了她的描述后，她的主治医生感到非常的震惊。这个女病人说的完全正确。让医生真正震惊的并不是因为她描述的有多正确，而是，这个女病人是一个天生的盲人。也就是说，她从来都没有见过人的模样。理论上，她是绝对不可能通过大脑的记忆或者幻觉而想象出人的模样……也就是说，这个盲人脱离了自己的身体之后，就变成了一个视力正常的人。现代科学没有办法解释这个盲人是怎么看到的。

虽然有些很特殊的案例，可是由于这些有过濒死体验的人都不是有公信力的人，所以，他们说的东西大家都不太相信，觉得他们说的可能是幻觉，或者是他们大脑错乱想象出来的。

埃本医生本人看到过这些报道，没觉得那些报道有什么奇特的地方。由于听过不少濒死体验的故事，埃本医生也就见怪不怪了。直到2008年，埃本医生自己经历了一个事情后，他的世界观就彻底崩塌了。2008年11月10号晚上，他正常在家睡觉。在凌晨三四点的时候，他突然感到背部和头部剧痛。他挣扎着想坐起来，但是都坐不起来。之后，他就一下子昏睡过去了。他老婆就在他旁边，感觉到他动了一下。由于他没叫也没喊，他老婆也没在意。过了两个小时，大约在凌晨五六点时，他老婆醒了，突然发现他没有反应了，马上就把他送到了医院，送到了埃本自己工作的那个医院。

急诊室的医生一检查，确诊他得的是细菌性髓膜炎。人的脊髓和脑部外面包有一层膜，叫髓膜。埃本医生的髓膜被细菌感染发炎了。这是一种非常严重非常危险的疾病。根据感染髓膜的细菌种类不一样，这种病的致死率是不一样的。他当时被感染的细菌是大肠杆菌，是最严重的一种髓膜炎，致死率高达90%以上。即使是10%侥幸活下来的人，这个病造成的严重后遗症的几率是100%。

埃本被送到医院后，医院对他进行了竭尽全力的抢救，但是，他始终处于昏迷状态。这样的状态持续了一周。医院的医生说，通常，在这样的状态下，如果一个病人昏迷超过一周的话，这个人基本上就是植物人了，大脑已经死亡了。结果呢，就在最后的时刻，埃本医生居然醒过来了。而且，更幸运的是，疾病没给他留下任何后遗症。他是世界历史上第一个得了严重髓膜炎后而没有留下任何后遗症的人。

这是一个皆大欢喜的故事，说到这，故事就该结束了。但是，对于埃本来说，这只是故事的开始。

埃本出院后做的第一件事就是立即返回医院，调出了自己所有抢救过程中的数据。看了那些数据之后，他的世界观就崩塌了。他说，看到这些数据之后，他认为，昏迷中的他所看到的东西，用科学是根本没法解释的。他说他在昏迷的时候，他看到他自己站在一个漆黑的空间里，他不知道那个空间是什么？他感觉他的周围有墙壁，墙壁里面还有血管，而且这个墙壁还在不停的动。他觉得他好像在一个人的子宫里或者类似的环境里面，他好像回到了胎儿的状态。一开始，他有些害怕。但突然间，他的头顶上亮起了非常耀眼的光芒，而这个光芒迅速降下来，之后，就把他周围全部包裹了起来。周围那些黑漆漆的东西瞬间就都消失了。之后，他突然又进到一个很亮的隧道，进去之后，顺着那个隧道，一下子他被传输到了另一个地方，一个新的世界。在这个新的世界里，他是能飞的。他一直在空中翱翔……在飞的过程中，他感觉自己特别的舒服，特别的快乐，而且隐隐约约听到教堂里那种让人愉悦的音乐声……他说那是个他从来没有见过的世界，不是咱们普通人的世界。飞着飞着，他旁边突然出现了一个年轻女人，这个女人他不认识。这个女人跟他说，在那个世界里，还有很多人爱着你，你还是回去吧。说完，这个女人就消失了。他纳闷儿这个女人是谁呀？接着，他又继续飞呀飞呀……突然，他看见面前出现一团云，飞进云里之后，他就又进入了另一个世界。他说，他总共进了三个世界，每个世界都不一样。最后，他进到了一个黑色的隧道，之后，他就回到了现实这个世界。他看到自己躺在病床上，在那里昏迷，他的家人全都围在他的床边为他祈祷。这时，他决定回到自己的身体里，之后，他就醒过来了。

看到了另外的世界，他觉得无所谓，他觉得那些可能是自己的幻觉。是什么东西让他的世界观真正崩溃的呢？就是那些医疗数据。那些数据显示，在他昏迷这段时间里，他的大脑是没有工作的。他感染的是髓膜炎，髓膜炎感染到脑部后，他的整个大脑是肿起来的，整个大脑只有维持心跳的最基本的一小部分在工作，剩下的大部分大脑都没有工作。在这种状态下，他是不会做梦的，也不会产生幻觉，也不会有任何记忆。这就是说，他的大脑应该是一片空白。可是，他的大脑记得那么清晰的场景，在空中飞翔，碰见一个年轻女人，看到了三个不同的世界......发生在他记忆中的这一切，从科学的角度来讲，是绝不可能的。也就是说，他记忆中的那些场景，如果不是他的大脑产生的幻觉，那只有一种解释，他记忆中的场景是真实的，他看到的一切都是真实存在的。他的灵魂真的去了那些地方，去了另外的三个世界......

另外，在他的这段经历中，他最感兴趣的部分是他见到的那个年轻女人，那个叫他回来的那个女人。他不认识那个女人，从来都没见过那个女人。那个女人是谁呀？直到一年之后，他知道那个女人是谁了。

这事呀，还要再往前一点儿说。埃本这个人其实是亚历山大家的一个养子。他刚一出生就被亚历山大医生收养了。埃本为什么被他亲生父母抛弃了呢？那是因为他的亲生父母在生他的时候年龄都非常的小，他的父亲只有18岁，他的母亲只有16岁，是两个高中生。他们没有能力抚养他。所以，埃本一出生就被好心的亚历山大医生收养了。在亚历山大家，埃本受到了良好的教育，而且他天资聪明，勤奋努力，最终成为了一名优秀的脑外科医生。埃本知道自己是被收养的，但是，他一直没有见过他的亲生父母。他的亲生父母后来结了婚，又生了一男一女,也就是他的弟弟和妹妹。直到53岁的时候，在他犯病的前一年，埃本才第一次见到他的亲生父母。见到他的亲生父母之后，他也询问过他的弟弟和妹妹。可是，他的妹妹早在11年前就去世了，是交通事故。所以，埃本从来没有见过他的妹妹。说道这，读者您可能基本上就知道了，他在另一个世界里看到的那个年轻女人就是他死去的妹妹。怎么知道那个年轻女人就是他的妹妹呢？他亲生父母对于他们女儿的死是非常悲痛的，所以，没给埃本看过他妹妹的照片。听了他得病死而复生的经历后,他的父母就把他妹妹的照片寄给了埃本,并告诉他,他们曾经失去了一个孩子,幸好没有再失去一个孩子。一看照片,埃本就说,天呀,他昏迷后见到的那个年轻女人就是他从来没见过的妹妹。把他妹妹的这个事情连到一起,他就彻底相信,他看到的世界绝对不是幻觉。因为他妹妹的样子,他妹妹说话的声音,从来都没存在过他的记忆中。

回想起他的濒死体验,他说他感到特别的幸福,见到了一个从来没有见过的妹妹。之前,他觉得人这一辈子也没有什么特别的,反正最终都是要死的。作为一个医生,作为一个见惯死亡的人,他对生死都没有什么感觉了。经过这个事情后,他觉得他现在的人生特别有意义。他明白了,死并不是生命的终点,后面还有。所以,想到死,他不觉得恐惧,也不害怕。虽然死后还有另一个世界,可这个世界他得好好的珍惜。因为离开了这个世界,这个世界就没有了,人就到另外一个世界去了。所以,他觉得活在这个世界里特别的幸福。

现在,他不做医生了,变成作家了。他特别感谢他的妹妹救了他的命。因为他妹妹让他回来了。

埃本说,他不想否定科学。他希望有一天科学能真正解释这种现象。他希望科学不要否定这种现象的存在。

科学有的时候真是有点儿太嚣张了。谁说的东西如果有一点儿不对科学的路子,科学就毫不留情地把谁给封杀了!杀了,死啦,死啦地……

命中注定

　　人世间，人人几乎都喜欢预测未来。比如，你去买两张彩票，这就是一种对未来的预测，一旦预测对了，你就发了。如果预测错了，你也只损失了两块钱。所以，很多人喜欢做这种预测的事情。另外，买股票，买期货，买比特币，或者做其它的投资，这些事情都是在做预测未来的事情。其实，我们平时做的每一件有目的事情都是在预测未来。当然，大家也都知道，预测未来是件非常困难的事情。谁如果能准确的预知未来，那这个人就一定是全世界的领袖，世间无敌了。所以，从古至今，很多人都在寻找预测未来的方法。

　　目前，预测未来主要有两个方法。一个是神学的方法，另一个是科学的方法。神学的方法就是我们常说的"占卜"：看手相，看面相，看星座，看生辰八字，占星术，等等，这些都是神学预测未来的手段。

　　那么，除了神学的"占卜"方法预测未来，在科学领域里有什么方法能够精准的预测未来呢？在科学领域里，有一个叫拉普拉斯的东西能够精准预测未来,科学界把这个东西叫做拉普拉斯"妖怪"。这个"妖怪"是在200多年前由法国数学家拉普拉斯通过《因果论》推导出来的。这个拉普拉斯是个很厉害的人。现在的宇宙黑洞是爱因斯坦在 100多年前预言的。其实，比爱因斯坦早 100多年前的拉普拉斯就已经预言了黑洞的存在，只是那个时候还不叫黑洞。拉普拉斯认为天空中存在着一个巨大的东西，它能把所有其它的东西都吸进去。后来，爱因斯坦通过他的《相对论》推导出来黑洞的存在。现在，科学家确实观察到了黑洞的存在。所以，拉普拉斯比爱因斯坦还要厉害，因为他的预言比爱因斯坦早一百多年。

同样，这个拉普拉斯还预言了世界上存在着另一个东西，这个东西就是这个"妖怪"。而拉普拉斯说，这个"妖怪"不但能够预测未来，还能够确定过去。换句话说，既知过去又知未来，什么都知道。过去是不是确定的，其实，人们没法证明。这个拉普拉斯"妖怪"就能够证明过去的存在。比如说，看到金字塔，你说这个金字塔一定是古埃及人建的。但是，你没有证据能够证明它是古埃及人建的。还有，譬如说，有人认为地球上曾经有苏美人存在过，他们有刻字的泥板存在。可是，你没有看见刻字的泥板是他们刻的。圣经里记载，耶稣能死而复活，还能升天。你也没见着。不过，拉普拉斯的"妖怪"就能够确定这个过去是有还是没有。

虽然世间没有人见过这个"妖怪"，但是它在理论上是存在的，就像我们没有见过原子和分子，可实际上它们是存在的。人类第一次看见原子是在 1955年的时候，是一个德国物理学家叫埃尔文穆勒的物理学家通过场离子显微镜看到了原子。后来，在 1981年，人类又用电子显微镜再次看到了这个小球，原子。最近，科学家还通过电子显微镜看到了两个原子结合的全过程。这就说明，有很多东西，我们虽然看不见摸不着，但它确实是存在的。这个拉普拉斯"妖怪"就是类似这样的一个东西。你看不见它，摸不着它，但是，在理论上它是存在的。其实，妖怪都是这样的。人类没有一个科学的办法证明它存在或者不存在。

那么自从 200年前，拉普拉斯推导出这么个"妖怪"的存在，世界上绝大部分物理学家认为，一旦这个"妖怪"存在，世间就会有一个大麻烦。如果它存在，科学就有可能崩塌。然而，它又确实来源于科学。它是人类用科学理论推导出来的，不是想象出来的。而世间传说的大部分妖怪都是人们想象出来的。可这个"妖怪"不是人们想象出来的。科学界为什么称它是妖怪呢？就是因为它给科学界带来了麻烦，所以，科学界管它叫妖怪。为了除掉这个"妖怪"，用科学的方法证明它不存在是科学界的一个非常重要的任务。这就像当年量子力学刚一出世的时候一样，大家都觉得量子纠缠这个东西肯定是个"妖怪"。物理世界怎么是由主观意识决定的呢？这绝对是个"妖怪"。所以，科学界就想证明量子力学是错的，包括爱因斯坦都想证明它是错的。但是，最后证明量子力学是对的。于是，科学界不得不创立量子力学理论来解释它。这也就是说，如果你不能把它作为一个妖怪处理，那你就要创立一个学说来解释它。科学界其实有很多这样的妖怪。它们在科学中诞生，又给科学带来了巨大的麻烦。

那么，拉普拉斯妖怪究竟是个什么东西呢？拉普拉斯的原话是这样说的，他说：我们可以认为宇宙现在的状态是过去的果，而现在的果又是未来的因。简单来说，如果这个宇宙中存在一个非常厉害的智慧体，或者叫智者吧，他知道目前宇宙中所有物质的状态，甚至知道每个原子的运行轨迹。如果每个原子都在按照确定的物理规律在运动的话，那么理论上，它们下一秒在什么位置就是确定的。如果下一秒确定了，下下秒就确定了，下下下秒也就确定了……这也就是说这个世界上所有物体的未来都是确定的。那么，在理论上，知晓宇宙现在状态的这个智者就能够预测宇宙的未来。简单点儿说，如果《因果论》是对的，那么现在的状态就是未来的因。有了因，我们就能推导出未来的果。所以说，如果过去的原因是确定的，我们现在的状态就是确定了的。而现在的状态又是未来的原因，那么，未来也就确定了。最终得到一个结论就是：如果现在是确定了的，未来也就确定了，而这个确定的未来是可以通过公式对过去进行计算，算出来。同样，我们也可以用现在计算出过去，过去所发生的所有事情都可以通过现在的状态计算回去。也就是说，宇宙从138亿年前诞生那一瞬间开始，到现在，以至于最终到宇宙毁灭那一天，所有的事情都是确定的。这也就是说，在宇宙诞生的那一瞬间起，宇宙的过去和未来就都是确定的。这不是神学，而是通过《因果论》推导出来的。而《因果论》是科学的一个根基，所以，科学只要成立的话，过去和未来就都确定下来了。而且，理论上就存在一个东西，能够计算过去和未来。而这个能够计算过去和未来的东西，就被叫做拉普拉斯妖怪。因为科学解释不了它，所以，叫它妖怪。而这个妖怪在神学上有另一个名字，全知全能的神。其实它们就是一个东西，只是叫法不一样，是用不同的语言在描述同一个事情。宇宙大爆炸听起来很玄学，用神学的说法就是开天辟地，其实是一回事。也就是说，在科学发展过程中，科学家们推导着推导着，突然推导出来一个可以预测未来的"神"。如果那些神学家推导着推导着，突然推导出来一个可以预测未来的物理公式，是一样的道理。以前，很多的神学家后来就都变成科学家了，而很多大科学家后来也都相信有一个超自然的力量在把控着我们的社会。这些都是一回事，走的路不同，但终点是一样的。

如果因果论成立的话，那么现今这个世界在138亿年前宇宙大爆炸那一瞬间就决定了，包括各位的诞生，各位现在正在吃饭，正在看手机，正在看电视，而这些活动与各位的意志无关，你今天的一切活动，也就是说你这一辈子的活动，这些包括你今天吃什么，你今天穿什么，你和谁结婚，你这辈子活多少年，你能赚多少钱，这一切都是在很久很久以前宇宙大爆炸那一瞬间确定了的。

不过，人们可能会觉得你今天吃的是什么，你今天穿什么衣服，都是你今天的心情所决定的，是你当时的想法所决定的，而不是什么"妖怪"告诉你该做什么。你有可能随时会改变你的想法。你本来想吃红烧肉，哎，你突然决定改吃红烧猪肘子了。而《因果论》告诉我们其实我们的所有决定都是提前确定好了的。那些早已经确定好了的决定与我们的情感和感知是没有关系的。现在，举个例子来说明一下这个问题。你应该是在十分钟之前，或者是一个小时之前，翻开这本书的。假设如果我们让时间倒流，倒流到你翻开这本书之前的那一秒，我们说的这个时间倒流，不光是你自己的时间倒流，而是整个世界的时间都倒流。你的记忆，你的思想，你的心情，所有的一切全都倒流到当时那个状态。你是不是还会翻开这本书呢？如果所有的状态都能回到那一刻的话，你一定还会正常翻开这本书的，是不会有任何变化的。当你的心情也回到那个时候，你的决定也就回到了那个时候。所以，你肯定会翻开这本书的。

虽然我们常说如果时间倒流的话，我肯定不做这个事了，我肯定去做那个事了，我肯定就发大财了……可事实上，如果时间真的倒流的话，所有的状态都回到之前那一刻的话，你是不会改变你的决定的。这也就是说，在你的时间线上发生的每一件事情，其实都是由更前面的某一个原因造成的。如果这个原因不改变的话，你的结果就不会改变。一个结果可以推出一个以前的一个原因，这样一个原因一个原因不断的往前推啊推，这样一直推下去，我们就能推到宇宙大爆炸那一瞬间。所以，你今天翻开这本书，就是宇宙大爆炸那一刻所决定了的，并不是由于你当时想翻开这本书，也不是你突然决定不去玩手机了，而是想翻开这本书，翻开这本书跟你的意志没有任何的关系。反过来，也可以这样说，在宇宙大爆炸那一刻，所有的原子、粒子、量子等等，都以不同的速度不同的角度飞向四面八方。这些原子、粒子、量子的方向和速度最终就决定了几亿年后形成的银河系；而这个银河系的诞生就又决定了几十亿年后地球的形成；而地球的诞生又决定了人类的诞生；而人类的诞生又决定了你的诞生；你的诞生就又决定了你现在所做的事情……归根到底，这世间所发生的一切事情都是由宇宙最初大爆炸那一刻所决定的。而你的未来也是宇宙大爆炸炸所决定的，不是你决定的。所以，未来是必然的。

我们以前学过的物理其实就是在计算未来。如果我们知道一个物体的运行速度，以及它将要飞行的距离，我们就能算出来它到达目的地的时间。现在的火车也好，飞机也好，将来到达目的地的时间都是这样算出来的。没有这种计算，人类就没有办法登月了。有了这种计算能力，我们就能够预测这个世界将要发生什么事情……

我们上面所说的都是客观的事物。有人会问，我们的主观意志呢？我们有思维，有想法，有心情，有自己的行动，这些都是由我的主观意志所决定的。可实际上，我们的主观意志根本就不存在。我们的所有思维都是由我们的大脑所控制的。而我们的大脑只是一个物理的存在，它也是由原子组成的。它里边各种脑神经传递的信号也都是电信号。我们的大脑既然是一个物理的存在，那么，根据物理公式，就能够计算出大脑的想法。当然，这很复杂。如果我们大脑中所有的电信号都能够被计算出来的话，那我们的思维，我们的想法，我们的决定，我们的情感，甚至我们的行动就都是可以预测出来的。

科学界有很多科学家怀疑这个拉普拉斯理论根本就是错的。200多年以来，科学家们就尝试用各种不同的理论去证明拉普拉斯是错的，错在哪里。比如，有人就用一个非常有名的蝴蝶效应来证明拉普拉斯是错的。蝴蝶效应是美国著名气象学家爱德华洛伦兹提出来的。他说一只蝴蝶在巴西扇动一下翅膀，由可能在几个月之后，在美国德克萨斯州引起一场龙卷风。这也就是说，一个非常小的误差，有可能造成一个非常大的结果上的不同。而现实中，是不可能存在非常完美计算的。任何一点点的误差都可能造成未来结果一个非常大的变化，从这点上看来，我们是无法精准预测未来。我们如果无法精准预测未来的话，预测未来就是没有意义的。所以，这个拉普拉斯其实是没有意义的，没有意义的东西就是错的。但是，后来科学证实蝴蝶效应是无法推翻拉普拉斯的。因为蝴蝶效应只是说明了一个问题，就是预测未来是件非常困难的事情，你并不能说未来是不能预测的。只能说现在这个计算能力还达不到。等到将来，我们的计算机能力强到一定程度时，那样，未来就是可以预测的，是可以算出来的。而这个蝴蝶效应反而进一步证明了未来是可以预测的，只不过是比较困难的。在很久很久以前，人们认为预测天气是不可能的。但是，随着计算机能力的提升，面前天气的预测变得越来越准确了，这也证明了拉普拉斯是正确的；我们宇宙的将来是可以预测的；人类的未来是可以预测的；我们每个人的命运也是可以预测的……

很多人相信命中注定，相信人生路上的石头都是上帝放上去的，人生所有的跤是必须要摔的……当然，也有非常多的人不相信这套说法，只相信自己，认为人生路上摔的跤，是因为自己的视力不好，没有仔细看清面前的路造成的……

看官，您觉得您的命运是上天注定的，还是您自己的意志决定的？还是您的视力决定的？

写到这里，我写累了，想去喝杯牛奶；不对，我想去喝杯咖啡；不对，我想去喝杯牛奶加咖啡……我的神啊，我的佛啊，我的上帝啊，赶快来告诉我，我命中注定该喝什么？什么？么么么……

第七章　经历与生活

当大多数普通人都能看到的机会，机会就已经不再是机会了。机会永远是留给那些头脑敏锐而且勇于冒险的少数人的……

我羡慕那些长寿的人，但更羡慕那些生命密度高的人。我希望把胆量炼得大大的，多多尝试新事物，去爬大山，去趟大河，在有限的生命长度中把生命密度曾加到最大。

我的心在流泪。他如果真是个同性恋，我该怎么办呀？真的不跟他来往了吗？真的吗？我能做到吗？

什么是艺术？毕加索说，艺术的使命在于洗刷掉我们灵魂中日积月累的灰尘，从而给我们带来精神上的享受。

鲶鱼效应

自从我爸去世后,我娘一直是一个人过日子。我娘是我的亲娘,我小时,她对我非常好,从这一点上就证明了她是我的亲娘。我娘年纪已经不小了,都过了"从心所欲"的年纪了。我特怕我娘自己照顾不好自己,所以,每次打电话过去,我都是嘱咐我娘,娘啊,您千万要这样做……娘啊,您千万不要那样干……

有一次打电话,我说:娘啊,网上看到,有的卖鱼人为了给鱼保鲜,往鱼身上洒农药。您买鱼时,千万要把鱼拿起来闻一闻。娘回答说:儿啊,这事电视上早就曝光了。你放心吧,我每次买鱼时,都拿起来闻半天。

过了一阵子,给娘打电话,我说:娘啊,网上看到,有人把费纸箱子捣碎后,做包子馅。娘回答:这事我在网上也看到了。我说:娘啊,您上街时,千万别吃包子吃了。如果想吃包子,您就买俩馒头,一碗红烧肉,往嘴里夹一块红烧肉之后,您咬一口馒头,这样吃,跟吃包子差不多。娘回答说:儿呀,这办法不错。

一阵子过后,又过了一阵子,给娘打电话,我说:娘啊,微信上看到,电视上经常有买假中药的,您千万别在电视上买中药了。娘回答说:儿啊,放心吧。假中药的事,我前一阵子在微信上也看到了,我以后再也不吃中药了。

两阵子过后,又过了两阵子,给娘打电话,我说:娘啊,如果有人打电话给您,说他们是公安局的,说您的银行账号出现了问题,您千万别信,都是假的。骗子们冒充公安局的,就是想骗您的钱。娘回答说:儿啊,你放心吧。没人能骗的了我。有一次,我接了一个电话,说我中了大奖,五百万。我说,好啊,麻烦你把钱送来,之后，我给你一半。那头听我这么一说，立马挂了电话。

我打心眼儿里纳闷，我爸去世十多年了，我娘一直一个人过，她不但能照顾好自己，而且脑瓜子还越来越灵活。这是为什么？是因为她经常上网的缘故？

我娘没事就上网。在网上，她跟上海人打麻将；在网上，她跟广东人聊天；在网上，她买日用品……网上的事儿，我娘，门儿清。我娘就差没搞网恋了。不过，现在的世间啥事都可能发生。哪天她老人家心血来潮，跟个年轻小伙儿搞个网恋，也说不定呢。下次打电话，我得提醒她：娘啊，您可不能给我找个比我小很多岁的年轻后爸。您如果找个比我小二十岁的后爸，我就坚决不叫他"爸"！不过，您找个富翁，我不反对。儿这辈子没当上富一代，当个富二代也行啊。

我娘脑筋比我还灵活，这到底是怎么个情况？我纳闷儿……直到有一天我看到了一个故事，我的闷儿被打开了。

很久以前，在北欧，鲜活的沙丁鱼比速冻的死沙丁鱼贵好几倍。可是，沙丁鱼很不容易存活，渔夫们捞到的沙丁鱼在船还没到岸，就都死了。后来渔夫们发现一个让沙丁鱼存活的好办法，他们在装沙丁鱼的水箱里放一两条鲶鱼，鲶鱼在水箱里不停的东游西窜，而水箱里的沙丁鱼为了躲避鲶鱼，也不停的东游西跑，由于沙丁鱼不停的游动，水中的氧气含量就增加了很多，结果，沙丁鱼就都活了下来。人们把这种效应叫鲶鱼效应。

看懂了鲶鱼效应后，一拍脑门儿，我明白了。我想到：那些做毒食品的、卖假药的、电话骗钱的，等等，不都是些大大小小的"鲶鱼"吗？像我娘这样的老"沙丁鱼"，要不是叫那些"鲶鱼"们搅和着，可能早就痴呆了……

亲娘哎，我现在脑袋瓜子也不太好使了，遇到用脑筋的事情时，我能听到脑袋瓜子里的齿轮喀啦喀啦的直响，齿轮开始上锈了。为了保持脑筋的灵活性，不痴呆，不健忘，过一阵子，我要回去跟您一块过生活。回去之前，我先把身边的事情处理一下。首先，我把董事会会长、董事局局长、董事帮帮主等头衔统统摘掉。之后，我把CEO、CFO、UFO等职位也全都卸了。我回家跟您一起过普通老百姓的生活。亲娘啊，您放心，我绝不"啃老"。您做饭蒸馒头时，给我蒸俩包子就行了。吃饱喝足后，咱娘俩儿跟那些骗子们玩脑筋急转弯……

当翻译

上研究生的第三年，导师请来了加拿大迈克大学的番南教授来我们专业讲学，叫我当翻译。

我很少有机会在公共场合讲话。记得上初中二年级时，有一天，领早操的体育老师病了，学校叫我去领早操。我们学校很小，是个工厂子弟学校，全学校只有一个体育老师。我们初二是学校最高年级。初二只有一个班，我是班长。从道理上讲，体育老师病了，让我来领早操也合情合理。

我壮着胆儿站在操场前的水泥台子上，往下一看，黑压压一片。每个人都站在那儿一动不动的看着我，吓得我差点儿尿了裤子。我愣在那说不出话，跟下面的人一样在那儿傻站着。离我最近的一个同学小声提醒我说，喊操呀！我这才意识到，站上来是来喊操的，不是等着别人喊操的。可我不知道喊什么？怎么喊？我的大脑一片空白，只觉得膀胱的压力很大。我问那个同学，喊什么呀？他说：

你喊，我们开始做早操。我大声重复他的话，我们开始做早操。喊完这一句，我又不知道该喊什么了。那个同学看我又傻站在那儿不动了，就对我说：第一节，伸展运动。我又重复：第一节，伸展运动。就这样，他小声说一句，我大声重复一句，最终，完成了我有生以来第一次在公众面前讲话。

自从那次喊操以后，我特怕在公众面前讲话。一听说要我站起来讲点儿什么或发个言什么的，我就自然的膀胱压力增大，手冒虚汉，腿肚子发颤。一遇到要开会，有可能要站起来发言，我就想尽办法躲避，或者尽量往后靠。初二以后，任何班干部我也不愿意当了，怕出头。

这次当翻译，我跟导师说：我一上台就心慌害怕，恐怕当不了翻译。导师说：这说明你需要这方面的锻炼。现在，咱们专业的研究生中，你的英语口语最好，所以才选你。这是个很好的锻炼机会，你不光是在讲台上当翻译，台下，也需要你当翻译，我们还要你陪同番南教授逛天安门和长城呢！一听说除了在讲台上当翻译，台下也当翻译，我就答应了。

番南教授讲的第一讲是先进国家微生物领域的研究状况和进展。站在讲台上，我心里发慌。番南教授很幽默，也很体谅人。他小声对我说：我尽量讲慢点儿，你要是觉得我讲得太快，就提醒我慢点儿讲。然后，他又说：别害怕。就是翻错了，也不要紧，不会影响中国人们和加拿大人民友好关系的。他这么一说，我的心情就放松多了。可是，我还是翻错了不少地方。不过，番南教授不知道我到底翻错了多少地方，一直以为我翻得很不错。

周五，一个老师里通知我，系里请番南教授去北京烤鸭店吃烤鸭，叫我周六上午十一点在校大门口等车。听到这个好消息后，我的心呀，乐！乐！乐！我虽然开始喜欢在讲台上当翻译，可我更乐意在鸭桌上当翻译。有人说：酒桌上，醉翁之意不在酒。我说：鸭桌上，译翁之意就在鸭！

我吃鸭心切，生怕他们把我落下，提前十分钟，就到学校大门口等车。等了半个多小时，也没见车来，气得我那敞开的胃直冒青烟。我心里骂到：妈的，怕我吃得多，也别这么干。就直截了当跟我说，鸭子有限，人多不够吃。你饭量大，一只鸭子也不够你吃。学校经费不足，不可能专门买一只鸭子给你吃，你就别上车了。他们要是这么说，我肯定不会玩儿命的往车上挤，也不会躺在车轱辘底下耍癞不让车走。再说了，有老外在车上，我肯定不能干那丢中国人脸的事儿，这点儿觉悟咱还是有的。可他们这事办得也有点儿太不像话了。他们去吃烤鸭，大冷天的叫我在风里吹半个钟头，什么玩儿艺呀！

我气呼呼的离开学校大门，回实验室，去检查一下培养瓶中的细菌是否长好了。刚从电梯里出来，迎面碰到我的师弟。他说：陈先生（我们的导师）今天早晨叫我通知你，烤鸭店不去了。番南教授老婆今天有点儿不舒服，叫你明天上午十一点在学校大门口等车，去烤鸭店。他接着又说：我的实验结果老不理想，重复了好几次，还是不行。搞得我心烦意乱，所以，把通知你的事给忘了，对不起。一听说还有机会吃烤鸭，我的心里就又充满了鸭光，赶紧说，没关系。

第二天，我们坐车去北京烤鸭店。坐在车上，我想，这两个老外来中国可真挺享福的，啊？不但能住上铺地毯的宾馆，还能吃上北京烤鸭，他们在加拿大肯定没享受过这样的福。他们肯定愿意长期在这儿住下去。

我从来没吃过烤鸭。那年代，我们都还非常的穷，当时的研究生，一个月的薪水补贴才五百多毛，哪儿吃得起烤鸭呀！每月吃几个咸鸭蛋还得算计算计。记得小时，花最多的钱也就是几毛钱。当时想，全国人花的钱都是毛主席给的。毛主席姓毛，他的钱也姓毛。全国人民都祝愿毛主席万寿无疆，就是希望他永远活着，老给我们钱花。

坐在去烤鸭店的汽车上，我想起我表哥几个月前来北京出差时跟我讲的话。那是他第一次来北京。他说坐公共汽车去天安门广场，当车快到天安门广场时，他就开始激动，心跳加快，好像马上要见到毛主席似的。我当时去烤鸭店的心情就跟我表哥的心情一样，不但心跳加快，而且还口水直流……

车不紧不慢地走着。我闭着眼睛，一边咽着口水，一边想着那烤熟的鸭子。车上其他人可能以为我累了，在闭目养神，休息。实际上，我哪儿是在休息呀？我的脑细胞从来都没这么快的转过。脑细胞们在开紧急会议，讨论鸭子身上哪块肉最好吃？是鸭翅膀还是鸭腿？经过一番激烈的科学论证，脑细胞们一致认为：鸭腿不但好吃，而且肉多。一只鸭子只有两条腿，我应该先下手为强。鸭子一端上来，我应该抢在别人前头，先拽下一只鸭腿，放到自己盘中，然后，再大谈中加友好……

进了烤鸭店，大家围着一张大圆桌坐下来，聊天。这时，我的胃开始咕咕叫，好像在叫那只烤鸭。过了有十分钟，服务员开始端菜进来，端上来了八小盘凉菜，不知为什么没有酒。我悄悄问我身边的陈先生，为什么不上酒？陈先生说，番南教授是基督徒，不喝酒。我心里中声的抱怨道，他不喝酒，可还有其他人喝酒不是？

菜刚摆好，汤又上来了，每人一小碗汤，叫开胃汤。我不懂，这胃还用开吗？我的胃可从来都没关过呀！我的胃虽然一直都大开着，可那鸡鸭鱼肉之类的东西就是不往里掉。有钱的人可真有福呀！胃都关上了，还硬用热汤把它浇开，之后，再往里塞大鱼大肉和烤鸭……

开胃汤是鸭舌汤。我告诉番南教授说：这汤是用鸭舌头做的。听了我的翻译，番南教授往嘴里送汤的手停在了半空，说他不吃鸭舌头。他把汤匙里的汤又倒回碗里，然后，用汤匙慢慢搅动碗里的汤，陷入了一种沉思……

我喝了一口汤，觉得特好喝。我那时的胃一点儿不挑食，只要有浑腥味儿的东西都对口。我跟番南教授说，这汤是清朝的一个为皇上做饭的大厨发明的，非常好喝。他不听我的劝，一边搅动着碗里的汤，一边出神儿，好像在认真研究鸭舌汤都是什么成份组成的……

番南教授一共讲了六次课，每次大约一个小时。我的翻译工作干得也越来越好，错误越来越少。在第四讲时，我就一点儿也不害怕上讲台了。到了第六讲时，我都想把番南教授推下讲台，我一个人来讲。

送走番南教授之后，我的自信心倍增。我觉得我不但能当好一个翻译，也能当好一个教授。我肯定敢在上千人面前讲课。我还觉得，我不但能当好一个教授，干别的我也不会差。

当翻译这事使我体会到，人与人之间最大的差别就是一个怕字。我如果由于害怕在公众场合讲话，坚决不去当翻译。结果，我生活的经历中就不会有吃烤鸭那段精彩片段了。

什么事都害怕去做的人，最终，这个人的人生经历就少。如果一个人什么事都敢去尝试，都敢去做，这个人的人生经历就多，生活中多彩的片段也多。

人生可以用两把尺子来衡量，一个是长度，一个是密度。寿命是人生的长度，而多彩的经历是人生的密度。如果一个人的人生只有长度而没有密度，这个人的人生就显得太苍白了。我羡慕那些长寿的人，但更羡慕那些生命密度高的人。我希望把胆量炼得大大的，多多尝试新事物，去爬大山，去趟大河，在有限的生命长度中把生命密度增加到最大。

二年后，我去加拿大留学，番南教授请我去他家作客。饭桌上，他问我那次去北京烤鸭店，我们八个人一共吃了两只烤鸭，可是为什么他的汤碗里却有五个鸭舌头？哪里来的那么多鸭舌头？我傻了，我哪里知道哪里来的那么多鸭舌头？我只有硬着头皮瞎说。我说：其实烤鸭店里没有那么多鸭舌头，鸭舌汤里的舌头全是鸡舌头。番南教授好像一下子明白了，噢了一声，说：原来是这样。然后，他好像又想起什么。我怕他再问我哪里来的那么多鸡舌头，我赶紧找话题，问他什么时候再去中国？他说北京大学的一个教授请他去讲学，他准备明年去。

我想，二年没吃烤鸭了，他肯定又馋北京烤鸭了。

人人都看到的机会

在美国生活多年，我去过不少地方。那么，对哪个地方的印象最深呢？叫我说，那次去阿拉斯加（Alaska）的印象最深。对我来说，不论去什么地方旅游，首先要吃、住、行三方面都舒服，才会玩的爽。再有，不论多么好看的景象，基本上也就是个两维画面，跟照片差不多。可是，当两维画面里加进了时间和故事，两维画面就成了三维或者四维画面了，画面就变成了电影，就真正好看了。几年前游历阿拉斯加，逛小镇斯卡威（Skagway），我好像就看到了一个四维的画面……

那是十几年前的事了。那次游阿拉斯加的主要内容是坐游轮看冰山以及沿途的风景。我们先飞到阿拉斯加最大城市安克雷奇（Anchorage）。之后，上游轮，观看阿拉斯加的冰山，之后，游轮在海上航行七天，回到加拿大的温哥华。下船后，我们再坐飞机回美国。

坐游轮很舒服，不用操心下顿饭去哪里吃？不用发愁晚上去哪个旅馆睡觉？不用担心明天是下雨还是晴天？船很大，里面有点儿像一个压缩的小城镇一样，里面什么都有：剧场、赌场、商店、游泳池、餐厅……

在船上，想啥时睡，就啥时睡；想啥时吃，就啥时吃。晚上还可以到剧场里看表演。当船开到公海后，赌场就开了。在赌桌上玩二十一点时，我碰到一白人老美，他教我怎样赌二十一点儿。他说他昨天晚上已经赢回了这趟旅游的钱了。对他来说，七天的游轮是免费的。这可真是神仙过的日子。我真羡慕他，心想我要把他的手艺学来就好了，我就可以吃住不愁了。听说有人退休后，长年在游轮上过神仙的日子。当然，那是有钱人过的日子。不过，叫我长年在船上过日子，我可受不了。虽说，在船上吃穿不愁，还可以赌博，望冰山，看美景，但毕竟有限。在船上看冰山，看了几眼、几十眼、几百眼后，再好看的风景，重复老看，也产生审美疲劳了，也就不那么美了……

既然说到阿拉斯加，我这里也稍微介绍一下阿拉斯加的来历。阿拉斯加这个州离美国很远，不与美国本土接壤，东边与加拿大接壤，西边是白令海峡，白令海峡那一边就是俄国。阿拉斯加是美国的第四十九个州，也是土地面积最大的一个州，大约有一百五十二万平方公里，相当于新疆自治区的面积。而整个州的常住人口当时仅有六十多万，大约有一半以上的人口居住在安克雷奇（Anchorage）。安克雷奇是阿拉斯加最大的城市，也是唯一看上去象个城市的地方。

一般人去阿拉斯加都是先飞到安克雷奇，然后再转车或者转小飞机去其他小城镇。阿拉斯加的首府是朱诺（Juneau），一个只有三万多人的小城市。

阿拉斯加本来是俄国人的领土。南北战争结束后的第三年（1867年），美国花了七百二十万美元，合两分钱一英亩的价格从俄国人手里买下了阿拉斯加。当时的一美金大约是现在的四五十美金。也就是说，美国只花了大约三亿美金就从俄国人手里买下了阿拉斯加。这桩买卖的经手人是当时的美国国务卿威廉·西沃德（WilliamH.Seward）。在当时，很多美国人认为这是一桩亏本的买卖。很多美国人讥讽阿拉斯加是"西沃德的冰窟"、"西沃德的愚行"。直到阿拉斯加发现了金矿，成千上万的淘金者涌向阿拉斯加，美国人才认识到，当初威廉·西沃德为美国做了一桩好买卖。

阿拉斯加最早的淘金热是在朱诺（Juneau）附近发现黄金之后，成百上千的淘金者纷纷涌入这个后来以朱诺（Juneau）命名的黄金城，阿拉斯加州府。几年之后，1897年在加拿大的克朗代克河（Klondike）和育空（Yukon）河流附近也发现了黄金。于是约十万淘金者又奔向了那里。当年淘金的路非常艰难，淘金者必须先坐船到阿拉斯加的斯卡威（Stagway）小镇之后，还要准备很多粮食和用品，然后人扛马拉通过加拿大境内的白山口（White Pass），翻过白马雪山，才能到达克劳代尔河地区。1898年，斯卡威人口由几百人暴涨至二万人，斯卡威成了阿拉斯加淘金热的大门。

我们游轮中途停靠的第三个小镇就是斯卡威，游轮在斯卡威停留一天。斯卡威（Skagway）这个名字来源于当地印第安部落的Skagua，是"水聚集处"的意思。平时斯卡威常住人口只有八百多人，小镇仍然保持着十九世纪的风貌，到处都是历史的遗迹。

游轮靠岸后，船上的绝大部分游客就都下了船，到小镇上走走。

斯卡威有4条主街和20多条横街，有大约几十家酒吧和旅馆分布在主街百老汇大道（Broadway）的两侧。另外还有其他历史古迹，像1900年建的火车站、淘金博物馆、百老汇码头等等分散在小镇的不同街道上。没想到，对我来说，这次阿拉斯加之旅最有特色的却是这个小镇的红洋葱酒吧（Red Onion Saloon）和一个外号叫"狡猾的史密斯"（"Soapy Smith"）的著名人物。

红洋葱酒吧建于1898年，分上下两层。红洋葱酒吧开张后，生意非常火红。火红的原因是红洋葱酒吧既是一个酒吧也是一座"青楼"。红洋葱酒吧楼下是酒吧，楼上是姑娘们接客的地方。楼上有十个房间，住着十个姑娘。每个房间的墙壁里都有一根铜管与楼下的收银台相连。收银台后墙的一个橱柜上依墙站着十个一尺多高的布娃娃。每个布娃娃的衣着打扮与楼上的姑娘相似，分别代表楼上的每一位姑娘。嫖客走到收银台前，根据布娃娃的模样，选择自己所要的姑娘。一旦一个姑娘被选中后，老板就把相应的布娃娃放倒，表示姑娘已经有客人了。跟姑娘亲密过后，嫖客就将五美元嫖金留给姑娘。当时的五美元相当于现在的二百五十美元。那时嫖客们不付现钞，而是付价值五美元的小金疙瘩。嫖客离开房间之后，姑娘就把金疙瘩丢进墙壁的铜管里，金疙瘩就叮叮当当的顺着铜管溜下去，直达一楼的收银台。收银台的老板听到金疙瘩撞击铜管的叮当声，就再把那个倒下的布娃娃直立起来，表示姑娘已完成工作，可以接待下一个客人了。

现在，红洋葱酒吧里的布局和摆设仍然是一百年前的老样子，就连女招待穿着打扮也是一百年前姑娘们的样子，个个花枝招展，满脸堆笑。酒吧里面很热闹，游客很多，很多游客都想进去喝一杯啤酒，到楼上参观一下当年姑娘们住的房间……

随着阿拉斯加淘金热的洪流，有一个叫杰夫·史密斯（Jeff.

Smith）的人也顺流漂到了斯卡威。杰夫史密斯有一个外号叫"肥皂史密斯"（Soapy Smith）。肥皂也有滑溜的意思，所以，也可以翻译成"狡猾的史密斯"。杰夫·史密斯出生在一个很好的家庭，父亲是个律师。但杰夫·史密斯不走正道，喜欢走岔道。他是个职业骗子，手下收买一伙随从。他骗人的一个办法是卖肥皂。他买来很多盒肥皂，每盒有十块肥皂。他把一块肥皂当着大家的面用二十美元或五十美元钞票绑起来。之后，把这块用美元绑起来的肥皂随机的放到一个肥皂盒里。然后，他每盒肥皂卖一块美金。过一两个小时，或者第二天，就有人说他买到了一盒带二十美元的肥皂。其实，买到二十美元肥皂的人都是杰夫·史密斯的手下。消息传开后，大家就都来买杰夫·史密斯的肥皂了。

杰夫·史密斯另一个淘金的好办法是办电报所。1897年，他开了一个电报所。想想看，这些远离家乡的淘金人，出来多日，哪一个不想尽早给家里的亲人发一封报平安的消息，哪怕几个字也行。电报所不但给淘金人发电报，还接收电报。淘金人发一份电报要花五美元，收一份电报也花五美元（相当于现在的 250美元）。一般来说，电报都是比较短的。所以，杰夫史密斯电报所的发报员会尽量多问发报人一些问题，这样好帮助发报人发一封内容短而明了的电报。我们可以想象一下，当时发电报的人会发出一封什么样的电报。比如一个淘金人来到电报所，交了五美元后，给他妻子发了一个电报，电报可能是这样写的：亲爱的玛丽，我一切好。我到斯卡威已经一个星期了。这里正在下大雪。过几天等雪停了，我就去育空淘金，爱你，彼特。没想到，几天后，彼得就接到了电报所的通知，他妻子玛丽来了一封电报。彼得看到电报是这样写的：亲爱的彼特，你走后我病了。医生来家里看过他两次，现在病好了。照顾好你自己。爱你。玛丽。看到电报后，彼得又花五美元，再发一个电报：亲爱的玛丽：照顾好你自己。淘到金后，我马上就回家。有事给我发电报。

爱你，彼得。

杰夫史密斯的电报所自从开业后，生意非常兴隆。但是，有一件事，发电报的淘金人一直被蒙在鼓里，那就是杰夫·史密斯的电报所根本就不能发电报。电报所墙后面支起来的十几根电线杆子，只到小山的另一边就停了。杰夫·史密斯的电报所根本就没为那些淘金者发出去过任何电报。淘金者们接到的电报也是瞎编的。1898年 7月，杰夫史密斯跟另外一伙人里的一个枪手决斗，被打死了。杰夫史密斯死后的第三年，斯卡威才有了一个真正的电报所。

世上很多好机会大都发生在少数人头上。淘金也是一样，当年，等大多数人来到了淘金地点时，不是淘金的地盘被先来的人占了，就是金子早被人淘光了。末了，大批涌入阿拉斯的淘金人就不得不给有地盘的人打工了。当然，有些人就另有高招，就像红洋葱酒吧的老板和酒吧里的姑娘们，他们不用去大山里淘金，在自己的酒吧就淘到了金。再就是走其他歪门邪道的杰夫史密斯这样的人，靠卖肥皂或发假电报"淘金"。

当大多数普通人都能看到的机会，机会就已经不再是机会了。机会永远是留给那些头脑敏锐而且勇于冒险的少数人的……

同性恋

我儿子大学毕业后，在一家IT公司当软件工程师。

有一天，我儿子来电话跟我聊天。我们先是扯了一会儿今年美国有十来个州，蝉会大量的从地下爬出来，它们在地下已经呆了十七年了，想出来看看世界变成啥样了……

聊完蝉，我儿子说：爸爸，我想问你一个问题。我说：什么问题？他说：我如果是个同性恋，你接受吗？听了他的话，我感到紧张，心里的热气开始往外冒，心的温度开始下滑，冷气开始上升……我想，难道我儿子像蝉一样，开始从他深藏的洞穴里爬出来啦？

我问：你是同性恋？儿子回答：我如果是同性恋，你接受不接受？我感到我的心确实开始变凉，我几乎可以看到我喘出的气是冷空气。我浑身的肌肉开始发紧。我想喝口酒压压惊。我没马上回答儿子的问话，想了一会儿，我说：我很难想象，你牵着一个男人的手在我面前走来走去。我会扭过头去，不看你们。儿子继续问：我如果是个同性恋，你是不接受了？这时，我大脑缺氧，一片空白，等了十来秒，我说：估计我很难接受你是个同性恋。儿子又问：那样的话，你肯定不会来参加我们的婚礼了？过了五六秒，我说：我可能不会参加你们的婚礼了。

这时，我心里大叫：啊？参加你们的婚礼？看你们Kiss each other？天啊！饶了我吧！我嘴上说：我可能去不了。但是，我会祝你们幸福的。我儿子继续问：你既然爱我，祝我幸福，为什么不能参加我的婚礼？我被这个问题难住了。我挠挠头皮，想了想，慢慢喘了两口冷气，说：理论上讲，我应该去。可情感上，我接受不了，去不了。我来举个例子吧，比如，有人吃油炸蝉。据说，吃起来非常香，很好吃。可我就是不敢吃。他们可以说蝉多么有营养，对身体多么好，吃了后，可以延年益寿……我虽然非常想多活几年，可是，我就是不敢吃。按道理，我真该吃蝉。可是，情感上，我就是吃不下去。我儿子问：那我们该怎么办呢？我又挠挠了挠头皮，说：我们可以少见面，少来往。我们可以继续打电话。听了我的话后，过了大约十来秒，我儿子说：我改变不了你，你也改变不了我。那我们就少来往吧。这时，我心的温度飞快的下滑，同时心在下沉……

过了几秒，我儿子又说：虽然我们不见面，但是，我爱你。我说：我也爱你。我刚说完我爱你，电话突然断了。我想，一定是我儿子生气了，把电话挂断了。

我就这么一个儿子啊。以后，别说抱孙子了，抱空气吧，再往后，可能连儿子的面都不能见了。苍天啊！大地啊！我该怎么办啊？救救我吧！

这时，我感到我的心哇凉哇凉地。我需要一个热水袋，不，我需要两个热水袋，胸前放一个，后背放一个。我能感到，时间停止了，脑电波不动了，空气凝结了……

过了一会，我儿子又把电话打过来了，说：爸爸，我没有同性恋倾向。我不会跟一个男人结婚的。听了他的话后，我赶紧用右手捂住胸口，让下沉的心停止下沉，同时，很快的喘了两口气，松了松浑身紧张的肌肉，我说：你既然不是同性恋，为啥要问这样的问题呀？

我心里冲他大喊：你今天吃错药啦？还是脑袋被门挤啦？你想把你老爹吓死呀！

我的心在流泪。他如果真是个同性恋，我该怎么办呀？真的不跟他来往了吗？真的吗？我能做到吗？

可怜天下父母心！可怜那些同性恋父母的心。但愿他们的心比我的心更宽广，更明亮，能包容体谅他们的孩子，能百分之百的接受他们的孩子！

牛人啊！牛人

人为什么要吹牛？吹牛的人主要是在内心深处瞧不起自己。由于内心深处认为自己太渺小，瑕疵太多，不如别人，所以，他们就特瞧不起自己，这就导致他们在与外人接触时，生怕外人看出他们内在的渺小和瑕疵而瞧不起他们，他们就要找任何机会吹嘘自己，把自己吹的高高大大的，好叫别人瞧得起他们。可是，他们往往不知道，当他们在一个成熟的人面前吹嘘自己时，反而把他们吹的更渺小了，更叫人瞧不起了。

我曾经有一个远房朋友，可能觉得吹自己的空间有限，他不吹自己，吹他岳父，吹他岳父的目的，就是为了把他岳父身上的光环反射到他渺小的身躯上，这样，他就借光把自己的小身板儿变大了。他岳父是一位将军，还没等靠上他岳父的势力时，他的将军岳父就得病死了。我朋友太太先移民来到美国，之后又把他弄到了美国。他没有什么本事，也就没干出什么名堂。不过，他倒是对他的岳父念念不忘，一碰到有跟他人聊天的机会，尤其是碰到刚刚认识的人，他就一定把他岳父从阴间提溜到阳间来，当着别人的面，把他岳父夸奖一番，吹嘘一通。不经过他岳父的同意，他老这么把他岳父从阴间提溜到阳间来，也不知道他岳父烦不烦。

我曾经碰到过一个吹牛人，他可真能吹，吹出来的气儿太大，差点儿把我吹成脑震荡。这个吹牛人还是个教授呢。这牛人内心深处怎么会那么瞧不起自己,哎,白读了那么多年的书,可真是没救了！

有一天，我跟这个牛人聊天。牛人性格直爽，说话直截了当，没说几句话，就告诉我他家的房子是个六千多尺的豪宅，院子极大，是个五亩地的庄园。听了他的话后，我在心里计算，我的房连前后院一共占地不到半亩，那他的地上就能盖十个我这样的房。想到这，我心里说：哇！牛！真牛！牛人没听到我发自内心的赞叹，看我的表情好像在想心事，以为我怀疑他说话有水分。牛人接着说：周末有空到我家坐坐，我家门前还有一片一亩多地的小湖呢！从牛人的表情和语气上，好像在告诉我，周末你带把尺子来，丈量一下我家的土地，保证是五亩！

聊完房子大小，又扯到了学区。我说我们这附近的房子虽不如你的房子大，但学区很好，很多老中住这里。牛人说：公立学校什么档次的学生都有，在这样的学校里，小孩子学好不容易，但跟坏孩子学坏可很容易。还有，公立学校老师的水平太差，老师水平差，哪里能教好学生？我家孩子上私立学校，私立学校坏孩子极少，私立学校老师水平也比公立学校老师水平高多了。在私立学校，我家孩子可以尽量发挥他们的想象力和创造力。总之，牛人的意思是公立学校教育出来的孩子都是些呆头呆脑缺乏想象力又没有创造力的呆瓜。我说：公立学校也能教出好学生来呀。牛人答道：公立学校培养出来的好学生数量很少。听了牛人的话后，我想找证据反驳，但没找到，只露出了一脸尴尬的傻笑。

说完学区，又说到互联网。我说我有空写点文字发到网上去。牛人说他有空用英文写书出版，两年前出了一本分子遗传学方面的书。我恭维他说：哇！出了本英文专著。你的英语真好啊！听了我的话后，牛人说：你是不是想说我的英语很差？我说：我在夸奖你的英语好。牛人说：你不是在夸奖我的英语，你是在贬低我的英语。跟白人说话时，你肯定不夸奖他们说，哇！你的英语真好啊！

真没想到，我眼神不济，一巴掌没拍到牛屁股上，拍到牛蹄子上了，被牛尥了一蹶子。

后来又说到牛人回国讲学。我问：你每年都回国讲学吗？牛人答，我每年夏天都回国讲学。而且，我不用母语讲课。我心里想，真牛呀！不用母语讲课，你最好也别用英语讲课，如果能用阿拉伯语讲课那才算本事。我问：那你用什么语讲课？牛人说，我用公语讲课。听了牛人的话，我的眼珠子一下子掉到了地上。我赶快把眼珠子捡起来，拍了拍灰，放回原位后，使劲眨了几下眼睛，问道：啥是公语呀？牛人解释道：公语就是世界公用语言---英语呀！我发出了很长的一声，哦！表示我明白了。我说：母语是你的第一语言，可你为啥非要用公语讲学呀？牛人说：我是为了给国内的学生增加难度。

过了一会，牛人又聊到他在美国大学教书。我又恭维他说：国内名牌大学都请你去讲学，你在你们学校肯定是个有名气的教授啦！牛人说：什么叫在我们学校有些名气？我是全美国最有名的教授。对他的话，我的表情不知道该怎样反应。我的表情是一半脸上露出羡慕的傻笑，另一半脸上露出尴尬的疑惑。牛人看出了我表情里的疑惑，赶快又加了两个字：之一。

我们之间的对话，主要是牛人在吹嘘他自己。吹完回国讲学的事后，牛人又说起他在国内用母语出书的事。我说：你这样的人在国内要属于大师级人物了。牛人说：大师算什么？你认识的大师们，有几个可以用两种语言出书？牛人的意思是：你见过谁用公语出一本书后，又用母语出一本同样的书？我说：别说用两种语言出书，连大师级别的人我都没见过。牛人说：在中国，我是大师的大师---太师。

牛太师走后，我把他送给我的书和名片扔进了垃圾桶。我不敢再跟他联系了。我这个人语贫词乏，脑筋太慢，马屁都拍不好，就更别说拍牛屁啦。我不想下次跟他聊天时，他又出版了一本用半公半母的语言写的书，或者又搬进了一个二十亩地的超豪宅，问我有何感想？我怕拍不好他的牛屁，再被他尥蹶子踢出脑淤血……

我不是个不求上进的人。我想有空咱也进著名的美国西太平洋大学（美国著名的野鸡大学）进修一下，拿个学位。肚子里有了学问之后，再碰到牛太师这样的牛逼人，或者跟他同一级别的马太师或者驴太师找我聊天，我就不会手足无措，就会拍准"地方"了。我想先学几门基础课：《拍牛屁与拍马屁入门》、《拍牛屁与拍马屁的基本姿势和技巧》、《拍牛屁与拍马屁的基本掌法和节拍》……之后，我再学些研究生的课：《拍牛屁和拍马屁大师所具备的心理素质》、《拍牛屁和拍马屁大师是怎样炼成的》……

牛太师和马太师们！等我拿到美国西太平洋大学的《拍牛屁和拍马屁》双博士学位之后，你们就像暴风雨一样，来得更猛烈些吧！

什么是艺术

我儿子在纽约上大学时，我有机会去纽约了，一共去了四次，同时借机去了三次纽约大都会博物馆。

第一次去纽约大都会博物馆时，我去的目的很明确，就是想看看博物馆里的中国瓷器，想看看那些瓶瓶罐罐跟我家的有什么不同？据说，大都会博物馆里的中国瓷器，随便一件就值几百万或者上千万美元。如果在我家的那些盘子中或者罐子中找出一个跟博物馆一样的，我就不用再去上班了。我就可以每天睡到自然醒，早餐吃一碗炸酱面，中午吃两个猪蹄子，晚上吃一个猪肘子外加半斤五粮液……

我心里装着猪蹄子，身子就进了博物馆。进去后，其它国家的艺术品再贵重，艺术价值再高，我一律不看，两条腿直接把我带到二楼展览中国瓷器的地方。二楼也有中国画儿之类的艺术品，我不看，因为我家没有中国画儿。

展览的那些瓶瓶罐罐，件件都挺新，根本不像几百年前一千多年前的旧瓷器，几乎跟我家餐桌上的青花盘子和古董架里的粉彩瓷瓶一样新。

我估计，去博物馆看艺术品的中国人，可能有一半以上跟我一样，不是去欣赏艺术品，也不是为了陶冶情操，而是为了长点儿见识，获得点儿知识，找出点儿鉴别真假瓷器的窍门儿，之后，说不定哪天回国逛潘家园，或者在美国逛跳蚤市场，捡个漏，花二十块钱，买个宋代官窑的天球瓶，不就发了吗？什么叫弯道超车，这就叫弯道超车！我的车已经快开到转弯的地方啦！

我家确实有几件从潘家园买的盘子和罐子。那是十几年前，回国探亲时，逛潘家园买的。有一个瓷瓶的底款写着大明嘉靖年制，特像大都会博物馆里摆的一件。我有一个懂点儿古瓷器的朋友来我家看了我的收藏后，说我的盘子和罐子都有些年头了。听了他这句话，我心里的花儿一下子就开了，我的脸上也立马铺开了笑的花纹……随后，朋友又补充了一句，说我的最老的一个盘子再过七十年，就有一百岁了。朋友这话一出口，我心里的花和我脸上的花纹，就跟霜打的一样，立马全蔫了。朋友从我家离开后，我就把他拉黑了，他影响我弯道超车……

第二次去大都会博物馆，我还是先去看了一些东方的艺术品。之后，我开始拓宽视野，去观赏了西方的石雕。纽约大都会博物馆里有很多精美的石雕艺术品，有不少石雕跟真人一样大。很多石雕都非常的精美。有一个石雕是一个头戴面纱的少女，面纱看上去就像是真丝织的，非常的薄，薄薄的面纱下是少女美丽的脸庞，真是美轮美奂。石雕怎么会雕的这么美？怎么能用石头雕出面纱的感觉来？这可真是叹为观止。

第三次去纽约大都会博物馆，我是跟我儿子一起去的。这次去，我们主要的目的是去看画儿。我儿子在学校刚刚修了一门西方美术课。他写了一篇论文，是描述一副现代画儿的论文。他跟我说了一点儿论文的内容，作者是谁，出生年月和地点，作者的背景和作者的经历，画儿是在什么情况下画的，画儿的创意是什么，画儿的内容说明了什么，画的特别之处是什么？等等，等等……

我儿子把我领到了那幅画儿前，叫我欣赏。我看了两眼那幅名画儿，说道：这画儿我也能画。我儿子回答说：是的，你也能画。不过，你画的就不是艺术品，只能叫装饰品。

那幅画儿不大，大约有两尺宽，三尺长，画面被三四条一寸来宽的黑色竖线条和四五条黑色横线条分成几个大小不等的几个长方块和正方块，其中最大的一个长方块大约占据了整个画儿的三分之一，被涂成了红色，另外有两个小方块被分别涂成了黄色和浅蓝色，剩下的几个方块没有涂色，是画布的本色，白色。画面及其简单，小学生都能画。

这时，我儿子开始介绍这幅画儿。他说，这靠左边的两条竖着的黑线和那块蓝色的小方块充满着男性狂野的气概；右边的红色方块隐含着女性的温柔……你仔细看，在严谨的彩色方块中，蕴含着规则和无序，展现着形式与混乱、控制与放任……边听我儿子的解说，我边频频点头，同时还发出"嗯，嗯，嗯……"的声音，表示我不是个白痴，我大致都听明白了。这幅画儿使我想起安徒生的童话：皇帝的新装。我觉得我就是安徒生童话里的一个老百姓,正站在街边，伸长脖子，观看皇帝穿着他的"新装"在我面前游行，大伙儿都在喊：看那袍子真华丽。我也在大喊：袍子真好看。

我儿子继续介绍说：如果仔细看，你能听见，那有颜色的三个方块和那几条横线，在弹奏一只乐曲……这时，我就觉得我儿子拿着一根水管，冲着我的耳朵，在往我的脑袋里灌水……我的头变得越来越大……

很多现代艺术，我欣赏不了，比如印象派的画。我就纳闷，为什么要把画儿画的模模糊糊？故意让人看不清楚，只能看个模糊的大概。我猜想，莫奈可能是视力有很大问题，把他看不清的东西画下来糊弄人。还有梵高的画儿，颜色怪怪的，我猜测梵高有严重的色盲。中国有个画家叫王大仙，他在晚年几乎完全失明时开创了一种新的画法叫泼墨法。据说，他的山水泼墨画儿是他的巅峰之作。可不是嘛，都看不见画笔往哪里画了，当然要泼墨了，只要没把墨全都泼到画布外面就行了。那些懂艺术的人，看了那泼墨画儿后，都高声叫好。我这样不叫好的人是没有文化的人；是低级趣味的人；是没有艺术修养的人；是个……

在中国的艺术品市场，有不少画家的画儿是按尺卖的，有的画儿能卖几百万一尺，一幅尺寸大的画儿能卖到几千万甚至上亿元。有一个叫司马欧阳的画家，叫我说，他没有多少艺术天分。他画的风景画儿里的房屋、树木和山峰之间的比例都不对，房屋比树高，树比山高……而且没有立体感，一幅三维的景致，被他画成了两维的平面画儿。叫我来看，那人算不上是个好画家，最多算是个高产画匠。可是人家非常有名。有名了，画儿就值钱了，就是画个粪坑，也能卖个几百万。

说到艺术欣赏，我想起了一个有名的作家，叫西门慕容。几年前回国，逛书店时，我买了一本他刚刚出版的一本得了矛盾文学奖的书。回到家里，我就开始阅读那本小说。读了十来页，我就读不下去了，那书可真难看。回美国后，我想那本得奖的书一定是本挺好的书，我应该耐心读下去。我又抽空读那本书。最终，我是以每分钟十页的速度，读完了那本恶心的书。书中的男主角子把自己的生殖器给割掉了，女主角生了个孩子没屁眼。可想而知，这是本什么样的恶心书。是个人都要拉屎，可是，谁会把屎拉到盘子里，然后详细的描述这摊屎的颜色、形状和气味儿？可是，这个恶心的作家用了两百多页的纸描绘他拉的屎，还让这本书得什么矛盾文学奖。

无论是一幅画儿，一本书，还是一部电影，只要它宣扬的是人性的良知，悯人的情怀，慈悲的心肠，圆满的爱情，能把人心中美好的情感释放出来，它就是一个好的艺术作品。反之，如果一件作品宣扬的是人性的阴暗，反人类的残暴，灭绝人性的杀戮，从而激发起人内心的狡诈、仇恨和凶残，它就不是一件艺术品，而是一个应该扔掉的垃圾。那本得矛盾文学奖的屎书，读后，好像踩了一脚大粪，令人作呕，也是垃圾，应该从获奖名单上拉黑。

有人曾经问毕加索：你的画儿我怎么看不懂啊？毕加索说：听过鸟叫吗？那人回答：听过。毕加索又问：好听吗？那人答：好听。毕加索又问：你听得懂吗？

有的声音，我们不用听的懂，但是，只要听起来好听，就够了。我也是个听不懂鸟叫的人。可是，有几幅毕加索的抽象画儿如《梦》、《读书》、《镜前少女》，我虽然看不懂，但我确实非常喜欢，确实给我带来了愉悦的情感，这就够了。

什么是艺术？毕加索说，艺术的使命在于洗刷掉我们灵魂中日积月累的灰尘，从而给我们带来精神上的享受……

八卦美国电影

说起美国电影，我首先想起卓别林，他是我最喜爱的好莱坞电影明星。第一次看他演的《Modern Time：摩登时代》，笑的我差点儿从凳子上掉下来，现在想起来还是特好笑。来美国后，刚刚毕业找到工作后，我就把卓别林演的电影录像带全都买了，全都看了一遍，真正过了一把瘾。当我看《The Great Dictator：大独裁者》时，还是笑的眼泪都出来了，哈哈哈，太好笑了……

我特喜欢看好莱坞大片，而且特喜欢去电影院看电影。有好电影时，我一星期去两次电影院看电影。在电影院看电影最大的好处是没有任何打扰，心中也没有其他杂念，一心一意欣赏电影带给我的刺激、喜乐和愉悦。想一想，有的好莱坞大片的制作费常常是上亿美元，而我只花十来块钱就消费了一场精神大餐，多便宜呀。

好莱坞每年都要拍很多各种类别的电影：故事片、喜剧片、动作片、悬疑片、科幻片、恐怖片、等等。美国影院平均每年上映四百部电影，高峰时期每周有近九千万民众前去电影院看电影。

今天，作为一个吃瓜群众，从我个人的有限角度和肤浅的认知上，我也假装是个电影评论家，评论一下我认为的什么样的电影是一部好电影。

电影艺术与其他艺术不同的地方是既有声音和人物还要有一个完整的故事，而且是个动态的艺术。我们可以先说说电影里的音响。电影里的音响包括演员说话的声音、演员骑马的马蹄声、画面里的枪炮声、大自然雨声雷声、影片里的音乐和主题曲，等等。电影中的这些声音非常重要，它们直接影响电影的效果。比如我们看一部非常老的电影，我们就能听出来电影中演员说话的声音很失真，我们很不喜欢那种失真的声音，从而影响我们对这部电影的好感度。如果电影里的主题曲非常动听，它就能使我们更加喜爱这部电影。所以，一部好电影的音响非常的重要，它直接影响整部影片的效果。

下面讲一讲服装和道具。有一次和一个玩枪的朋友聊起了一部二战的影片。他说影片中那个德国上尉军官的领章错了，他戴的领章是少校的领章。想想看，一部影片出来，有千万人看，这么多人中有各个方面的业余的和专业的人才，道具中任何一点儿错误或瑕疵都会被一些人看出来。道具中瑕疵太多，就会影响观众对影片的接受程度，就会把这部电影定性为一部烂片子。看中国大陆的电视剧就特好笑，那些讨饭的难民们满脸堆肉，肥头大耳，穿着打补丁的新衣服上街乞讨。脸上能堆那么多肉，身上能穿的起那么新的衣裳，家里肯定有余粮呀。所以，我很少看大陆的电影和电视剧。不论那个国家的电影，如果道具粗制滥造，我就看不下去，就会认为那是一部烂电影。

一部好电影除了音响、道具和特技效果给人带来听觉和视觉上的冲击外，另外很重要的一点是演员。好的演员能很好的领会剧本内容，能真正表达出剧本要求的演技和情感，能使观众感到故事的真实性，情感上感到影片里的演员就是故事中的那个实实在在的人。演员演的不好，观众就不接受这个演员演的人物，结果也就不接受整部影片。演员演的好，观众接受，影片的价值就得到提升。举个例子，Jack Nicholson（杰克·尼科尔森）在电影《A Few Good Men：好人寥寥》中说的话："You can't handle the truth"（你没能力把握真相）。他说的这句话，在美国普通民众中耳熟能详，想起那句话，人们自然的就想起那部电影。好演员能抓住观众的心，观众的情感就随着演员的喜怒哀乐而上下波动，观众就有种身临其境的感觉，这就是影星的影响力和影星的魅力所在。为什么要去看大星们演的影片就是这个道理。

当然，决定一部电影好坏的最关键人物是导演。导演就是厨房里的大厨。不论准备的食材再好，炒勺再新，炉火再旺，如果大厨掌握不好火候，菜就会被炒糊了，或者是菜没熟。好的导演除了要会选好剧本、选好演员、好音响师、好美工师、好摄影师、一个好的团队，他还得是个好厨师，把他手中的这些食材炒出一盘人人喜爱的美味佳肴。

一部好的影片能携带大量的正面的、阳光的信息和理念。影片会赞扬，歌颂和美誉爱情、善良、公正、平等、忠贞和诚实，等等。好电影会对杀戮、残暴、奸诈、欺骗、独裁等，进行嘲讽，斥责和鞭挞。一部好的电影，不论时间、地点和人物怎样变化，也不论讲故事的方式是用倒叙、插叙还是平白直叙，而弃恶扬善，英雄打败恶人，天使战胜魔鬼，人民打败独裁，正义战胜邪恶的主题是不会变的。一个好导演能把一个感人的好故事以电影的形式把上面那些信息传达给广大观众……

我这里祝愿读者有空能看几部好电影，享受精神大餐给大脑和灵魂带来的刺激和营养，同时使你得到心理上和情感上的愉悦……

上帝的信徒

八年前的二年前，我的朋友给我讲了一个故事。

有一个地方发大水，水涨的很快，有一个人赶快爬上了房顶。过了一阵子，有一条小船开过来，船上的人冲他喊：我们来救你，赶快上船吧！这个人说：不用啦，我没事，你们赶快去救其他人吧！小船开走了，洪水继续往上涨，他往房顶更高的地方爬。过了一会儿，又开来了一条大船，船上的人冲他喊：我们来救你来啦，赶快上船吧！他冲着船上的人喊：我没事，你们赶快去救其他人吧！大船开走了。洪水继续往上涨，马上要淹没屋顶了。这时，天上来了一架直升飞机，直升飞机上的救护员放下来了软梯，叫他上去。他冲着直升飞机喊：我没事，你们走吧，去救其他人吧！直升飞机飞走了。洪水继续上涨，最后，他被淹死了……

这个人死了以后，上了天堂，见到了上帝。他质问上帝，说：主啊，我是一个虔诚的基督徒，每天都读圣经，按照您的话语来约束我的言行；每个星期都去教堂，聆听您的旨意；逢人就传播您的福音……可是，您为什么让洪水把我淹死？听了他的话，上帝说：我派了一条小船去救你，你不上船。之后，我又派了一艘大船去救你，你也不上。最后，我派了一架直升飞机去救你，你还是不上。你还想叫我怎样救你？

上面这个故事我时时记在心上，我可不能犯那人的错误。别说上帝派小船来救我，他老人家就是扔块木头过来，我也要赶快抓牢它。可是，我不是基督徒，估计上帝不会扔木头给我吧？上帝呀，不扔木头也行，您可千万别朝我扔砖头呀。

由于害怕上帝冲我扔砖头，我就很想知道这世上到底有没有上帝。我问我基督徒朋友，真的有上帝吗？我的基督徒朋友说，真的有上帝。你以后来我们的查经小组，听我们基督徒分享上帝的"神迹"，你就相信这世上真的有上帝啦。

从那之后，我朋友开始劝我信上帝。他说了很多信上帝的好处。他说：上帝的话语和教诲都是教世人爱世上所有人，爱人爱己，没有一句话是教人杀人放火的。只要你真正信了上帝，对你只有好处，没有坏处。作为一个活在世上的人，除了国家法律、社会风俗和个人习惯约束着人的行为以外，你的灵魂也要有个归宿，或者说有个约束。当你有了信仰，精神有了依托，灵魂有了去处，你的生活就充实了。到那时，不论是遵循上帝的话语而活，还是为了传播上帝的福音而活，你都有了活的目标。有了信仰后，你就不再跟别人攀比了，就主要跟自己比了，按照上帝的话语，你现在是不是比以前更遵循上帝的教诲了？你办事是不是不像以前那么自私了？你的心胸是不是更宽宏了？你对他人是不是更有爱心了？

朋友还说，如果我信了上帝，上帝就会安排好我的一切。上帝能让天上的鸟有食吃，上帝也就不会让我饿死。还有，我死后，上帝还会把我接到天堂上去，叫我永远活着。有了上帝的安排和佑护，我就会活的自在和踏实。

我不是基督徒，所以，没法相信基督徒朋友说的是真的。有时我想，自从来到世上，我都过了几十个春夏秋冬了，我怎么也不能只按照自己的一孔之见过一辈子吧？怎么也得去看看别人眼里的上帝是什么样的？说不定这世上还真有上帝呢。

为了看看别人眼里的上帝，每星期五晚上，我太太去一个华人教会的查经小组查学圣经，我也跟着去学学，去听听，去看看……查经小组一共有十几个人，都是大陆来的留学生，他们全是基督徒，我太太和我不是基督徒，他们管我们叫慕道友。我们琢字琢句地读圣经，读完后讨论。两年里，在学习圣经的过程中，使我大开眼界，长了很多见识，也把自己的眼界扩大了不少，在认识上帝的过程中，也进一步认识了他人和自己。

我们来美国的这些留学生们，大致分为两部分：一部分人信上帝，另一部分人不信上帝。信上帝的这部分人认为，那些不信上帝的人可真傻，只要信了上帝，死后能上天堂，这么好的事，他们就是不信，可真是死脑筋，吃了天大的亏，还自认为聪明，真是没救了。不信上帝这部分人也不示弱，认为信上帝的那些人可真笨到家了，明摆着，根本不存在的东西，他们楞是信得颠三倒四，真是白读了那么多年的书。

在查经小组里，经常有人讲他们遇到的"神迹"或他们的朋友遇到的"神迹"。对于这些"神迹"，我从来都不信。比如，有个基督徒说：我上星期出了车祸，车被撞烂了，可人没受一点儿伤，这全是上帝的护佑，感谢主。我就想，上帝既然保佑你，干吗非要叫人把你的车撞烂？如果腿被撞断了，当事人就会说：上帝保佑，我没被撞死。这时，我又会想，上帝既然保佑你，他也应该保佑你的腿呀！

反正一听到那些基督徒们的"神迹"，我就认为是瞎说，是故意讲给我们这些不信的人听的。我常常想，他们可真傻，这样的故事连小学生都不会信，他们怎么就能叫我相信呢？如果不讲那些"神迹"，我可能会相信上帝的存在。

有一个星期，我没去查经小组。第二星期，他们跟我说，上星期，隔壁查经小组的一个基督徒，来咱们小组分享上帝帮他战胜癌症的"神迹"，讲得特好，真叫人感动。我的习惯性思维又迫使我想，上帝干吗让他得癌症，然后，再帮他去掉癌症？这不是故意折腾他玩吗？他可能偷吃别人家媳妇口红了，上帝在给他点儿颜色看看。我同时也纳闷，他们基督徒们为什么也互相分享"神迹"？他们应该只跟我们这些不信上帝的人分享"神迹"，分享"神迹"的目的不就是为了说服我们这些不信上帝的人，上帝无所不在，无所不能吗？他们基督徒都已经信上帝了，为什么还要分享"神迹"呢？

后来，我明白了，不论我去不去查经小组，他们都要相互分享他们的"神迹"的。他们分享"神迹"主要是为了表达他们对上帝的感恩之心，其次是为了巩固他们的信仰，再其次才是为了说服我这样不信的人。在他们的眼里，上帝是真的，发生的一切都是真的"神迹"。

信与不信，就跟瞎子摸象的故事一样，我摸的是大象的尾巴，他们摸的是大象的腿，谁也说服（convince）不了谁。我没见过上帝，不等于他们没见过上帝，也不等于上帝真的不存在。

现在，再听到有人讲"神迹"，不论多么离谱儿，我都相信。因为基督徒眼里的上帝，确实是存在的。这世上到底有没有上帝？信，就有！不信，就没有！

有一天，一个基督徒问我：你每星期都来，来了这么长时间了，为啥你还不受洗？我说：因为我还有很多疑问，我最大的障碍是我不相信永生……

一天早晨，醒的早了点儿，懒在被窝里不起来，我想，信了上帝以后，人死了，就又活了？活了以后，没有了肉体，魂儿就上了天堂，魂儿就像一团雾，在天堂里游来荡去，高高兴兴地唱圣歌，不吃也不喝？像我这样好吃好喝的人，魂儿上了天堂后，偷喝一杯橘子水，我上面一边喝，下面一边流橘子水？偷吃一块红烧肉，我刚把肉放进嘴里，噗嗒一声，肉就掉到了地上？

我是一俗人，喜欢吃也喜欢喝，一听说人上了天堂后，没了肉体，不吃也不喝，只会唱圣歌，就觉得没劲。所以，也就不觉得天堂有什么好了，我不想去了。我想，我死后得去一个有吃有喝的地儿……

想到吃喝，我就又开始犯困，不知不觉，我又进入了梦乡……梦中，我来到了一个美妙地方，那地方极其华贵，所有教堂房舍都是用金砖堆砌的，连地都是用金砖铺的。天上没有太阳，却阳光明媚。那里有很多人，都在高高兴兴的唱圣歌，我也挤在他们中间，扯开嗓子大唱。唱了一会儿，我发现一件怪事，我跟其他人的装束有点儿不一样，只有我，背后背了个大背包。又唱了一会儿，有一个人走到了人群前面，歌声马上就停了，一片肃静。那人扫了我们一眼，之后，就直接走到我跟前，一伸手抓住我的衣领，说：你是个假基督徒。我大喊：我是真的！我是真的！虽然我使出全身的力气喊，可就是喊不出声。那人轻轻一提就把我提了起来，然后，对其他人说：天堂不是假基督徒呆的地方。之后，他就把我拎到天堂边上，一脚，就把我踹下了天堂……

我的身体一下子悬到了空中，我害怕极了，心想，这下子非死无疑。我的两手在空中乱抓，忙乱中，我抓到一跟绳子，使劲一拽，呼啦一声，我把背包中的降落伞打开了。我心中一喜，嘿，咱这是有备而来呀！有救喽！轻飘的落地后，我从中梦醒来，但我仍然舍不得睁开眼睛，随着梦的惯性，我心里问：有的杀人犯都能上天堂，可很多像我这样的好人，一生中没做过坏事，上帝反而不让我上天堂？仁慈的上帝呀，这是为啥呀？这时，我听到了一个深厚而洪亮的声音：你既然不信我的存在，你干嘛还想上天堂呀？

一听这话，我吓的眼睛一下子睁开了，而且睁得好大……

龙袍

十年前，我认识一人，他是个古董商，也是个古董收藏家。这个收藏家有七十来岁，戴一副白边眼镜，看上去一点儿不像商人，倒像个大学教授。他从二十岁起，就在香港做古董生意，后来移民美国，继续做古董生意。他曾经在密苏里州开过一个很大的古董商店，他有华盛顿州和密苏里州发的古董专家证书。有时，当地博物馆搞到了中国古董，还请他去鉴别真伪、年代和收藏价值。他不但买卖古董，还收藏古董，尤其喜欢收藏宫里的东西。他家里还真的摆了几件价值连城的古玩。

一天，他给我看一本像册，像册里面全是些古玩照片。翻着翻着，我看见一件龙袍。我问：你有龙袍？他说：有。我问：是谁的？他答：是乾隆的。我问：真的？他答：是真的。我说：我能看看吗？他说：今天不行。下次你来，我给你看。

两个星期后，他给我看了乾隆的龙袍。他用手捧着龙袍从楼上下来，来到客厅，往地毯上一撂，象撂一叠洗干净的衣服一样，连腰都不弯。可能是他年纪大了，弯不下腰。我心底想，这可是国宝，轻点放呀！

把龙袍放下后，他就坐在地毯上，把龙袍打开，龙袍是蓝色的。他一边打开龙袍一边跟我说：这种蓝色叫皇帝蓝。你看，这种蓝色比蓝天的蓝色深，比电视剧里大臣们的蓝袍子的颜色浅。清朝时，只有皇亲国戚能穿这种蓝色，其他人不许穿。我说：皇帝的龙袍是黄色的呀？大臣们才穿蓝袍子呢！他说：皇帝除了穿黄袍子，也穿蓝袍子。皇帝结婚时，还穿红袍子呢！皇帝在很多节日和祭日时穿蓝袍子，去天潭祭天时，乾隆就穿这件蓝袍子。

龙袍是绸子的，有一个绸子里子，是浅蓝色的。他说龙袍上绣着九条金龙。我数了一下，前襟有三条金龙，后背有三条金龙，左右肩膀上各有一条金龙，一共八条金龙。我说：龙袍上只有八条金龙。他说：真龙天子的龙袍上一定有九条金龙。我又数了一遍，还是只有八条金龙。他说：第九条金龙藏在龙袍的大襟里面。说完，他把龙袍大襟上的扣子解开，把前大襟向左一翻，第九条金龙就露出来了。他说：如果皇帝把前大襟掀开露出第九条金龙，其他所有大臣就立马下跪。这说明皇帝发怒了，可能有的大臣要尸首分家啦！

我仔细察看那龙袍上的每一条金龙。龙是用金线绣的，每条金龙有四条腿，每条腿上的爪子有五个趾。他说，只有龙袍上的龙爪有五个趾，叫五爪金龙。王爷和贝勒也穿绣龙的袍子，但不叫龙袍，叫蟒袍，而且蟒袍上的龙只能是四爪龙。我问：为什么？他说：你想想，如果王爷蟒袍上的龙也有五爪，有一天，王爷的龙反了，跟皇帝的龙打了起来，皇帝的龙打不过王爷的龙，那还得了？所以，为了防止王爷的龙打败皇帝的龙，就定下大清律，王爷蟒袍上的龙只许是四爪龙。

翻开龙袍的袖子，我看到袖子的腋下处有几块灰白色汉渍的痕迹。当时，皇宫里没有空调，龙袍太厚，皇帝也热得出汗。我心里想，这皇帝也挺遭罪，只能穿龙袍，不能穿百姓们穿的小单褂。我把手伸进龙袍的袖子里，想试试乾隆身体留下的余温。余温没试出来，但感觉上，好像乾隆不再是传说中的伟大人物，倒好像是个刚离开人世不久的普通人。龙袍上的扣子是纯金打造的，有手指盖那么大小。扣子的样子像过去人用布做的那种圆型扣子，上面还铸有一个寿字。这位收藏家说：皇宫内外有一两百号人专门为皇帝和宫里的皇亲国戚做衣服呢。

　　仔细认真的察看和抚摸龙袍后，对龙袍倍感亲切。我说：我想穿一下龙袍，照个像。他说：不行。我说：我就站着，轻轻的穿一下，决不会损坏龙袍的。他说：我不是怕你穿坏龙袍，我是怕你这身板儿扛不起。我说：我的个头够高了，我能扛得起。他说：我不是说你的个头不够高，我是说这龙袍杀气太重，一般人扛不住。我不明白，问：为什么？他说，这龙袍上有九条金龙，穿上这龙袍，你就是九龙缠身，不是真龙天子之身，穿这龙袍，凶多吉少，就是天子之身，身子骨不济的，穿的时间长了，也会早亡。我半信半疑，心想，他舍不得让我穿，编出这么一套瞎话搪塞我。过了一会儿，他把影集拿过来，给我看一张照片，照片是一个大鼻子老美穿着这件龙袍照的相。他说：自从这件龙袍到我手上后，只有两个人穿过。第一个穿这件龙袍照相的人就是这个老美。照完相，过了一个星期，他就爆病死了，医生说他死于脑溢血。还有一个是个中国人，也是个卖古董的，穿完龙袍后，不到一个月，出了车祸，也死了。自从那两人死后，我就再也没敢让任何人穿这龙袍。说也奇怪，我就从来没想过穿一下这龙袍。如果我也好奇，一拿到手这龙袍后，就穿它照个相，那我现在一准儿在阴曹地府给乾隆端茶倒水呢！

一个月后，我看了一部电视连续剧《雍正王朝》。看完那部电视剧，我感叹到，这龙袍的杀气可真重呀！雍容华贵的龙袍，象征着富贵，象征着权力。可这龙袍上浸泡了很多鲜血，龙袍的背后隐藏着许多杀机。

从一个层面上看，皇帝有着至高无上的权力和无比的荣耀，过着最奢侈的生活。可在另一层面上看，皇帝的权力越大，荣耀越高，生活越奢，想篡位夺权的人也就越多，想刺杀皇帝的动机也就越大。这样，皇帝的位子就越不容易保住，就连龙袍上绣的龙都要比王爷们的龙多一个爪子，可想而知，这皇位是多么的不保哇！皇帝要想保住皇位，就要处处留心，时时提防，就连自己的亲生儿子都要提防着。一不小心，皇位就会被篡，皇头就要落地。

皇帝过着人上人的生活，每天有那么多人伺候着，住在世上最奢华的宫殿里，吃着人间只有极少数人能吃到的佳肴美味。有一点儿小病，就会有最好的太医马上来看，在这样的条件下，每个皇帝都应该是长命百岁之人。可是，历代的皇帝中，健康长寿者极少，大部分短命。这难道不是由于龙袍的杀气太重而造成的吗？

说龙袍的杀气太重，这话很有道理。想想看，哪一件龙袍上没有沾满鲜血？在乾隆还没穿上他的龙袍时，他的龙袍上就已经浸泡了他哥哥弘时的鲜血。雍正为了乾隆能稳稳当当的穿上龙袍，亲手杀了乾隆的哥哥弘时。那年，乾隆十三岁，弘时二十岁。

穿着沾满鲜血的龙袍，生活在人人怀有贼心，处处藏有杀机的皇宫里，皇帝每天过着时时提防、惶恐不安的日子。在这种日子里，皇帝每天的心情是焦虑、担忧和恐惧。长期处在这样的心情下，人无论吃什么，穿什么，有着多大权力和荣耀，人也一定会多病早亡。

乾隆可能是个有大智慧的人，估计他把龙袍杀气太重这事弄明白了。之后，他就经常找机会脱掉龙袍，穿上普通人的长衫出宫，到民间去微服私访。这种微服私访的生活使他心情平静，心态舒展……乾隆是历代皇帝中微服私访最多的一个。结果，他活了八十九岁，是中国历代皇帝中寿命最长的一个。

这样看来，在吃饱穿暖后，人生活中最重要的不是荣华富贵，而是怀有坦然而平静的心态。只有在这样的心态下，人的身体才能健康，人的寿命才能延长，人的生活才能幸福。

虽说龙袍杀气太重，可我还是特想有件龙袍，那东西可以卖好多，好多，好多钱呢！！！

第八章 金钱与幸福

所以，人在吃穿不愁的情况下，在花钱买快乐这个问题上，选择购买经历而不是物品，才是最明智的选择。

写到这里，我终于知道该怎样花钱了。我，明天，就去买条游艇，到海上游一游；我，后天，就去买架飞机，上天上飞一飞；我，后天的明天，就给马斯克打个电话，订一张火箭票，去外太空转一转；我，现在，马上，立即就从床上爬起来，去买一张彩票……

有一颗贪婪的心，人永远感到的是：人间的狡诈，红尘的凄凉和上苍的冷漠；有一颗贪婪的心，人永远不会感到：上天的眷顾，人间的美好和人情的温暖；有一颗贪婪的心，人就永远不会感到满足，就不会有宁静，就不会有幸福可言……

金钱与权力

南美洲有一个小国，叫乌拉瓜，也可能叫巴瓜拉。这个国家有个民族英雄，在推翻专制政权建立民主国家时立下了汗马功劳。国会成立不久，决定在首都中央公园，为这位民族英雄建一座铜像。这位民族英雄得知后，他去国会，建议在中央公园只建一个放置铜像的基座就行了，把造铜像的两千万比索给他个人，他每天站到铜像的基座上，让人民瞻仰活的人民英雄，效果会比铜像更好……

连英雄都这么爱钱，别说普通老百姓了。钱能给人带来物质财富，还能带来自由、幸福、尊严、名誉、权力、安全感，等等。如果钱足够多，钱就能带来人所需的一切……

有人说，钱确实是好东西，但钱也有它的局限性。钱能买来房子，但买不来家庭；钱能买来钟表，但买不来时间；钱能买来婚姻，但买不来爱情。

钱能不能买来家庭、时间和爱情？

如果一个男人是个乞丐，身无分文，不但没有房子，连自己都差点儿养不活，吃了上顿没下顿，就算他的长相非常帅，帅的被人砍，可他穷的只有住桥洞，有谁愿意当他老婆？没有老婆，哪里有家？如果有钱，他买得起豪宅别墅，一定就有人愿意嫁给他，有了老婆，就有了家。所以，钱能买来家庭；如果一个男人是个乞丐，身无分文，得了阑尾炎，没钱去医院开刀，他只能喝凉水治疗阑尾炎，不久，就会呜呼哀哉，去黄泉路上喝孟婆汤了……如果他有钱，去医院，做一个简单的阑尾切除手术，他就能买回很多年的寿命和时间。所以，钱能买来时间；如果一个男人是个乞丐，没钱买猪肘子，外出讨来一碗豆腐白菜汤，有哪个女人会愿意跟他分享他的豆腐白菜汤？还有，就算他学富六车，又有哪一个女人愿意到他住的桥洞里听他讲杨玉环的故事？如果他有了钱，买了豪宅，就一定有女人喜欢去他的豪宅听他讲一千零一夜……或者去给他做红烧猪肘子……有豪宅住，有香槟喝，有猪肘子吃，有女人爱他，他不就有了爱情了吗？所以，钱能买来爱情。

其实，"金钱买不来家庭、时间和爱情"这句话是没钱的人说给自己听的，是给没钱人心理安慰药。金钱不但能买来家庭、时间和爱情，而且还能买来自由、尊严，权利和安全感。钱几乎能买来人所需的一切……

在西方，如果一个有钱人犯了法，他就可以请到最好的律师上法庭帮他辩护，最终，他的律师团队就能让他逃脱进监狱的惩罚，或者把他从绞刑架上摘下来，使他获得自由和新生。在美国，一个杀人犯获得自由的最典型例子是辛普森杀人案。辛普森很有钱，上个世纪七十年代初，他是美国的著名橄榄球明星。一九七六年，他在索菲亚罗兰主演的《卡桑的拉大桥》里扮演了一个重要角色。一九九四年的一天，辛普森一时愤怒，把他的前妻和前妻的男朋友杀了。辛普森杀人案轰动了全美国，他的审理案件在全国直播了九个月。在证据确凿的情况下，在全美国人民的眼皮子底下，辛普森的律师们，硬是把马上要进监狱的辛普森拉回到了自由世界。所以，钱能买来自由。

人有了钱，就会受到很多人的崇拜，他就获得了尊严；有了钱，就能用钱买来一个官职，他就有了权力；有了钱，他就吃穿不愁了，还能雇个人保镖，他就有了非常好的安全感……

不过，有的时候，钱还真有钱的局限性，有的事光有钱是办不成的，要进行钱权交易，把金钱变成权力之后，才能办事。有这样一个故事。在中国，某城市的银行行长，借给他的一个好朋友很多钱。

不幸的是,到期后,他的这个好朋友老找借口不还钱,一拖再拖,最后,他没办法,用钱贿赂当地派出所所长,叫派出所所长派人去教训一下他朋友。没想到,派出所所长派出的人没把握好分寸,把银行行长的朋友打死了。银行行长特生气,人被打死了,钱肯定是要不回来了。于是,银行行长威胁派出所所长,让他想办法还钱,要不然,就把他派人杀人的事捅出去。派出所所长没办法,就又派人把银行行长给杀了。

有的时候,光有金钱是不行的,最终派上用场的还得是权力。小权,可以办小事;大权,可以办大事。有的权力是可以用钱买来,有的权力光靠钱是买不来的。一个国家的最高权力,用钱是很难买来的。如果是一个大国,多少钱都买不来。要获得国家最高的权力,是要靠很多有权人的支持,把国家各个级别的权力集中起来,最终就成为这个国家最高的权力。在一个独裁的国家,有了最高的权力,就拥有了这个国家的军队,也就拥有了这个国家的人民,也就拥有了这个国家的所有钱财。一个有钱人,可以决定花两个亿造一艘豪华游艇。可是,国家的最高领导人,可以花两百个亿造一艘航母。在一个国家里,最有钱的人,也不可能发动一场战争,但拥有最高权力的人就能发动一场战争,就可以让成千上万的人去打仗,去当炮灰,去为独裁者的个人野心和权力送死……成千上万人的命值多少钱?一场战争值多少钱?

在这个世上,真正的玩家,追逐的是更大的权力,而不是更多的钱财。

但愿世上最有权的人,比如像美国总统特朗普这样的人,别发疯,别发动战争,别为了自己的个人野心让千百万无辜的人去送死……

人性的贪婪

　　古时，有一个民间故事。一天，一个樵夫在山里砍柴，砍了一天，口渴了，发现一眼泉水。樵夫双手捧起水，只喝一口水后，立即就不渴了，而且顿时觉得精力充沛，力气倍增。樵夫一下子从四十多岁变成了一个二十来岁年轻力壮的年轻人。樵夫非常高兴，他想到家里那个开始变老的妻子。樵夫想，如果把妻子叫来，让她也喝一口这泉水，她也会变回原来那个年轻漂亮的妻子了。樵夫赶快跑回家，把他喝泉水变年轻的秘密跟妻子说了。听了樵夫的话后，樵夫的妻子高兴的手舞足蹈，叫樵夫赶快带她去喝泉水。樵夫领着妻子来到泉水旁，樵夫说，你喝完水，来帮我砍柴，我就在前面不远处砍柴。离开妻子，樵夫继续砍柴。樵夫砍了一会儿柴，不见妻子来找他。樵夫又砍了一会儿柴，仍然不见妻子来找他。于是，樵夫就来到泉边找妻子。樵夫没有看见年轻的妻子，只见到一个女婴躺在妻子的衣服里，大哭。原来樵夫的妻子太贪婪，泉水喝的太多，把自己变成了一个婴儿……

　　另外，还有这样一个传说。有一神仙，在天上呆腻了，就下到凡间游玩。一天，他在一街头看到一个乞丐。神仙生出了恻隐之心，他想帮一下这个乞丐。神仙来到乞丐身边，找来一块路边的小石头，神仙用手一指那块小石头，小石头立马变成了一块金子。之后，神仙把金子递给了乞丐，乞丐摇头不要。神仙明白了，乞丐嫌这块金子太小。于是，神仙又找来一块大石头，用手一指，大块石头立马也变成了金子。神仙把金子递给乞丐，乞丐还是摇头，不要。神仙想，这个乞丐也太贪心了吧，想要更大块的金子。神仙问乞丐，这么大块的金子还不够吗？乞丐说话了：我想要您点石成金的手指。听了乞丐的话后，神仙用手一指那两块金子，那两块金子立马又变成了石头。乞丐刚要说话，忽然一阵风起，神仙随风升上了天空，空中传来深厚洪亮的声音：你有一颗永无止境的贪婪心，所以要乞讨一生。

上面的故事告诉我们，人太贪婪，最终，吃亏的是自己。

一般来说，人太贪婪，到头来，都没有什么好下场。贪婪的人总喜欢占便宜。沾到便宜后，便沾沾自喜。久而久之，占便宜便成了他们的习惯。可想而知，贪婪心的人，不论沾到了多大的便宜，他还是不会满足的。他总会想，还有更大的便宜没沾到。所以，贪婪的人总觉得世上的便宜都叫被人沾去了，他们总是亏的……总觉得自己亏了的人，心情就永远不会好。而且，吃过他们亏的人们，都会远离他们，众叛亲离会是他们最终的下场。贪婪的人永远觉得有人在算计他们。他们要时刻提防着被暗算，提防着被他人利用，提防着不要被他人沾了便宜。

有一颗贪婪的心，人永远感到的是：人间的狡诈，红尘的凄凉和上苍的冷漠；有一颗贪婪的心，人永远不会感到：上天的眷顾，人间的美好和人情的温暖；有一颗贪婪的心，人就永远不会感到满足，就不会有宁静，就不会有幸福可言……

奖牌与幸福

看奥运会，我喜欢看田径比赛的中长跑，尤其是四百米或者八百米比赛。运动员快到终点时，特刺激。这时，如果第一名和第二名比较接近时，我心里总是为第二名加油：快追！快追！你马上就追上啦……如果我太太跟我在一起看奥运，她总是为第一名加油：快跑！快跑！后面人马上要追上你啦……我太太倒不是故意跟我作对。我太太说，她参加中学运动会时，不怕赶不上前面的人，却总是怕后面的人追上她。中学时的比赛，使她落下了病根儿。

每次看到运动员站在领奖台上领奖时，我真心为他们高兴。那块奖牌里积攒了多少运动员的汗水啊，那可是多么不容易的事啊。

我的个头不小，在高中校篮球队当过板凳队员，我很少有资格上场。除了初中得过什么三好学生奖，之后，高中、大学和研究生就再也没得过任何的奖。我心里非常羡慕其他得奖的人。我儿子体育也不好，从来没参加过任何体育比赛，也没参加过任何学校的体育运动队。所以，他没拿过体育方面的任何奖。

我儿子上高中三年级时，一天，跟我说：爸爸，我要去参加一个比赛。我说：行啊。他说：要买机票，去其他州去比赛。我知道我儿子以前去过一些地区级别的高中生的比赛，比如生物学、病理学、计算机，等等。我说：为什么这次要去其他州去比赛？他说：他这次是在网上报的名，不代表学校，只算是个人参加。我问：只你一个人去吗？他说，还有一个同学也去。我问：你去参加什么学科的比赛？他说：法律。我说：你们学校没开法律课，你没学过法律呀。他说：别人也没学过。我心想，我的儿多聪明，大家都没学过，所以才去比赛呢！大家都不会，到了考场后，就看谁会蒙题。我又问：跟你一起去的同学也是参加法律学科的比赛吗？我儿答：不是。他是去比英语。

送我儿子去机场时，我心里还真的挺担心的，这是他第一次一个人单独离开父母坐飞机去另外一个城市。我想，让他一个人闯一闯，练一练胆子，也好。在我儿子进安检之前，我说：你就是得了最后一名，我也为你骄傲。我心里有底，我儿子肯定不会是最后一名。他参加的可是全国比赛，参赛的人一定多的很，大家都去瞎蒙，我儿子只要比最后一名多蒙对一道题，他就不是倒数第一。

第二天，我儿子来电话说他没参加比赛，他的比赛安排在后天。他说：人非常多，一个大体育馆坐的满满的，大约有八千多的高中生来自全美国各州。听他这么一说，我心想，我儿肯定不会是倒数第一。

　　第三天下午，我儿来电话，说：比赛完了。我听的出来，我儿子的声音里有泄气的味道。我问怎么样？他说：题目太难了，估计完蛋了。我安慰儿子说：大家都没学过，其他学校来的学生肯定也都完蛋了。我儿子说：不是的。其他参赛的学校有校队，人家每年都来参加比赛。人家有老师专门辅导他们看什么书，预判比赛内容和可能会出什么样的题。有一个学校，每年都拿前几名的奖。我只是自己读了两本书，就来参加，肯定不行了。我说：就当是去玩一趟，知道全国比赛是怎么回事就行了，主要是参与……

　　第四天下午，我儿子来电话，说：他刚刚得奖了。我有点吃惊，心里想，还真能蒙出来一个奖？我半信半疑的问：真的？他说：真的。我问，第几名？他说：第一名，还有五百块钱奖金。我真是为我儿子高兴。他的奖填补了我家没有得过大奖的历史空白。

　　大学毕业后，儿子已经工作了，有一次跟儿子聊天，扯到奖牌的事情，也聊到他高中时得到的奖牌。我儿子说：实际上，奖牌并不给人带来幸福。我说：你说的不对。你的奖牌给我带来了幸福，啥时想起来，啥时幸福。他说：得奖后，觉得自己了不起，喜欢显摆，还容易把奖牌当作瞧不起别人的资本。在我琢磨我儿子说的话时，他接着说：由于得了奖，有了炫耀的资本，下次还想去得奖，如果得不到，就开始垂头丧气，心中不快。得了奖后，就喜欢跟其他同学炫耀，其他同学如果恭维我，我就高兴，不恭维我，我就不高兴。所以，奖牌并没给我带来额外的幸福。我说：奖牌不是瞧不起别人的资本，但是，奖牌可以证明你的脑瓜子好用。他说：那不是一样吗？

我说：那些得了大奖的学生不都去了更好的大学吗？他们将来就会更幸福。我儿子说：就是进了好大学，奖牌也不给人带来更多的幸福。好大学里，人人都得过各种各样的奖牌，而且那里竞争更激烈……

我没得过什么奖，所以体会不到得奖后的快乐，或者说得奖后的幸福。虽然我儿子说奖牌不给人带来幸福，可我是不太信。赶明儿我得好好想想，我这把年纪，能不能去做个美容手术，去掉皱纹，割双眼皮，把脸漂白，整回到三十来岁，之后，咱也去好莱坞混一混；咱也努力拿个小金人奖；咱也幸福一把……

物质与精神

看过一本书，名字叫《艺术使人成为人》。这本书的意思是说，一个人如果没有精神生活，不去欣赏艺术，对艺术没有追求，这个人就与动物没有区别，而只是一个比动物更会享受物质的一种高级动物。什么是艺术？艺术是人类创造的精神财富：音乐、绘画、美术、文学、小说、诗歌、影视、戏剧，等等。如果不享受人类的精神财富，而只享受物质财富，人就与动物没有本质上的区别，吃喝拉撒睡，以及交配，动物全都会。

人与动物本质上的区别，就是动物不会欣赏艺术，也不会创造艺术。比如，一个猴子不论多么聪明，不论给它多么好的条件，也不论实验人员怎样训练这只猴子，它也不可能用石头或木棒敲打出有节奏的声音，也不会用棍子在地上或者在它们住处的墙壁上画一个简单的壁画，更不可能为其它猴子跳舞来娱乐其它猴子……

如果没有精神追求，只追求物质生活，就是住十万平米的豪宅，开上亿元的豪车，吃龙肝凤胆，这个人过的也只是一种动物生活。

即便吃的是龙肝凤胆，排出的照样是粪便；即使抽水马桶是纯金打造的，里面装的照样是排泄物。

有句话说的好：广厦千间夜眠七尺。别说有千间房子，就是有十间房子，每天夜里也只能睡一间。地球是物质的，物质是有限的，所以，人对物质的追求也是有限的。就拿吃来说吧，再有钱的人，也不可能爬到月亮上，把玉兔抓来红烧了吧。所以，当有了一定的物质基础后，人要有精神的追求。一味的追求物质，就跟动物没有什么区别了。

精神上的追求是无限的。不论是音乐、绘画、美术、文学、小说、诗歌、影视、戏剧，等等，等等，每一个领域都有无限的深度和广度供人们去追求，去探索，去创造……

每个人的天赋不一样，但只要对精神有追求，不论是对哪一方面有追求，也不论走多远，都是在过人的生活，而不是一种高级的动物生活。

有了物质，只是生存。有了精神，才是生活。一个不但能够享受和欣赏艺术，而且对艺术有追求的人过的才是真正的人的生活。

当人上人

中国有句老话：吃得苦中苦，方为人上人。这句话出自明朝末年冯梦龙编辑的《警世通言·玉堂春落难逢夫》中的一段话：公子走出门来，只见大门上挂着一联对子：十年受尽窗前苦，一举成名天下闻。这是他曾祖父作下的对联。他曾祖父会试中举，官到侍郎（副部长，二品）。后来他爷爷也在此读书，官至尚书（部长，一品）。

如今，他在此读书，亦要攀龙附凤，以继前人之志。想到此时，他抬头又见二门上有一联对子：不受苦中苦，难为人上人。不受苦中苦，难为人上人。后来被改成民间俗语：吃得苦中苦，方为人上人。

一般老百姓全都知道"吃得苦中苦，方为人上人。"的意思就是，为了将来能做到"人上人"，就要不怕吃苦。只有吃了苦，将来才能做高官，穿红袍，坐大轿，光宗耀祖；只有吃了苦，将来才能吃天上飞的，地上跑的，水中游的；只有吃了苦，才能住豪宅，娶三妻四妾，丫环保姆前呼后拥的伺候着……

据说有一个故事发生在中国还很穷的年代，大致是上世纪六七十年代。一个工厂的三个年轻工人，他们每个人都想当"人上人"。这三个人是朋友。他们知道，他们首先要在他们三个人中间当"人上人"，之后，他们才能在更多人里当"人上人"。所以，他们之间就自然而然的互相攀比。一个人无论在哪方面比赢了其他两个人，那这个人就是他们三人中的"人上人"了。他们信奉"吃得苦中苦，方为人上人。"当了三人中的"人上人"之后，就有资格当十个人的"人上人"，再之后，就有资格当一百人的人上人……

有一天，李甲一个买了一块新手表。当时，一块手表是一个年轻工人好几个月的工资。王二看到李甲的手表后，非常的羡慕和妒忌。王二说：我用我的皮鞋和我的自行车换你的手表。李甲说：你的自行车太旧了，我不换。之后，李甲开玩笑的说：我尿泡尿，你如果喝了，我就把手表送给你。李甲以为王二肯定不会喝他的尿。王二想，要想当"人上人"，就应该吃得了苦，喝泡尿也就算是吃苦了。王二同意李甲的挑战。于是，李甲就只得尿了一泡尿到一个盆子里，王二端起盆子把尿全喝了。结果，李甲虽然后悔了，但还是说话算数，就真的把手表给了王二。

第二天，王二碰到了张三。王二向张三炫耀他喝尿打赌赢来的手表。张三看到后，羡慕的眼睛放光，称赞道：你真行啊，太便宜了。不过呢，你靠喝尿赢来的手表，传出去，不光彩。这时，王二后悔了，如果这种事让张三传出去，传到工厂，那可就太丢人了。如果让张三也喝了尿，他就不会把我喝尿的事传出去了。于是，王二就跟张三说：你如果敢跟我打赌，喝我的一泡尿，我就把这个表送给你。张三也太想当"人上人"了，就同意跟王二打赌。结果，张三喝了一泡王二的尿，赢走了手表。

此事到此还没完。

手表输给了王二后，李甲非常后悔。新买的手表，还没戴热乎，刚刚有一点儿"人上人"的感觉，手表就归别人了。而且，王二赢的也太容易了，喝泡尿，就赢了一块手表。李甲这时就特想把表要回来。李甲在回家的路上碰到了张三。张三告诉李甲说，他把手表赢来了。其实，赢了手表后，张三也后悔了，因为张三在暗恋同一车间的一个女孩。这时，张三特怕李甲把这事传出去，怕传到那个女孩耳朵里。张三想，如果李甲也喝了尿，他们三人就都喝了尿了，大家都一样了，谁也不会把这种丑事传出去了，这事也就不会传到他喜欢的女孩儿耳朵里了。于是，张三跟李甲打赌，说：你要是喝我尿的一泡尿，你就可以把手表赢回去，外加一顶新帽子。李甲特想把手表赢回去，马上同意跟张三打赌。之后，李甲喝了张三的一泡尿，把手表赢了回去。

最终结果，手表物归原主。他们三个人的任何外在的东西都没变，只是他们三个傻货每人都白喝了他人的一泡尿……

可想而知，如果一群人，或者一国百姓全都信奉"吃得苦中苦，方为人上人"这样的古语，大伙儿都比着去吃苦，最终结果会不会跟那三个傻货一样，所有人的状况都不会有什么变化，只是大家都白喝了他人的一泡尿，或者大家都白喝了他人的两泡，三泡，四泡尿……

所以,"吃得苦中苦,方为人上人。"这句话太误导人了!别信,千万别信!

与名人比高低

说起攀比,人人有之。

一般来说,人人都喜攀比,而且特欢跟自己周围的人比,跟熟人比,跟朋友比,跟同学比。比的内容很多:比吃比穿,比车的好坏,比房子的大小,比钱挣的多少,比职位的高低,比家庭背景的尊卑,甚至比出生的城市是繁华都城还是偏远小镇,等等。如果自己周围的熟人、朋友或同学比自己学位高,比自己有钱,房子比自己的房子大,心里就吃醋,就滋生出一种妒忌心,心里就想,他家的房子应该是我的……

说起攀比,中国有位姓牛的一知名企业家一点儿也不示弱。我在网上看过一个他的短视频。戏台上,他穿一身黄军装,外披一件黄呢子大衣,头戴棉军帽,装扮成京剧智取威虎山里的杨子荣。他,抬右手,头左扭,朝前迈步,抬头亮相,停顿三秒,张嘴开唱:老乡,我们是工农子弟兵,来到深山……唱到这时,台下响起一片叫好声和热烈的掌声……他接着唱:一颗红星头上戴,革命的红旗挂两边……台下又响起了一片叫好声和热烈的掌声……我知道这位企业家心里是怎么想的。他想,如果当年不是忙着挣钱,老子要是在文艺圈里混,现在,老子一定是文艺圈里大腕儿中的大腕儿。跟你们文艺圈的人比才能,老子的才能绝对比你们的强,一点儿也不比你们差!哼!哼!

有一段时间，网络上涌现出很多大师开始尝试泼墨作画。虽然这种作画方式备受争议，但还是吸引了不少人效仿。前些日子的前些天，这位牛企业家先生在前往景德镇游玩时，画兴大发，当着众多他的铁杆粉丝、钢杆粉丝和镍杆粉丝的面，现场表演泼墨作画儿，创作了一幅画儿，取名《胸无敌手》。现场的观众和这位企业家的各种粉丝们，不时地投以热烈的掌声，并高呼：太漂亮啦！太漂亮啦！这时这位企业家心里又想，如果当年不是忙着创业，要是在书画界混，现在，老子一定是书画界里大佬的大佬。跟你们艺术界的人比天赋，老子的天赋一定比你们的多，一丝儿也不会比你们少！啐！啐！（"啐"这个字在这里念qi，有瞧不起的意思。）

我也喜欢攀比，不过我不喜欢跟熟人比，跟朋友比，跟同学比。我喜欢跟名人比。我特喜欢跟这位牛企业家比。虽然他能创业，会挣钱，既会唱歌又会绘画，能耐都高到外太空了，可我就是喜欢跟他比。我想，当年如果不是为了求学、工作、糊口、生娃和养家，我去创业，去挣钱，我现在一定是"大象集团"的董事长兼CEO、CFO、CHO、WTO……我的"大象集团"一定比这位牛企业家的"蜜蜂集团"大一万倍。哼！啐！哼！啐！哼哼啐……

人是上苍造的。上苍造人，造的每个人各有不同，每个人都是独一无二的限量版。正因为人跟人不一样，所以，人跟人攀比就没有意义。

由于人与人的不同，人的喜好和追求也就不同。有的人在创业中找到了自己，有的人在仕途上找到了自己，也有的人在艺术的创作中找到了自己。人跟人虽然不一样，可人的珍贵之处都是一样的。人的珍贵性并不在于人在哪里找了自己，而是，只要找到了和实现了自己的意愿，人的日子就过得安宁了，舒坦了，踏实了和自信了。人的生命就有了意义。

所以，如果要比，人应该同自己的潜力比：今天是不是比昨天更有智慧了；今天是不是比昨天更慈悲了；今天是不是比昨天更宽宏了；今天是不是比昨天更有爱心了；今天是不是比昨天更懂得美了……

同自己比赢了，人就赢得了生命中最重要的和最有意义的第一。

安全感与幸福

如果有人提问：你有安全感吗？我想绝大多数人都会回答：有。

实际上，人人都没有安全感，只是多少而已。有的人有很多钱，有很大的权，可内心深处仍然特别没安全感。所以，他们要去挣更多的钱，抓更大的权，永无止境……

据说希特勒当上德国元首之后，随身衣服兜里仍然揣有一把小折叠刀。他常常把手放进兜里摸一摸那把小刀。他身边的德国党卫军头子希姆莱常常跟他说：元首，您兜里那把小刀对于您的安全是没有多大用处的。

希特勒小时几乎天天挨打。由于不知道他爸爸什么时候会再暴打他一顿，他每天的心情是惊恐不安的，这造成了他成人后内心深处仍然极没安全感，就是当上元首了，衣服兜里还要揣一把小刀。

人群中，大多数人都知道安全感这个词，但往深了说，安全感的重要性是什么？安全感有几个方面？安全感与人的行为关系是什么？恐怕很多人就都说不清了。

人活在世，安全感是非常重要的，比人的生理需求还重要。比如一群饥饿的人正在吃饭，突然，头顶上有子弹呼啸而过。这时，这群人一定会扔下饭碗就跑。小命如果没了，以后红烧肉也吃不成了；小命如果没了，以后什么财也发不成了；小命如果没了，心尖儿上的人也就成别人的人了……可想而知，安全感是人生第一重要的大事。

安全感与人是否活得幸福有直接关系。安全感大，人就活得幸福。安全感小，人就活得不幸福。

人要过得自在幸福，需要两个方面的安全感：即外在的安全感和内心的安全感。外在的安全感是指外部环境的安全感，比如国家稳定，没有战争，人感到安全；住的小区治安很好，出门不担心被偷、被抢或者被绑架，人感到安全；有一个稳定的工作，不用担心被炒鱿鱼，有钱挣，有饭吃，人感到安全；夫妻和睦，婚姻稳定，没有离婚的危机，人感到安全；等等。这些外部的安全环境，反映到人的内心，就是人对外界的安全感。人对外界环境有了安全感后，人就可以更好的享受生活。

外部环境安全了，可不少人的内心里仍然感到很多不安。由于这些内在的不安全感，他们不能很好享受每天的安逸生活。通常，绝大多数人并不了解自己内心深处的不安全感。

那么什么是人内心深处的不安全感呢？举个例子吧。有个老太太，被儿子从乡下接进城里，跟儿子一起过生活。来到城里后，老太太感到一切都很好，就是每天夜里睡不着觉。由于睡不好觉，老太太白天就感到很疲劳，吃饭不香，日渐消瘦。两个月后，老太太叫儿子买来两麻袋大米放在床下，每晚睡觉前，老太太就在米袋子上摸两三遍，之后，上床，睡觉到天亮……

为什么会这样？老太太是个挨过饿的人，知道家里没有粮食的艰难。看不见粮食，心里不安，老太太就睡不着觉。老太太这种不安，是对饥饿的恐惧。由于一生中有过多次挨饿的经历，看不见粮食，内心深处就没有安全感。如果床下有很多粮食，老太太的内心深处就有了安全感，夜里就能睡好觉了。

人内心深处的安全感支配着人的行动。有的人行为很出格，其实都是内心深处的不安全感造成的。大多数情况下，想要去掉内心深处的不安全感，是件非常不容易的事，很少会像进城的老太太那样容易，在床下放两袋子大米就解决了。

人内心的不安全感有很多方面。有人有这方面的不安全感，有人有那方面的不安全感。就是相同的安全感，不同的人，不安的程度也不一样。

有一对夫妇，有个儿子已经自立了，可是为了钱，夫妻俩还是常常吵闹。男的非常节省，舍不得吃，舍不得穿，日常生活中，每花一分钱，心里就难受，恨不得不吃不穿，把挣来的钱全都存进银行。而太太认为挣来的钱是用来享受的，习惯于把到手的大部分钱花掉。两个人的想法和习惯这么不同，两个人的安全感的差异非常大，在一起过日子，怎能消停？怎能有幸福可言？

为什么舍不得花钱？为什么要把挣来的大部分钱全都存起来？如果不那么节省，他们的日子不就好的多吗？人省钱行为来自内心深处的不安全感，是人内心深处对自己的挣钱能力，对周身的环境，以及对未来的憧憬，都感到极大的不安而造成的。以后有病了，不能挣钱了怎么办？以后房子没了，流浪街头怎么办？以后出现金融危机，工作没了，需要钱怎么办？等等，等等，等等……

有不少人像上面所说的那个男人一样，由于内心深处的不安全感，使他们非常的节省，尽量把所有的钱全都存进银行。银行的帐号里，每多一分钱，他就多一分安全感，内心就多一分自在，多一分踏实。为了心里这份安全感，这份自在，这份舒服和这份踏实，他付出了很大的代价，那就是经常跟太太吵吵闹闹，过着鸡犬不宁的家庭生活……

当然，也有人为了内心深处的自在和踏实，老婆也不要了，或者根本找不到喜欢跟着他们同甘共苦的女人……

我曾经认识一个人。他四十多岁，身体很好，没什么毛病，可他老是觉得自己要生大病，有点儿小病就去看医生，有时没病也去看医生。上半年刚刚做了胃镜，下半年就又去做肠镜……心跳快一点儿就说是心脏病发作，赶快去医院急诊室……总之，他老是去医生那里或者去医院折腾。她老婆说，他如果放了个响屁，就马上推论出结果，他可能得了大肠癌，毒瘤把肠子堵住了，气流不畅，所以憋出了一个响屁。第二天，他就赶快去见医生，求医生给他做肠镜，看一看里面是不是长了个大毒瘤。他老婆说，他小时有两次得病，跑到死亡线那边后，又爬回来了。小时的经历使得他老是怕生病，怕死。

有些人的不安全感，是上辈人那里留传下来的。父母在某些方面极其没有安全感，孩子也会承袭很多。父母对钱没有安全感，对婚姻没有安全感，或者对前途没有安全感，子女或多或少在这些方面也没有安全感。

有些人接过上辈人的没有全感大旗，沿着父母的泥泞老路，继续昂首挺胸，步履艰难的前进着。不是他们想走那条充满泥泞的路，而是他们没有认识到自己脚上的泥来自他们的父母，步履艰难来自他们走的路是父母走过的老路……

很多在行为上比较极端的人，实际上是他们内心深处在一方面或多方面没有安全感造成的。人如果认识到自己在某些方面没有安全感，之后，可以通过看书，找心理医生咨询，往自己头脑里灌入大量的正面的、积极的、阳光的和自信的信息，从新审视周围环境和自己的能力，提高自信心和自我感知度，努力克服那些不安的心理因素，改变自己的出格想法和行为，人就会生活的得比以前踏实、自在、安宁、祥和、幸福了。

在外界环境安全的情况下，人内心深处有了安全感后，人就可以更好的享受生活了，就会更多的外出吃饭了；外出购物了；外出踏青了；外出旅游了……就能从生活琐事的点点滴滴中感受到更多的快乐和更多的幸福……

钱该怎样花

如果有人问：钱该怎样花？很多人可能会回答：谁不知道钱该怎样花，谁就是个傻瓜。

在这个世界上，只要不傻，人人都知道钱该怎样花。人就怕没钱可花。说心里话，谁给我一个亿，美金，我都能很快把它花完。这样的事有很多例子。很多人都知道，不少有名的球星，打球时挣了很多很多钱，等他们退役后不再打球了，不久，他们挣的钱很快就花光了。我也能像他们那样花钱，买豪宅，买豪车，买游艇，买飞机，花天酒地开爬梯……花钱谁不会呀！

小品《不差钱》里，小沈阳说：人不能把钱看的太重，哈！钱乃身外之物，人生最痛苦的事情你知道是什么吗？是人死了，钱没花完。赵本山说：人生最最痛苦的事情你知道是什么吗？是人活着，钱没了。

人的人生观不同，人花钱的方式就不同。但是，不论怎样花钱，只要人活着，就要花钱。我特喜欢李白的《将进酒》：人生得意须尽欢，莫使金樽空对月。天生我才必有用，千金散尽还复来。我特想感受一下散尽千金的那种感觉。赶明儿我就去买张彩票，中奖后，我就拿一大把钞票，到大街上撒……咱也享受一下撒千金的感觉！

有人问，有房住，有饭吃，有衣穿，人的基本生活满足后，人有多余的钱，人花钱买更多的东西如豪宅、豪车、游艇、飞机、名牌奢侈品，是为了什么呢？答案，当然是为了得到更多的快乐。

有心理学家对"快乐"进行了研究，对二十五万人进行了大规模的研究和对比，之后，研究人员发现，快乐能给人带来几大明显的好处：快乐能使人更愉快的与人相处；更乐于助人；能使人更加喜爱自己和他人；能增强解决冲突的能力和增强身体免疫力。长期保持快乐的心情，能使人保持美满的婚姻关系；找到更心怡的工作；过上更长寿和更健康的生活。

快乐能给人带来这么多的好处，难怪人人都想得到快乐。然而，怎样才能得到快乐呢？如果问我们周围人这样的问题，绝大多数人的回答都会是，有钱！有钱就能买到快乐。在各式各样的调查问卷中，什么最能给人带来快乐？钱这两个字一直在人们列出来的清单榜首。

二十世纪八十年代，美国西北大学的布鲁克曼教授与他的同事们，开展了一项著名的实验。研究人员的目的是调查当人们的发财梦实现了，一大笔意外财富到手后，人们是不是就开始了真正的幸福的生活，之后，就过上了美好快乐的日子直到永远……forever, forever, ever, ever……

研究人员联系到了一些中过大奖的人和继承了一大部分财富的

人，其中有赢过千万以上彩票的人。另外，研究人员还随机的从电话簿中挑选了一些普通人，组成了实验对照组。研究人员请参与者们给自己的快乐程度打分，并说出他们对未来的展望。除此之外，研究人员还要求参与者们说出他们在日常生活中得到的快乐，比如与朋友聊天；听到一个有趣的笑话；或者得到别人的赞美……等等。最后，布鲁克曼的研究结果清楚的展示了快乐与金钱之间的关系。与一般的想法正好相反，那些赢得彩票大奖的人，在头一两年花钱的过程中，他们的确很快乐，比赢彩票之前快乐许多，之后，他们的快乐程度就渐渐的回到赢彩票之前的程度了。如果一个人在赢得彩票之前是个愤怒的人，结果，在赢得彩票一两年之后，这个人无非是个住在豪宅里的愤怒人。实验表明，那些赢得大奖的人的快乐程度并没有比普通人更快乐。在回答对未来的展望时，那些赢得大奖的人对未来也没有比普通人有更大更远的梦想，因为他们好像已经实现了未来（彩票）的梦想，未来不会给他们带来更大的快乐。事实上，这两组人还存在另外一点儿差别，相对那些赢得大奖的人，实验对照组的普通人更能从生活的琐事中获得更多的快乐。

除了对赢得大奖的人的快乐程度进行了研究之外，心理学家们对美国富豪们也进行了调查研究，结果发现，即便那些例在福布斯富豪榜前一百名的美国富豪们，他们的快乐程度也只比一般的美国人的快乐程度多了一点点。所有这些研究结果表明，当人们的日常生活所需被满足之后，人的快乐并不随着人收入的增加而增加。这也就是说，那些能买的起豪宅、豪车、游艇、飞机以及其它很多奢侈品的富豪们，与普通人相比，他们的快乐程度并没有像人们想象的那样有非常多的快乐。

在通常情况下，每当人心情抑郁的时候，人脑海中经常会突然闯入两个词：买！买！买！之后，人们就发现自己正朝着最近的百货商场驶去，或者已经开始浏览某个购物网站，并期待着疯狂消费。在人们的想象中，购买一双新鞋、一件新衣服或者一个新款包就会让自己心里的阴霾一扫而光。事实果真如此吗？

经研究表明，人在购买物品的过程中是快乐的。一旦购买的物品到手之后，人的快乐程度就随着时间的推移逐渐下降，最终降到零为止。很多物品，尤其是奢侈品过时后，它给人带来的不再是快乐，而是一种累赘。

为什么会这样呢？原因是我们对已拥有的东西很快就会习以为常了。购买一辆新车、一条船、或者是一个大房子，能让我们高兴一阵子，但我们很快就会习惯这些东西，从而回到购买前的快乐水平。正如一个心理学家说的，真应该感谢我们对名利的适应能力，它使昨天的奢侈品很快的变成今天的必需品，和明天的废弃品。

那么，如果花钱买物质的东西得不到长久的快乐，那么，怎样花钱才能买到长久的快乐呢？

心理学家对这样的问题进行了研究，他们想知道人们花钱购物，比如买一件新衣服、一个新的智能手机、一个大屏幕电视机，或者购买一种新体验，比如，去一个新开的餐馆吃一顿不同风味的晚餐；去听一场从没听过的音乐会；或是去一个一直渴望去的旅游胜地度假，哪一样给人带来的快乐更大更持久呢？为此，心理学家进行了一次国际性的调查。首先，他们要求来自世界各地的实验参与者回忆一下，他们花钱购买新物品与购买一种新经历的感受。研究人员要求参与者对他们购买的新商品和购买的新经历打分。通过打分，研究人员想知道是新商品还是新经历能给参与者们带来更大更持久的快乐。研究人员将参与者分为两组，要求其中一组回忆最近购买的新商品；另一组则回忆最近购买过的新经历。然后分别对自己目前的快乐程度和情绪状态进行打分。两组人的实验结果都清楚表明，不论从短期或者从长期来看，购买新经历比购买新商品能给人带来更大更长久的快乐。

为什么会这样呢？

我们购买最时髦，或者最昂贵的物品后，那些物品就会随着时间的推移变的陈旧或者过时了，从而失去了对我们的吸引力，带给我们的快乐感受就随之下降，最终降低到零，或者降低到负数。

与之相反，一种美好的经历永远也不会过时，并且，我们还能与他人分享我们的美好经历。比如，我们去了一个向往已久的旅游胜地度假，回来之后，我们可以跟朋友分享我们的美好经历：海滩的美景；高山的风光；街边的美食；小城的人文历史；当地的风土人情……并且，当我们与他人分享我们的美好经历时，它还能进一步增加我们的快乐。

所以，人在吃穿不愁的情况下，在花钱买快乐这个问题上，选择购买经历而不是物品，才是最明智的选择。

写到这里，我终于知道该怎样花钱了。我，明天，就去买条游艇，到海上游一游；我，后天，就去买架飞机，上天上飞一飞；我，后天的明天，就给马斯克打个电话，订一张火箭票，去外太空转一转；我，现在，马上，立即就从床上爬起来，去买一张彩票……

第九章　意识与思考

　　在通常状况下，我们静下心来，慢慢思考，认真做事，就不容易出错。我们吃饭要慢，这样，就对消化有好处；我们说话要慢，这样，就不易顶撞领导；我们动手要慢，这样，我们就会少打孩子……

　　我们是否幸福，全都在于我们赋予生命了什么样的意义。我们赋予生命一个正面的阳光的美好的意义，我们就过上了一个幸福的生活……我们赋予生命一个负面的阴暗的不幸的意义，我们就过上了一个不幸的生活……

　　我们小时长大的环境非常，非常，非常的重要，因为我们长大的环境很大部分决定着我们潜意识的形成，而我们的潜意识又掌控着我们的命运。

生命与意识

什么是意识？有人说，意识是人对自我和环境的认知，是人脑对于客观事物的反映。什么是智慧？有人答，智慧是升华的意识，是意识的高端体现。所以，没有意识，就没有智慧；没有智慧也就没有意识。

圣经里说，亚当和夏娃听了蛇（魔鬼的化身）的话，吃了智慧之果，获得了智慧，之后，他们就被上帝赶出了伊甸园。

伊甸园里有幽静的森林，平和的湖泊，潺潺的流水，宁静的花园，花园里有各种美丽的奇花异果……虽然伊甸园是美妙的仙境，可亚当和夏娃也不能感受到它的美丽，也不能欣赏它的风景，因为亚当和夏娃在伊甸园里时是没有智慧的，也就是说他们是没有意识的。他们就跟机器人一样，没有能力欣赏和享受伊甸园美丽的风景……

由于没有意识，亚当和夏娃也就不知道自己是男的还是女的。他们没有羞耻感；他们不穿衣服；他们没有时间概念；他们也没有情感。由于没有意识，他们也不懂什么是生什么是死。在伊甸园里，任何生命都是永生的。亚当和夏娃的生命也是永生的。亚当和夏娃是上帝用泥做的。也就是说，在伊甸园里，亚当和夏娃是永远不死的泥做的机器人。机器人没有意识，不知道自己是男的还是女的。说白了，在伊甸园里的亚当和夏娃就是两个能走动的白痴。

亚当和夏娃获得了智慧后，有了意识，有了情感，有了知识，知道自己是男还是女。结果，他们就被上帝赶出了伊甸园。他们在伊甸园里的时候是永生的，出了伊甸园后，他们就是人了，就不能永生了。也就是说，他们获得智慧的代价是放弃了永生。他们放弃了无智慧的永生，而获得了有智慧的生命。不过，这个有智慧的生命是有限的，是会死的。

这样看来，蛇（魔鬼的化身）对人类还是做了一件极大的好事。如果蛇不劝说亚当和夏娃吃智慧之果，亚当和夏娃也就不会被上帝赶出伊甸园，那样的话，也就不会有我们人类。所以，我们人类要感谢魔鬼---蛇。

既然智慧是意识的高端体现，我们也就可以说智慧就是意识。这样看来，获得了意识就获得了生命，意识就是生命。

人有限的生命是用"永生"换来的。反过来说，当人没有意识时，人就获得了永生。永生的人就是一些没有意识的东西如桌椅板凳、山石树木、飞禽走兽，等等。一个没有意识的植物人也获得了永生，因为他已经不知道自己是死了还是活着，不知道自己是谁，也不知道时间是什么……也可以说，人死了就获得了永生。

当人获得了意识，人同时也获得了时间。因为生命是有时间限制的，生命也是被时间度量的，所以，获得了时间，也就获得了生命。意识和时间组成了生命。反过来说，生命就是意识和时间。那么，生命是怎样体现出来的呢？生命里面只有意识和时间，而意识和时间是非物质的东西，所以说，生命本身是虚无的。在物质世界里，生命要靠一个载体来体现出它的存在。生命要通过载体才能与物质世界进行信息的交流。没有载体，生命是无法与物质世界进行交流的，也无法证明生命本身的存在。这样看来，能承载着意识和时间的东西才是真正的生命。

地球上的什么东西能够承载意识和时间呢？通过观察，能够承载意识和时间的只有人体。也就是说，一个真正能承载生命的载体只有人。因为地球上的其它载体如桌椅板凳、山石树木、飞禽走兽等不能承载时间，也不能承载意识。动物没有世间概念，也不懂生死。

所以，在它们的身上测不出时间，也测不出意识。所以，只有人才有真正的生命。

生命是有限的。也就是说，生命最终是要死的。不能死的就不是生命。所以，想追求长生不老，从这点上看是没有可能的。长生不老就意味着没有死。没有死的东西是没有生命的。人死了，就没有生命了，也就永生了。

那么，动物到底有没有自我意识。自我意识被认为是我们人类独有的。大多数科学家认为动物是认识不到"自己"的。它们不会问："我是谁？"，"活着有什么意义？"，"我几岁了？"等等。事实上，所有动物都是没有自我意识的。最好的实验就是用镜子来观察动物的自我意识。很多家养的动物，看到镜子里的自己，都是认不出来的。不但认不出来镜子中的自己，很多动物还会攻击镜子中的自己，比如鸡、猫、狗、狮子……等。而人类大概在两岁之后，就能认出镜子里的人是自己。给两岁孩子脸上贴小红点儿，他们就会用手来摸贴在脸上的小红点儿……

有人认为海豚可能有自我意识。海豚看见镜子里的自己，好像表现出很大的兴趣。它会震动双鳍，张开嘴，转身体，从不同的角度看自己。我们猜测，海豚好像知道镜子里的海豚就是自己。可是，在自然界里，海豚是群居动物。它们的长相一样，着排队出游，集体捕食，身边同伴震动双鳍，张开嘴，转身体，等动作跟自己的是一样的。所以，单个海豚会把镜子里的自己看成是它的同伴儿，它的一系列动作也可能是在模仿它的同伴儿。

总的来说，动物基本上是没有意识的。它们不知道自己是谁；它们不知道什么是生，什么是死；它们不知道时间；它们不知道自己几岁了；它们不知道自己是公还是母。所以，动物是没有意识的，是没有时间概念的生命。也可以这样说，绝大多数动物是没有意识的低等生命。

什么是意识？意识就是生命。什么是生命？生命就是时间。什么是时间？时间就是意识……

看到这，您明白了吗？什么？您说您没看明白。您没看明白就对了。什么是意识，到目前为止，没人能说的清楚。谁能把什么是意识说清楚了，谁就能获得诺贝尔奖了；谁获得了诺贝尔奖，谁就能得到很多钱；谁得到很多钱，谁就能……

读者您放心，为了诺贝尔奖，我会努力的。加油！

阿德勒的目的论

阿德勒是心理学界三大巨头之一，与弗洛伊德和荣格齐名。

说到心理学，大家都知道大名鼎鼎的弗洛伊德。弗洛伊德心理学的核心是原因论，弗洛伊德认为不管是我们的情绪，还是我们的行为习惯，都能从过去的经历当中找到原因。我们的现在甚至未来全部都是由过去的经历所决定的。

与弗洛伊德相反，阿德勒的心理学核心思想是目的论。阿德勒的目的论认为人的行为习惯主要是由我们的某种目的所决定的。我们每个人对过去的经历都赋予了意义，也就是说，为了某种目的，我们给过去的经历赋予了某种意义。同一种经历，由于目的不同，不同的人会给这相同的经历赋予不同的意义。

弗洛伊德认为人的行为是由我们的生物本能和过去的经历所决定的。而阿德勒则认为我们每一个人的行为并不是被本能和过去所决定。虽然，过去的经历对我们有重大的影响，但是，我们完全可以从新定义过去的经历，给以前的经历赋予新的意义。通过自己的努力，实现自我完善，从而获得我们想要的人生和幸福。

阿德勒出生在1870年，在时间维度上，他离我们很远，可他的思想却是非常的超前的。他的观点具有极强的前瞻性，即使来指导现在的我们，一点儿都不过时。

阿德勒在很小的时候得了一种病，叫佝偻病，白话就是驼背的意思，而且是非常严重的驼背。生理上的缺陷导致阿德勒不能做太多的活动。由于佝偻病的原因，阿德勒小时长的非常弱小，基本上不能跟其他同年龄的孩子和弟弟到外面去玩耍，他非常羡慕窗外其他玩耍的孩子。在他的生命当中，有两个因素对他的影响最大。第一个影响他的因素是他先天的佝偻病，第二个影响他的因素是他弟弟的死亡。他弟弟小的时候是跟他一起睡觉的。可是，有一天早晨起床后，他突然发现身边的弟弟不动了，没有了呼吸，死了。这两件事情影响了他的一生。由于自己身体上的缺陷和经历了弟弟的死亡，阿德勒从小就有一个非常强烈的心愿，他将来要当一名医生。

阿德勒写了一本非常著名的书：《被讨厌的勇气》。在这本书中，阿德勒以一个青年人与一个哲学家对话的形式而详细的阐明了他的哲学思想：目的论。

现在，让我们走进阿德勒的目的论，我们一起来看看青年人与哲学家是怎样对话的。哲学家对青年人说：世界极其的简单，每个人都可以改变它，人人都能从中获得幸福，无一例外。听了哲学家这番话之后，青年人觉得哲学家说的不过是乌托邦式的空想罢了。青年人说：先生说世界是简单的，这或许只有在小孩子的眼睛里是这样的。小孩子没有物质的压力，在父母的呵护下，他们看不到世间的丑恶，这让他们对未来充满了无限的希望。可是一旦长大了，他们就有了诸多的牵绊，比如工作、家庭，以及小时无法理解的歧视、战争，或者阶级之类的社会问题就都出现在他们面前，让他们无法回避世界是个非常混乱复杂的世界。在这样的情况下，先生您怎么能说世界是极其简单的呢？哲学家说：复杂混乱的不是世界，是你把世界看复杂了。我们都生活在自己的主观世界中，你所看到的世界与我看到的世界就是不同的两个世界。你所看到的世界与其他任何人看到的世界都不同。你喝过井水吗？井水的温度是恒定的，常年都是18度。但是，夏天喝井水时，你感觉井水是凉爽的，而冬天喝井水时，你感觉井水是温润的。你对井水有不同的感觉并非是井水的温度变化造成的。井水的温度常年都是18度，这是事实。但是，在夏天的时候，你身体的体温相对是高的，你感觉井水是凉爽的。而在冬天的时候，你身体的体温相对是低的，你感觉井水是温润的。你感觉的不同，不是井水温度的变化，而是你自身的变化使你感到井水温度的不同。世界如同井水的温度，世界没有变，是你自身的变化影响你对世界的看法。目前，你眼中的世界是一片混乱，但是，如果明天你自身发生了变化，那明天的世界可能就是个简单的世界。

青年说：先生把问题推到了自我改变上。好吧，人们确实都期待自我改变。可是绝大部分人都无法改变自我。我有一个朋友，多年以来一直躲在自己的家里不出门。他也很希望过一个正常人的生活，很想改变自我，但是，一旦踏出房门，他马上就会感到心慌气短，手脚颤抖。造成这样症状的原因可能是他与父母关系不好，或许是他以前在学校受到了挫折而留下的心灵创伤所致。反正，不管怎样，一定是某种原因致使他无法走出家门到外面去。这样的情况，先生要如何解释呢？听了年轻人的话后，哲学家说：其实你就是想说你的朋友因为过去的某种原因导致他没法到外面去。换言之，你认为你朋友现在的结果是由过去的原因造成的。可是，如果一味的关注过去的原因，用过去的原因来解释现在的状况，那我们得出的结论无非就是我们的现在，甚至未来全部都是由过去的经历所决定的，而且是无法改变的。如果你真的这样想的话，那么你的朋友就再也走不出家门了。而我要告诉你的是，决定我们怎样去生活不是之前经历本身，而是我们赋予给之前经历一个什么样的意义。比如一个人遭遇了重大灾害，或者是幼儿时期遭受了虐待之类的事，这些对人格的形成不是完全没有影响，而且影响是很大的。但重点是，并不是因为发生了些什么样的事情，就一定有什么样的结果。我们是通过赋予给以前的经历一个意义，来决定自己的一生。人生不是别人给的，是我们自己选择的，决定要怎样生活是我们自己决定的。对于你的朋友来讲，他并不是因为心里不安而无法走出家门。事情正好相反，他是先有了不想走出家门的目的，之后，才制造出了不安或者恐惧的情绪。我并不是说他装病，他的手脚颤抖，胸闷气短都是真的。但是，这些症状都是为了达到不出门的目的而被制造出来的。假若你的朋友认为自己是因为小时受到父母的虐待而无法适应社会，而一直闭门不出，他的父母就会非常担心他，不断的关注他，而且他还可以得到父母小心翼翼的照顾。另一方面，一旦走出房间，他就会沦为无人关注的大多数人，成为茫茫人海中非常平凡的一员，就要为自己的生活而打拼，变成了一个无依无靠无人照顾的人。这些都是闭居者常有的心理。你朋友对他的现状虽心有不满，也并不幸福，但是，他确实是按照自己的目的而采取行动的。不仅仅是他，我们大家都是在为了某种目的而活着的。这就是目的论。

任何经历本身并不是造成一个人成功或者失败的根本原因。我们也并不能因为以前经历中所受到的伤害而永远痛苦下去，永远止步不前。无论过去发生了什么样的事情，它所呈现出来的意义全部都是我们自己赋予的。如果我们一直依赖于原因论，我们就会永远处在痛苦之中，永远止步不前。但是，如果我们相信目的论，我们马上就可以改变现实。

听完哲学家的话后，年轻人还是不能完全接受。于是，年轻人接着问：昨天，我在一家咖啡店里看书，服务员不小心把咖啡撒到了我的衣服上。我没忍住，对服务员大发雷霆。这明显是因为服务员犯错，才导致我的愤怒。这个用目的论怎么解释呢？哲学家说：当然可以解释。以阿德勒的目的论来说，你是觉得别人冒犯了你，你要震慑一下犯错的服务员。因此，你捏造了愤怒的情绪来作为相应的手段。如果这个服务员是个漂亮的妙龄美女，而你对她一见钟情，你会表现出什么样的情绪呢？你大概会表现的风度翩翩，先去安慰这位服务员……因为你的目的是要给这个妙龄美女留下个好印象，所以，你就会选择另一种好的情绪来表达。也就是说，即使一个人冒犯了我们，我们表现出来的情绪也是由我们的目的决定的。当我们摒弃了原因论，相信了目的论之后，我们就可以用目的论来调整我们自己的情绪，改变就在这一刻已经发生了。

阿德勒说：如果一个人能够愉快地接纳自己，这就是向好的方向改变的前提，更是获得幸福的关键。重要的不是命运曾经给予了我们什么，而是我们自己给生命赋予了什么样的意义。

很多人可能都会想，我如果能像别人一样出生在一个富裕的家庭就好了；我如果能像别人一样有个苗条的身材就好了；我如果能像别人一样长得那么帅那么漂亮就好了……然而，这些"如果"让我们有了充分的理由抱怨这个世界的不公，感叹自己的不幸……实际上，我们应该把注意力放在如何赋予生命意义这一点上。比方说，一个人出生在贫穷的家庭，这是客观事实。但是，这个人可以赋予贫穷一种意义：贫困的家庭能激励他奋发图强，促使他不断进步，使他为更好的生活而努力……

哲学家说：一个人之所以感到不幸，是因为这个人自己选择了不幸，而并不是因为他生来就是不幸的。这一句让人难以相信的话要怎么理解呢？哲学家说我们自己选择了不幸，是说我们认为我们目前的不幸境遇是我们以前的不幸经历造成的。而实际上，我们目前的不幸境遇是我们自己选择的。如果我们不选择不幸的境遇，我们就会去改变它，结果，我们就会走出不幸的境遇。当我们抱怨我们没有生在富裕家庭的时候，我们就是在坦然接受自己的贫穷，为自己贫穷的境遇找到了一个好的借口。当我们抱怨长相不如别人的时候，也是在为自己不去追求自己想要的找到了一个完美的退路。人们的抱怨是真的，而人们的不幸也是真的，而这一切都是自己选择的。赋予给以前的经历一个什么样的意义，无论是幸运的还是不幸的都是自己选择的。

不可否认，人很多的经历对人以后的发展有着深远的影响，但问题的关键不在于过去，而在于现在，在于我们怎么看待我们曾经的经历。怎样看待我们曾经历的事物，是我们自己的选择。而这个选择决定着我们下一步将采取什么样行动。而什么样的行动将是决定我们未来的关键……

用目的论的观点来看，我们抱怨我们经历的不幸，是因为我们自己暗暗的下了不想改变现状的决心。我们内心深处觉得保持现状更加轻松，更加坦然，也更加安全……

总之，我们是否幸福，全都在于我们赋予生命了什么样的意义。我们赋予生命一个正面的阳光的美好的意义，我们就过上了一个幸福的生活……我们赋予生命一个负面的阴暗的不幸的意义，我们就过上了一个不幸的生活……

集体潜意识

集体潜意识这个概念是心理学家荣格提出来的。荣格是心理学界公认的三大鼻祖之一，弗洛伊德、荣格和阿德勒。

荣格认为人的心理结构分为三层，最上面这部分叫意识，在意识下面有两部分更深奥的东西，紧挨着意识下面这部分叫潜意识，又叫情节。意识是不能控制潜意识的。但是，潜意识可以影响意识，影响人的判断，比如说，有些女孩子有恋父情结，有些男孩子有恋母情结。这种情节就来自于潜意识。潜意识下面还有一层意识是人心理结构最深层的东西叫集体潜意识。它是人类共同的一种意识。而且这个人类共同的意识不仅仅指所有活着的人，还包括死人，远古人，以及库存在人类遗传基因中祖先们世世代代活动方式和经验。荣格认为人类的这个集体潜意识是时时相连的。现在世上所有人都是通过集体潜意识相互连着的，像一个网络一样，全世界的人都连在一起，包括死人。

荣格最初是怎么注意到集体潜意识这个事情的呢？有一次他在跟一个患有精神分裂症病人谈话时，这个病人跟他说：大夫，我看到太阳里面伸出来了一个棍儿，左晃右晃的，就像我的头在晃一样，然后呢，就有了风。一听，荣格就知道这个精神病人在说疯话。病人说的这一段疯话被荣格记了下来。后来，过了几年，荣格在读一本宗教学书的时候，突然发现里边记述了一段同样的话：太阳里面伸出来了一个棍儿，左晃右晃，于是就产生了风。当时，荣格就惊呆了，因为这个精神病患者说这句话的时候比这本书要早，而且这本书是用希腊文写的，那个精神病患者并不懂希腊文，而且这个精神病患者一直在医院里，从来就没有出过医院。荣格认为这个精神病患者和这个写书的人之间可能存在某种联系，并且这个联系是跨越时空的。

后来，又有另外一个患者，也是在对话的时候，这个患者跟他说：我昨天做了个梦，梦见了一个金色的甲壳虫。刚说到这的时候，突然有什么东西撞到玻璃窗上，走过去一看，正是一只金色甲壳虫。这是怎样样的一种巧合？

荣格是学贯中西的学者。他对东方的文化、宗教、神学和哲学都有很深的研究。有一天，荣格在画一幅曼陀罗图（曼陀罗是梵语"Mandala"的译音，是圆轮的意思，也是心中宇宙的意思。曼陀罗图是密宗佛教的一种修行方法）。刚刚画完，他就收到了朋友理查德寄来的一篇中国古代道家的论文《金花的秘密》。他感到非常的吃惊，这又是怎样的一种巧合？

带着那么多不能解释的问题，他就开始常年的对宗教、神学、以及考古学都进行了认真的研究。世界各地的文明、神话和宗教都有些类似的特征。比如说金字塔在世界各地都有，建造出来的年代也都差不多，样子也都差不多。还有就是神话的部分，不管是玛雅文明也好，两河文明也好，长江文明也好，都提到了类似的神话故事，大洪水。中国有大禹治水，西方有诺亚方舟等等。还有就是神话中的龙。咱们中国神话里边有龙，南美的那个龙跟咱们那个龙长得几乎一样，他们叫它羽蛇神。欧美也有龙，他们那个龙虽然和我们的龙长得不一样，他们的龙有翅膀，可是，我们中国的龙也能飞。其实几乎就是一样的。从考古学的角度来说，这些文明都是没有进行过交流的。如果神也好，龙也好，还有那些金字塔，都是人们通过想象后创造出来的东西的话，那么，为什么世界各地的人都有类似的想象呢？

还有一个非常有名的波巴琪琪效应。有两个图，一个叫"琪琪"，一个叫"波巴"。"琪琪"是一个由七个大小不同的尖角组成的图案，就像我们常见的五角星一样，不同的是"琪琪"图案多了两个角是个七角星，而且每个角大小也不一样。而"波巴"图案也是由大小不同七个角组成的图案，与"琪琪"不同的是"波巴"图案的七个角不是尖角，七个角的顶端都是半圆形的圆角。把这两个图案给人们看，问他们，哪个图案是"琪琪"，哪个图案是"波巴"？不管人出生在那里，年龄大小，受过怎么样的教育，结果，世界上百分之九十五以上的人都认为尖角的是"琪琪"，而圆角的是"波巴"，并且这个实验经过了一百年的验证。

另外，还有一个非常有名的百目猿现象。在日本的宫崎县的一个叫幸岛的小岛上栖息着一群猴子。有一天，其中的一只猴子在吃地瓜的时候，一不小心把地瓜掉进了海水里。这只猴子从海水里捞起地瓜继续吃。可能是地瓜掉进海水后，海水把地瓜上的泥土冲洗掉了，猴子觉得地瓜变得更好吃了。从这以后，这只猴子每次都特意的把地瓜放在海水里洗一洗，之后再吃。时间一长，其他的猴子也跟着它学，大家就都去海水里洗一下自己的地瓜，之后，再吃。

当这个猴群里有大约 100 只猴子都开始洗地瓜的时候，奇怪的现象发生了，远在大分县高崎山的猴群也开始洗地瓜了。这两个地方不说隔着千万里，但也隔着 100 多公里的海洋呢。这么远的距离，幸岛的猴群不可能派一两个猴子游泳渡海去高崎山，教那里的猴子洗地瓜。高崎山的猴群也不可能派猴子来幸岛取经。科学家们没法解释这种现象，他们把这种超常现象叫百目猿现象，这个现象是日本著名灵长类学家京都大学教授何合亚雄发现的。

为什么会产生这种现象呢？荣格认为世界各地的人或者同一物种的东西，它们都是由某种看不见的东西连在一起的。而这个时时相连的东西是一种比潜意识更深层的东西，这个东西就是集体潜意识。也就是说我们人类其实很早以前就有意识沟通，而这个意识并不是我们的表层意识，而是最深层的集体潜意识。我们虽然不知道彼此在想什么，但我们能通过集体潜意识感受到彼此的想法，可能是一定范围或者是整体人类的一种感受。从这个角度来说，世界各地有类似的文化，有类似的宗教，有类似的神话传说，就一点儿也不奇怪了。

百目猿现象也进一步证实了荣格的集体潜意识理论的正确性。我们能够看出人类在大脑或者说内心深层有着某种共同的"联系"，这种"联系"就是集体潜意识，而这种"联系"在灵长类动物比如猴子身上也同样适用。

集体潜意识还可以解释另一个现象，就是人类共同的梦。人的梦其实就是集体潜意识的一种表现。这也就是为什么我们都会做一些类似的梦。比如说做从空中坠落的梦，被追赶的梦，飞翔的梦……等等，其实这些都来自于人的集体潜意识。我们做梦的时候就是在沟通这种集体潜意识。我们做的梦就是集体潜意识在我们个体身上的一种表现。而预知梦是共识性的巧合，也是集体潜意识的一种现实表现。

人类的发展，社会的变迁，传统文化的延续，新文化的开启，旧文化的泯灭……等等，表面上看来都是自然而然发展的，是没有任何外在力量影响的，可实际上，人类社会各种潮流的开启，延续和创新都是在集体潜意识的操控下进行的。我们可以这样说，潜意识掌控着我们每个人的命运，而集体潜意识是掌控我们整个人类命运的如来佛。

记忆的偏差

什么是记忆（Memory）？记忆是人脑神经系统中储存过往经历的能力，它是一个人对过去的活动、感受、经验、印象在大脑中的累积和储存。

记忆在医学上被分为三个部分：一个是记，一个是存，另一个是忆。这三个部分之中任何一个部分出现了问题，都会产生记忆障碍。如果记的部分出现了问题，就会造成人记不住事情，人学不会新的东西；如果存的部分出现了问题，事情是记下来了，但是保存不住，很快就忘了；另外，如果忆的部分出现了问题，虽然事情是记下来了，也存下来了，可就是想不起来了。有人可能会问，想不起来跟没有存住应该是一样的。其实，想不起来跟没有存住是不一样的。想不起来是你记下来了，也存下来了，但是，你回想不起来了。但是，有一天，通过什么刺激或者有一种不同的经历，你可能又回想起来了。可是，如果你根本就没有存住那一段记忆，那么那段记忆根本就不存在你的大脑里，将来不论你有什么样的经历或者经过什么样的刺激，你还是回想不起来那段记忆，因为那段记忆根本就不存在。

在关于记忆这个领域里，有一个非常有名的人叫伊丽莎白（ElisabethF.Loftus），是一个心理学博士。她在研究人的记忆方面做出了很大的贡献。她曾经研究过一个很特殊的案例。在美国，有一个31岁的白人男人，是一个饭店的经理，有一个未婚妻。有一天晚上，他和他的未婚妻一起出去吃晚饭，在回家的路上，警察把他们的车拦住了，因为当天傍晚发生了一起强暴案，他的车和犯罪嫌疑人的车非常的像，并且他和那个犯罪嫌疑人长的也有些像。之后，警察就拍了一张他的照片给受害人看。这个受害人看了他的照片之后，说：嗯，有点儿像。根据受害人这一句话，警察和检方就把他送上了法庭。在法庭上，受害人指着这个男人说：就是他。结果，法官就给他定罪了。当时他的家人和亲戚全都就说这是绝对不可能的事情。

这个男人很聪明，进监狱后，他找到了当地一家杂志社。这个杂志社特别喜欢刊登一些犯罪与法律相关的文章。这个杂志对他的案子特别感兴趣。这个杂志的记者就对他的案子进行了详细的调查，结果，他们还真的找到了真凶。这个真凶承认案子是他犯的，他还犯了其它类似的五十多个案子。警察抓住这真凶之后，法官知道他们之前抓错了人了，就从新判这个男人无罪释放。可是，在监狱这段时间，这个人丢了工作，他的未婚妻也离开了他。于是，他把法官告上了法庭。可惜的是还没等到开庭，一天早上起来，因为精神压力太大，他心脏病发作，死了。他当时只有35岁。

伊丽莎白详细的研究了这个案子，她觉得非常奇怪，为什么受害人那么坚信的指定那个被冤枉的人说他就罪犯呢？之后，伊丽莎白调查了在美国发生的300多个被冤枉的案子，这些被冤枉的嫌疑人里有75%是因为受害者或者是目击者的错误记忆而被冤枉的。

为什么受害人那么坚信的说那个男人就是罪犯呢？伊丽莎白通过大量的研究发现，人的记忆是可以被篡改的。这种篡改有两种可能性，首先，受到外界因素的影响后，人的记忆就会被篡改。她做了个实验，给参与者看一个车祸现场的照片，说这是一个非常严重的车祸。车祸现场有一辆车翻倒在十字路口。看完照片之后，她让参与者记住照片里的情景。之后，她让参与者回想照片里的情景。有很多人回想照片的情景时说车祸现场的地上有很多碎玻璃。可实际上，车祸现场的照片里根本没有碎玻璃。参与者的大脑把车祸现场的照片篡改了，加进去了很多碎玻璃的记忆。伊丽莎白认为，人越是在高度紧张的情况下，人的记忆被篡改的可能性就越大。伊丽莎白的团队还做了另一个实验。她们招募了一个特种兵，让他受严刑拷打。拷打完之后，给他看两张照片，问他，谁打他了？两张照片上的两个人的长相完全不同，结果，这个特种兵把打他的人认错了。研究人员认为，就算是这种特种兵，曾经受过残酷训练的人，在高度紧张的状态下，都会产生记忆上的错误，别说普通老百姓了。

那么，除了外界对大脑的记忆有影响之外，而大脑自己也会修改记忆。我们通常认为，记忆这个东西回想一次就加深一次，不断的回想，就越来越深，可事实上并不是这样的。实际上，储存在大脑里的记忆本来是一个很稳定的东西。但是，每当人把记忆从大脑中提出来进行回想的时候，记忆就会变得有点儿不稳定了，这时，为了让记忆变得更合理，大脑就会对它进行一些修改，之后，大脑再让这段修改了的记忆稳定下来，从新保存下来。每次回想，人的大脑都会把它进行一次小的修改。心理学家的说法是，如果一个人回忆一段记忆几十次之后，他的那段记忆就基本上是大脑编造出来的东西了，跟事实一点儿关系都没有了。这种修改当然不是绝对的，可是，记忆中的细节部分基本上是被全部修改了。

记忆既然能被修改，那么，记忆能不能被追加，或者被删除呢？实际上，记忆不但能被追加，而且也可以被删除。伊丽莎白的研究团队曾经做过给人植入记忆的实验，比如说，给参与者植入一段被狗咬的记忆。参与者本来是个很喜欢狗的人，当给参与者在被催眠的情况下植入一段被狗咬的记忆后，这个人就开始怕狗；当给参与者植入一段喜欢吃西红柿的记忆后，这个不吃西红柿的人也开始喜欢吃西红柿了……删除记忆也有类似的结果，比如一个人有一段非常痛苦的记忆，当把他的那段痛苦记忆删除掉后，他就不再为那段往事难过了。

实际上，心理学家对人进行心理辅导的时候，很多人就使用了这种植入记忆的技术。伊丽莎白说，其实，我们一般人也在用这种记忆植入技术。比如说，有些小孩子就坚信圣诞老人的存在，说他们小的时候见过圣诞老人。其实，在孩子小的时候，父母装扮成圣诞老人，给他们送礼物，这样的行动就给小孩子植入了一个非常美好的记忆。

在1980年代的时候，有一个非常有名的心理学家，他叫弗洛伊德（Sigmund Freud）。他被称为现代精神分析学创始人，他说，刺激可能会造成精神病，就是你如果受了刺激，可能就会造成你以后会得精神病。后来有很多心理学者就反过来说，精神病很可能就是人受了刺激而引起的。于是，要想治疗精神病，就要找到他原来受到刺激的那个根源，解开那个根源才能治病。后来有一个根本就不是心理学家的人，写了一本书，她说，患有抑郁症的女性，很多人小时候受过虐待。只要让她们回想起来小时候被虐待的过程，她们的抑郁症就会被治好。于是，很多的心理医生就用她的这个方法去给病人治病。当他们治疗抑郁症的病人时，就让他们回想他们小时是不是被打过，被虐待过？如果病人说，想不起来了。这时，心理医生就用催眠等各种各样的办法提示病人，于是，没有被虐待过的病人都能想起来小时候被打过，被虐待过。后来，这样的事情越来越多，越来越严重。有一个女病人，得了抑郁症，在心理医生的诱导下，说自己小时候被父母性侵了。之后，她就把她的父母告上了法庭。后来被证实，这个女病人小时被性虐待的事情根本就不存在。伊丽莎白关注到这个案子，专门为这个案子写了一篇论文，极力反对这种治疗方式。她说，心理医生只要看到抑郁症的病人就说病人小时候受到了虐待，然后就去诱导病人产生被虐待的记忆，这不是治病，这是折磨人！

上面说了记忆是可以被篡改的、追加的、修改的，还可以被删除的。那么是不是人的所有记忆都可以被删除呢？什么样的记忆人是不会忘记的？有一种记忆是不会被删除的，也是不会忘记的。比如说有一个人失忆了，忘掉了之前所有的一切，包括他是谁，出生地点，出生年月日，等等。但是，如果在失忆之前，他学过开车，那失忆之后，他还会开车。其实人的记忆并不是全部都记在大脑里。有一部分记忆是记在身体里的。比如开汽车车，骑自行车，游泳等，这些记忆都是记在身体里的，记在肌肉里的。所以，大脑里的记忆忘掉了，可是，身体里的记忆是忘不掉的。

其实，喝酒喝多了的话，就会忘记喝醉之后的一部分记忆。经常听说有人失恋了，就喝酒，其实那没有用的。因为，喝酒只能忘记你醉酒之后的事情，之前的事情你还都记得。

有的记忆是我们实际生活中没有经历过的，比如梦的记忆。虽然实际生活中，我们没有经历过，可是，我们梦里的感觉跟真的发生了一样，比如有人做飞翔的梦……另外一个例子就是梦见自己从一个很高的地方掉下来，吓的要命……那种失重的感觉跟真的一模一样。这种失重的感觉在人清醒的情况下是无法想象出来的。如果说梦是一段记忆的话，那么我们怎样分辨那是真实的记忆还是梦的记忆呢？

有这样一个故事。一对退休夫妻开车去四个小时车程的地方出游。车开到一半的地方，太太说：老公，咱家炉子上还烧着菜呢，煤气炉忘关了，我们应该赶紧往回开，要不然，要着火的。老公说：没事的，出门之前我把炉子关了。太太不信老公说的话，坚信炉子没有关，两人争吵起来……老公为了证实他说的是对的，就把车停在了路边，下车，把车的后备箱打开，跟老伴儿说：你看，煤气炉都被我般来了。

人的记忆是一个非常主观的东西，而且是在不断变化的，是不可靠的东西。所以，当你为了一件往事跟他人争论起来，最好不要捶胸跺脚的坚持自己的记忆是鲜活准确的。你的记忆可能早就过期了，与事实有很大的偏差，时间越久，偏差越大。

那么，我们怎样做才能防止记忆被篡改呢？把记忆写下来，写下来的东西是不会变的！

快思考与慢思考

2011年10月，心理学家丹尼尔·卡尼曼（Daniel Kahneman）出版了一本书：《快思考与慢思考》。此书的英文版上市后，在两个月的时间内就打入了《纽约时报》和《经济学人》的年度十佳图书榜。上市七个月后，横扫全球各大畅销书排行榜，好评如潮。

1943年，丹尼尔·卡尼曼（Daniel Kahneman）出生在以色列的特拉维夫。他有以色列和美国双重国籍。1954年毕业于以色列希伯来大学，获得了心理学与数学双学士学位。2002年，他与阿莫斯·特沃斯基在决策制定上的研究而荣获诺贝尔经济学奖。他的主要贡献是在不确定条件下的人为判断和决策方面的发现。他展示了人为决策是如何异于标准经济理论预测的结果。可想而知，丹尼尔有多么的厉害，他是个心理学家却获得了经济诺贝尔奖。世界上有多少著名的经济学家，研究经济一辈子，也得不到半个经济诺贝尔奖。

心理学家加列克莱因曾经讲过一个故事。一支消防队进入一座房屋，屋子里的厨房着火了。他们刚刚开始灭火，用水龙头浇厨房，指挥官喊到：全部撤离。其实指挥官自己也不知道为什么要大家全部撤离。他只是凭直觉喊出了"全部撤离"这四个字。在消防队员刚刚全部撤离的一刹那，厨房的地板轰然崩塌了。之后，指挥官才回想起自己曾意识到这场火并不大，但他的耳朵特别烤的慌。虽然不知道哪里不对劲儿，但他知道情况不妙。最后大家才知道，引起这场大火的火源根本不是厨房，而是消防员脚下的地下室。

我们都听说过一些关于专家们的"直觉"的故事。比如某位象棋大师路过街边棋局时，无需驻足观看，只是扫了一眼棋盘，就知道白方三步之内就能将黑方杀死。还有，某位医生，只需一瞥，或者只跟病人说一句话，就能对病人做出全面的诊断。专家的直觉像迷一样吸引着我们，但他们的这种直觉能力不是迷。我们每个人每天都会表现出很强的直觉能力。大多数人在接电话时，听到对方的第一个词，就能感知对方是否生气了；刚刚进办公室的门就能发现自己是大家谈论的对象；刚刚开上高速公路，就能断定旁边车道上的汽车司机正处在危险之中。我们都能对细微的信号做出迅速的反应。我们日常的直觉能力并不逊色于一位经验丰富的消防员，或者医生。

丹尼尔认为，我们的大脑里有快思考（系统一）与慢思考（系统二）两种运作系统：无意识运作系统和有意识运作系统。上述所说的"直觉"就是无意识运作系统。无意识运作系统依赖情感、记忆和经验，能对环境迅速作出判断。它见闻广博，能使我们对目前遇到的情况迅速作出反应，是个快思考系统。快思考是直觉思维的不同形式，其中包括感觉和记忆中的所有无意识的大脑活动。这些活动会让你知道，桌上有一盏台灯，猫藏在床下，或者想起俄罗斯首都的名字来。

当面对难题时，我们往往先对相对简单的问题进行回答。有时，我们无法凭直觉找到问题的解决方案。在这种情况下，我们往往要找到一种更慢更严谨，需要投入更多脑力的思考形式才能找到答案，这就是慢思考，也就是上面所描述的"系统二"。慢思考依赖于丰富的经验和超强的记忆力，通过调动注意力来分析面临的问题，对问题进行推理，从而解决那些快思考不能立马解决的难题。"快思考"

和"慢思考"相互协调，相互配合，非常高效的解决我们日常生活中所遇到的各种问题。

现在，请看下面的问题：17乘24。你立刻知道这是一道乘法题。也许你会想到，如果有纸笔，你就能算出答案。你还会对答案的范围有个直观的模糊认识。你能很快知道12609和123不可能是答案。但如果不花点时间来计算的话，你就无法确定568是不是正确答案。由于想不出一个准确的答案，你会把自己头脑中的其他事情放下，静下心来想想怎样做这道题。首先，你会从记忆中提取出很久以前读书时所学的乘法知识，然后，加以运算。这个过程不容易，你得记住很多内容，你要知道自己算到哪一步了，知道下一步该怎么做，同时还要记住已得到的结果。这个计算过程是脑力工作，需要刻意的努力，并且需要有序的进行。这也是慢思考的一个特征。这种计算不仅是大脑活动，身体也会参与其中。在计算时，你的肌肉会紧张，血压会上升，心跳会加速。在你解决这个问题时，你的瞳孔会扩大。结束计算时，得出正确答案或者放弃计算，这时，你的瞳孔便恢复到正常的大小。这样按部就班的运算过程便是慢思考。

快思考的运行是无意识的且快速的，不费脑力，也没有感觉，完全处于自动控制状态。慢思考是需要费脑力的大脑活动，如复杂的运算，逻辑推理，等等。慢思考的运行通常与行为、选择和专注等主观体验相关联。我们在审视自己时，往往更容易采用慢思考，认为自己头脑清醒，富有逻辑，抱有信仰，并善于抉择。我们通常认为自己是自己的主人，我们能够决定自己想要什么，该做些什么。快思考是自动的对周围环境初始的印象和感觉。这种自动的初始印象和感觉是慢思考做抉择的主要依据。而只有缓慢的慢思考才能按部就班的构建人的想法。在通常环境下，快思考随性的冲动及其联想都会受到慢思考的抑制。这两种思考系统各有千秋，各司其职。

为了简单明了的说明快思考与慢思考的关系，我们假设快思考与慢思考是两个亲兄弟。快思考是弟弟，慢思考是哥哥。弟弟精力充沛，站在办公室门口，观察过往的行人，聆听着不同的声音，监视着环境中的异常现象……随时准备着解决遇到的问题。而哥哥精力不济，常常在办公室里打盹……由于哥哥的任务通常是解决难题，而解决难题需要付出很多的精力和体力，所以，哥哥常常感到很疲劳……兄弟两人有着不同的人格和性情。弟弟是冲动型的，喜欢凭直觉。而哥哥是稳重型的，很谨慎，喜欢推理。

举个快思考的例子：确定两件物品哪个近哪个远；确定突然出现的声音来自哪里；看到恐怖画面后做出厌恶的表情；察觉出对方的语气不友善；回答二加二等于几；读大型广告牌上的字；在空旷的道路上驾车行驶；理解简单的句子，等等，这些活动都是自动发生并且毫不费脑筋的。快思考的诸多能力中包括一些与生俱来的能力，这些能力与其他动物的本能一样。我们生来就能感知我们周围的世界；能够认识事物；能够集中注意力；能够规避风险；会害怕蜘蛛；等等。大脑的其它思维活动也因为长期的训练而变的自动而迅速。快思考除了能够将我们已经有的知识联系起来之外，还能使我们掌握一些技能。比如看出并能理解一些社交场合的细微差别。有些技能只有专家才能掌握，比如象棋中出奇制胜的那些招数。而其它的技能，普通人都能掌握。例如，看出刻板员工们的个性，他们有哪些相似之处。还有，我们能掌握大量的语言以及文化知识，而大多数人都具备这些知识。这些知识就储存在我们的记忆中，不必刻意，也无需努力便可随意存取。以上列出的大脑活动，是完全无意识的,自动的。你不必刻意学习便可领会母语中很多简单的句子。听到突然一声响后，你会自动的确定声音来自何方；看到二加二就知道等于四；提到法国的首都，你会不由自主的想到巴黎，等等这些都是无意识的自动的反应。

慢思考的运作是高度多样化的。而且这些运作方式都有一个共同特征，所有运作都需要集中注意力。如若注意力分散，运作也会随之中断，或者出现偏差。以下是一些例子，比如，赛跑时，随时做好准备；看马戏时，关注马戏团里的小丑；在一间嘈杂的屋子里，关注某个人的声音，或者寻找某位白头发的妇女；走路时，保持比平时快的步行速度；在社交场合，观察自己的举止是否得体；告诉某人你的电话号码；在狭小的空间里停车；比较两款洗衣机的具体功效……在上述各种场景中，你都必须集中注意力。若是没有准备好，或者将注意力转移到其他事情上，你就会出错，甚至是一塌糊涂。

如果你的注意力分散开了，如果分散掉的注意力有限，还可以接受，但是如果你想透支你的注意力，将其过度分散到其它事情上去，结果就会失败。这证明了有些费脑力活动是相互影响的，也说明了为什么同时进行几项活动很难，是不可能的。这就如同你不能一边开车向左转，一边计算17乘24这道数学题，两者无法兼做。

每个人都能多多少少的意识到注意力是有限的。在社会生活中，我们有时也会为此做出妥协。在看不见的大猩猩一书中，克里斯托弗设计了一部两队传篮球的短片，其中一队球员穿的是白色球衣，另一队球员穿的是黑色球衣。研究人员要求观看短片的人数出白色球衣运动员相互传球的次数，而忽略掉黑色球衣运动员传球次数。这是个比较困难的任务，需要人的注意力完全投入才行。短片播到一半时，屏幕上出现了一个套着大猩猩服装的女人。她锤着胸，不紧不慢的穿过球场。这只大猩猩在屏幕上出现了九秒钟。一万多人看了这部短片，其中大约有一半人并没有注意到大猩猩的存在。之所以这样，是因为这个计数任务，尤其是要求忽略黑色球衣运动员传球的次数，造成了这种视而不见的视觉屏蔽效应。否则，所有观看短片的人都会看到那个招摇过场的大猩猩。

在这项研究中，最值得注意的是在人们知道结果后，吃惊的反应。那些没有看到大猩猩的观众确信场上根本没出现大猩猩。他们很难想象自己会错过这么明显的事情。这个关于大猩猩的研究阐述了与我们大脑相关的两个重要事实。我们有时会忽视显而易见的事情，之后，还会忽视自己屏蔽了这件事的事实。

快思考遇到麻烦，慢思考会出面解决。

当我们醒着时，快思考和慢思考都处于活跃状态。快思考基本上是处于自动的警惕的状态。而慢思考则通常处于不费力的放松状态。快思考不断的为慢思考提供印象、直觉和感觉等信息。如果接受了这些信息，慢思考则会将印象、直觉和感觉等信息转化为行为。通常情况下，一切都会顺利进行的。慢思考有时会稍加调整，或者是毫无保留的接受快思考的建议。因此，你一般会相信自己的最初感觉是对的，是正确的，并依照自己的感觉去行动。当快思考的运行遇到困难时，它便会向慢思考寻求支援。请求慢思考给出明确和详细的处理方案来解决当前的问题。在快思考没有解决问题的方案时，慢思考就会被激活。这好比 17乘以 24这样的数学题，快思考是无法给出答案的。慢思考被激活后，就来解决这道数学题。

当遇到令人吃惊的事情时，你会感到注意力会瞬间激增。而在快思考的世界里，电灯不会乱跳，猫不会像狗一样汪汪叫，大猩猩也不会穿过篮球场，如若事物违反了快思考所设定的模式，慢思考就会被激活。大猩猩的实验表明，当察觉到令人惊讶的事物时，人才能对其予以关注，从而激发出你更多的注意力，之后，你就会将目光集中在令你吃惊的事物上。通常，慢思考有一作用是持续不断的监督着你的行为。有了他的监督，你在生气时也能保持应有的礼节；有了他的监督，你在夜晚开车时也能保持警惕，等等。当你要犯错时，慢思考就会受到刺激，加速行动。回想一下，在难听话即将脱口而出时，你会强把话咽回去。总的来说，你所想所做的大多数事情都是由快思考引起的，但是当事情变得困难时，慢思考便会接受难题。慢思考一出马，所有事情都会迎刃而解了……

快思考和慢思考的分工是高效的，代价最小，效果最好。一般情况下，快思考很善于完成自己的本职工作。他在熟悉的情景中采取的模式是精确的，所做出的短期预测是精准的。遇到挑战时，做出的第一反应也是迅速而恰当的。然而，在很多特定的情况下，快思考容易犯系统性错误。你会发现这个系统有时会把较难的问题做简单化处理。对于逻辑学和统计学问题，快思考几乎一无所知。

下面举一个快思考出错的例子。有一个简单的问题。别费脑筋去分析它，凭直觉做做看。球拍和球共花 1.10美元，球拍比球贵 1美元。问球多少钱？看了这道题后，很多人会马上想到一个数字：10美分。这道简单的难题之所以与众不同，是因为他能引出一个直觉性的错误答案。计算一下，你会发,现如果买球花费 10美分的话，总共就要花 1.2美元。而不是 1.10美元。这道题的正确答案是 5美分。人们只有成功的抵制住快思考（直觉）的诱惑，静下心来，让慢思考出来解决问题，才能给出正确的答案。

通常，慢思考对快思考的监视是非常严密。上述的简单难题让我们了解到这样一个重要的事实，当慢思考没有严密监视快思考的行为时，而倾向于快思考的直觉性答案时，结果就会出现错误。其实，慢思考只要稍微认真工作几秒钟，就会否定快思考的直觉性答案，就会避免出现上述的错误答案。给出正确答案的人，显然是大脑里的慢思考更活跃。一万多名大学生回答了这个球拍和球的问题，其结果令人吃惊。哈佛大学、麻省理工学院和普林斯顿大学中有 50%以上的学生给出了直觉性的错误答案。在稍差一些大学的大学生中，则有 80%以上的大学生给出了错误答案。

上面所述的问题是个慢思考的问题，不是快思考的问题。结果，倾向于快思考的人容易犯错误，而倾向于慢思考的人就容易给出正确答案。所以，在不需要迅速解决问题的时候，我们最好是慢下来，不要懒，动动脑筋，避免犯简单的直觉性错误。实际上，倾向于快思考的人是可以通过一步一步的训练，慢慢的变成倾向于慢思考的人。

很多人由于太自信，过于相信自己的直觉，结果，就容易犯直觉性错误。

在通常状况下，我们静下心来，慢慢思考，认真做事，就不容易出错。我们吃饭要慢，这样，就对消化有好处；我们说话要慢，这样，就不易顶撞领导；我们动手要慢，这样，我们就会少打孩子……

谁掌控着我们的命运

人的命运到底是由什么决定的？这是千百年来人们都在研究和讨论的话题。根据心理学的研究发现，我们一生的际遇除了外部条件影响之外，更多的是由我们内在意识的选择和创造的结果。比如，同样的一个境况，放在不同的两个人面前，有的人会选择争取，有的人会选择放弃；同样的一件事，或者同样一个问题，摆在两个人面前，怎样去对待这件事，怎样去解决这个问题，两个人的决策可能是完全不一样的。这些完全不同的选择最后组成了我们现在的生活状况，这些选择小到一件鸡毛蒜皮的小事，大到选择什么样的职业，跟什么样的人结婚，对生命攸关大事的决策……等等。这里所说的内在意识，在心理学中通常被称为潜意识。

什么是潜意识呢？想了解什么是潜意识，我们首先要知道什么是意识。意识是我们日常生活中，通过我们的听觉、视觉、触觉对当下外在事物的体验，对当下外在事物的感知，对当下事物的理性判断以及所思所想，是具有逻辑性和现实理性的主观体验等等就都属于意识的范畴。

那么，什么是潜意识呢？顾名思义，潜意识就是潜伏在意识之下的心理活动。在清醒状态下，这种心理活动我们是感知不到的，其中包括通过遗传得到的人类早期经验，在无意识状态下对外界刺激的本能反应，被心理防御系统所压制下来的不幸经历，创伤性经验，以及常年累积下来的对外界包括自然的和人类的感知、知识、经验和记忆等等。

心理学家将人的意识和潜意识比喻成一座冰山，露出水面很小一部分是我们的意识，大约只占整体的 5%，其余隐藏在水面下的大约占整体 95%的冰山是我们的潜意识。因为我们在清醒状态下感知不到潜意识的存在，所以我们说潜意识是隐藏在水面下的冰山。

有人问，为什么说意识只占冰山的 5%，为什么不是占 50%呢？而潜意识却占冰山的 95%？由于生存的需要，当遇到危险时，我们对周围环境的感知，推理，预判和行动的速度要非常的快。如果慢了，我们可能就会成为其它生物的美食。因为我们对环境的反应速度要非常快，我们的意识就不可能对接收来的经验、经历、知识和记忆等所有息进行全面的总结、推理和分析，得出结论后再行动，那样的话，工作量太大，速度太慢，不可能应对突如其来的危险。由于对危险环境要有最快的反应和行动，我们的意识只有以最快的速度对少量的重要的信息进行推理分析，得出结论之后，快速行动，或者打，或者跑，或者躺下装死……所以，出于生存的需要，我们的意识就必须把大量的不重要的经验、经历、知识和记忆等信息筛选出来放到潜意识中去，这是一种自我保护和生存机制。为了确保存储在意识中的信息少而精，我们的意识还要不断的筛选新进来的经验、经历、知识和记忆片段，保留新进来的重要信息，而不断的把意识中陈旧的，过时的和不再重要的信息从意识中放到潜意识中去。结果，保留在意识里的信息就很少，而存储在潜意识里的信息就非常的多。

我们平时就是靠露出水面5%的冰山来感知和接收外界的信息，比如我们看过、听过、吃过和闻过，以及感受过的一切等等。但是，我们不可能把接收来的所有信息全部记住，很多信息转眼间或者过几天就都忘掉了。这些信息是不是就被都彻底遗忘了呢？这些信息其实没有真的被遗忘，这些没被记住的信息都储存在水面下的潜意识里了。

举个例子，我们有很多事情想不起来了，很多久远的事情我们都忘记了，是不是被删除了，不存在我们的记忆当中了呢？有人做过这样的实验，一个心理学家把一个人催眠了，催眠后，这个人就能想起来很多小时的事情，之前，他怎么都想不起来那些小时候的事情。这个实验证明，很多事情我们想不起来，不是那些记忆被删除了，那些记忆一直在我们的潜意识里存着呢。在没有意识参与的情况下，潜意识里的东西才能显露出来。在有意识的情况下，我们的意识会压制那些认为不重要的信息，所以，意识通常把潜意识压制在水面之下使之不能显露出来。由于大量的信息存储在潜意识当中，所以，心理学家认为潜意识占总意识的 95%，也有的心理学家认为意识只占总意识的 1%。

我们每个人的命运都是由我们的潜意识决定的。潜意识决定着我们看待事物的观点，控制着我们的行为、选择和决策，保存着我们各样的经验，所有的经历，不同的信念，以及一切关于我们生命的秘密。虽然我们察觉不到潜意识的存在，也意识不到，甚至有时候觉得我们本来就是这样的决定的，我们常常认为的由外在力量决定的命运，其实是潜意识驱使我们做的选择。

为什么心理学家要说我们的命运是潜意识决定的，而不是意识决定的呢？有人会说，在日常生活中，真正做选择的是我们的主观意识，而不是被动的在清醒状态下我们感知不到的潜意识做的决定呀。不应该只因为潜意识占的体积大，我们就说它是我们命运的主宰者吧？如果说是潜意识掌控和主宰着我们的命运，那么，潜意识是怎样掌控和主宰着我们的命运的呢？

有人讲过这样一个故事。如果有人突然大喊：壶了。如果问我爸：当您听到有人喊"壶了"，您大脑里第一反应的是什么？我爸会回答：麻将桌上有人"和了"。如果问我妈：当您听到有人喊"壶了"，您大脑里第一反应的是什么？我妈会回答：我首先想到厨房里的菜烧"糊了"。这就是潜意识上升到意识的例子。什么事情经历的多，什么想法在头脑中想的多，或者什么话说的多，潜意识里这方面的东西就存储的多。潜意识里存储最多的东西，也最容易上升到意识当中去。麻将打的多的人，有过很多次麻将桌上"和"了的经历，潜意识中就积累了很多"和了"的信息。一旦遇到意识里的信息"壶了"与潜意识里的信息"和了"一致的时候,潜意识就立即把这个"和了"的信息送给意识。意识根据潜意识送来的"和了"这个信息去分析推理，得出结论之后，下达行动的命令：过一会儿该去打麻将了。妈妈可能也去打过几次麻将，但是她有更多菜烧"糊了"的经历。所以,当妈妈听到"壶了"的时候,潜意识首先送给意识的信息是"糊了"，因为在妈妈的潜意识中菜烧"糊了"了的经历比打麻将"和了"的经历多的多，所以存储在潜意识里的"糊了"的信息就多。而潜意识不知道什么是对错、好坏和先后，什么信息多，潜意识就把什么信息送上来。结果，妈妈的想到的是：过一会儿该去做饭了。这就是一个典型的潜意识影响人行为的一个例子。人的一系列行为就是人的一生。

重复的行为活动通常表现为一个人的习惯。这些习惯小到影响个人的卫生、形象，大到影响身体健康、婚姻、爱情和工作，以及事业等等。也可以说习惯总是左右着我们的生活。在一个人的日常活动中，有 90%的行为活动都在不断重复之前的行为活动，并在潜意识中转化为程序化惯性。习惯一旦养成，就会成为支配人生的一种力量，主宰人的一生。一根矮矮的柱子和一条细细的铁链就能拴住一头重达千斤的大象。这难以令人置信的景象在印度和泰国随处可见。原来那些训象人在大象小的时候，就用一条铁链把它绑在柱子上。由于小象的力量有限,无论它怎样挣扎都无法摆脱铁链的束缚。于是小象就渐渐的习惯了这种束缚而不再挣扎，直到长成庞然大物。虽然它可以轻而易举的挣脱锁链，但是大象依然选择了放弃挣扎，因为在它的惯性思维里，仍然认为摆脱铁链是永远不可能的。小象是被实实在在的铁链绑住的，而长大后的成年大象则是被看不见的习惯邦住了。而我们每个人，都被一条条无形的铁链绑住了，那一条条铁链就是我们的潜意识，它们束缚并掌控着我们的命运。

心理学家认为我们日常行为看似是由自己的意识决定的,可是,起决定作用的却是我们的潜意识。举一个经典的例子，有一位女士，她结婚以后啊，经常遭到家暴。她离婚之后，第二任丈夫还对她家暴。她又离婚了，并发誓说再也不结婚了，男人都不是好东西。后来呢，有一个很好的男人，和她结婚了。这个男人别说对女人暴力了，他甚至都不会和女人吵架。可没想到，婚后的第二个月，她又被打了。两个人一起去找了心理咨询师，心理医生对事情的发展经过进行了详细的询问之后，从细微之处发现了原因。刚刚开始，他们只是因为炒菜，盐放的多呀少呀，吵架，后来，就越吵越激烈，吵着吵着，这个女人就对她男人说：你是不是想打我了，就像我爸打我妈那样，这男人说：怎么可能。我觉得我今天跟你吵成这样都挺奇怪的。我平时根本都不跟别人吵架的，更不会跟女人吵架。可是，这个女人依然不依不饶，开始大喊：你就是想打我！打呀，打呀！不打你就不是个男人！她起初这么说的时候，男人没说什么，也没有做什么。但是，当她喊了很多次以后，这个男人说他脑子突然就一片空白了，然后，就一拳挥了出去。这位女士，在她的潜意识里边存储的信息是男人都不是好东西，男人都打女人。而当她真的遇到了一个好男人的时候，她的潜意识里，同样的把这个不打女人的好男人想象成一个打女人的坏男人，这样就符合她潜意识中跟她爸爸一样的形象。结果，挨了男人打后，就证明并且满足了她的潜意识的需求和标准。

那么，为什么她的潜意识要驱使她喜欢找家暴的男人呢？而且把不喜欢家暴的男人也训练成一个家暴的男人呢？因为潜意识并不知道对错、好坏，什么重要，什么不重要。潜意识的功能只是存储大量的信息。在这个女人的潜意识里有关男人的信息最多的就是他爸爸的信息。由于她爸爸的信息在潜意识里储存的最多，所以，只要她跟男人有接触，或者她的意识里出现与男人有关的信息，她的潜意识立即就把她爸爸的信息找出来送给意识，而意识就把潜意识送来的信息作为最基本的理由和依据，作为下一步的行动指南。这就是为什么说潜意识在操控着我们的命运。同理，很多酒鬼的女儿长大后很容易找个酒鬼做丈夫，原因就是潜意识在作怪。

潜意识也像一根无形的绳子牵着各个不同的人走在不同的人生路上。既然潜意识操控着我们的命运，那意识的重要性在哪里呢？

与潜意识最大的区别是意识有鉴别分析的能力，有逻辑推理的能力和选择对错的能力。而潜意识没有上述这些能力，它的作用主要是把从意识那里得来的所有信息全盘接收储存起来，以备后用。

英国有一个出名的画家，他坐直升飞机，飞过一栋临泰晤士河边的二十多层的办公大楼，下了飞机之后，仅凭记忆，他可以把泰晤士河上的每条游船非常详细的画下来，而且还能把河边那栋大楼画下来，并且把大楼的窗户一个不漏的全部画出来。他的大脑就是一部照相机，把他看到的全部照下来，记录在他的脑袋里。

美国有一个人，知识极其渊博。他不仅识字，还可以两眼同时读两页书，而且过目不忘。他成天泡在图书馆里，他能记住一百年前的今天，世界上发生的重大事件，并能记住这一天是星期几。他经常到各个大学去讲演，演示他惊人的记忆力。有时，他还应邀出国讲演。他是一个蜚声国际的名人。

可是，上面所说的这两个名人都是残疾人。他们的残疾不是他们的四肢，而是他们的大脑。他们大脑的主要功能只是记录信息，而没有鉴别好坏的能力，没有逻辑推理的能力和选择对错的能力。由于意识的缺陷，他们不能辨别是非，分析对错，安排先后。他们不知道应该先穿袜子还是先穿鞋子；天冷了该穿棉衣还是穿单衣；他们不知道怎样花钱买东西；他们两人都是需要人照顾日常生活的残疾人。并且，这两个人的头颅并不比我们普通人的头颅大，也就是说他们的脑容量并不比我们普通人大。所以，他们记东西的能力并不比我们普通人高。由于我们的硬件并不比他们的差，他们能记住多少东西，我们也能。可是，为什么我们就不能记住十年前所看过的书呢？昨天我们看过一条大河，可今天我们怎么就记不住河面当时有几条船？每条船的样子？船上站着几个人呢？难道我们没有记下来，没有存储下来？实际上，我们也记下来了，也存储下来了。我们想不起来是因为我们的意识阻止不重要的信息进入到我们的意思里。还有一个原因是当我们的意识接受到那些信息后，经过筛选，把那些不重要的信息放到我们潜意识的最底层，这也使得这些不重要的信息很难浮出水面。如果在催眠的情况下，心理医生就能把我们潜意识里那些不重要的信息调出来。实际上，把大量信息放到潜意识里，也是生存的一种保护机制。因为当人遇到危险时，比如一只老虎向我们冲过来，我们要用最快的时间做出决定：跑。而不是把潜意识里的信息全部调出来进行分析：这只老虎长的像个大猫，猫很温和，温和的动物一般不会伤人……分析到这里时，老虎可能已经咬住我们的脖子了……

如果没有意识，我们就是一个植物人。如果我们的意识有缺陷，我们就是个傻瓜。没有意识，潜意识是不可能主宰我们的命运的。当我们有正常的意识，潜意识就无形的影响和主宰着我们的命运……

所以，所以，所以，我们小时长大的环境非常，非常，非常的重要，因为我们长大的环境很大部分决定着我们潜意识的形成，而我们的潜意识又掌控着我们的命运。

第十章　环境与寿命

人的皮肤是人体的最大器官，也是人体免疫系统的最重要组成部分。人体皮肤之间的相互接触抚摸，肌肤之亲，也会在很大程度上增强人的免疫力，增强人的各种抗病能力……

美国著名作家海明威在他的长篇小说《丧钟为谁而鸣》中，说过这样一段话：谁都不是一座孤岛，自成一体。任何人的死亡都使我有所缺损，因为我与人类难解难分。所以，千万不要去打听，丧钟为谁而鸣，丧钟为你而鸣……

人在世上走一遭，带不走的是外在的财富、名望和权力，带走的是丰富的经历，多彩的人生和一个饱满的灵魂。

绿色植物的作用

很多研究表明，自然环境中的绿色植物对人的思维和行为有相当大的影响，即便是一小盆绿色植物都会对人的思维和行为有很大的影响。

有人做过调查，当病人能从病床上看到窗外的绿茵茵草丛和树木，他们的康复率就会大大的提高；监狱里的犯人如果能从铁窗里眺望到远处绿油油的农田或者深林，他们的身体就会比其他无法看到田野或者深林的犯人更健康。这些绿色环境对人身体和行为的影响并不只局限于病人和犯人，而且可以扩展到世间所有人身上。

有人做过一个最为典型的研究：绿色植物与犯罪率之间的关系。研究人员把注力集中在芝加哥一个大型房屋建筑工程上。这个建筑工程之所以吸引研究人员的注意力主要有两个原因，第一，该工程的一部分区域种植着相对较多的绿色草丛和灌木。而另一区域则只有灰色钢筋混凝土。第二，这些居民都是随机分到住房的。从而保证了这两个不同区域的犯罪率不取决于收入背景或者其它因素。该研究取得了令人惊讶的结果。与那些开窗只能看到灰色钢筋混凝土小区相比，那些开窗就能看到绿色植物小区中的偷窃犯罪率要低百分48%，暴力犯罪率要低52%。研究人员认为绿色植物可以使人的心态安静下来，使人处于良好的情绪之中，从而减少人们反社会的行为，从而不去犯罪……

绿色植物不但能减少人反社会的行为,还能让人更具有创造性。日本的心理学家柴田征二与铃木直仁在他们一系列的实验里证明了这一点。他们招募了一批参与实验的志愿者。他们要求志愿者在办公室的各种环境里进行训练。在一些办公室里，他们在志愿者的前方或者侧方摆放一盆绿色植物。与此同时，在另一些办公室里，他们则什么都不放。而在另一个办公室里，研究人员用杂志架去替代绿色植物。经过多次实验，结果发现，在办公室里多放一盆绿色植物能够神奇的增强人们的创造力。

美国德克萨斯州的农工大学的心理学家罗伯特对人的创造力进行了八个月的研究。结果显示，若是在办公室里多添加一盆植物，员工们会增加 15%的创造力。而且在帮助同事提出的问题时，显得更加灵活。在另一侧实验里，研究人员发现，如果孩子们在充满绿色植物的庭院里玩耍时，比他们在光秃秃没有绿色植物的户外玩耍时，能有更多的合作性和创造性。

这样看来，到郊外散步或者在身边放置一些绿色植物，能使人产生更多的灵感。

罗切斯特大学心理学家安德鲁和他的研究团队对人的创造力与背景颜色的关系进行了一番研究。研究人员做了这样一个实验，他们分发给参与者一个小册子，册子里面写着一些标准的字谜。同时在小册子的每一页的边角处，用红色或者是绿色的笔写下参与者的编号。然后，他们让参与者检查每一页上他们的编号是否正确。之后，对这个小册子里的谜语进行解答。其结果让人惊讶，虽然每个参与者对他们的编号只看了几秒，那些看到绿色编号的参与者们平均要比那些看到红色编号的参与者们多解答了 30%的字谜。

研究人员认为，红色信号通常带给人们一种环境有危险或者出现错误的感觉，就像红色交通灯与老师批改作业的红色笔迹。而绿色信号则代表着一种积极与放松的状态，就像绿色交通灯或者苍翠的树木。通常，人在放松的状态下，能发挥出更大的能力，能激发出更大的想象力和创造力。

为什么绿色植物能给人带来这样的影响呢？根据一些进化心理学家的说法，原因可以追溯到数千年前。进化心理学家认为，生活在有着草丛树木的绿色环境里，人类原始的安全感会被激发出来。这样的环境能给人提供充足的食物，能缓解人不知下一餐从何而来的忧虑感，从而使人心情安宁愉悦。这安宁愉悦的情感能使人变的更加友善，更加快乐并具有创造性。

综上所述，绿色植物对人有积极巨大的影响。绿色植物间接的给人提供了大量的正能量，不但有助人身体健康，使病人早日康复；还能使人心情愉悦，减少犯罪率，增加人的创造性……

现在，我坚信，我家里如果多放些绿色植物，我就会减少喝老酒的冲动；减少跟老婆吵架的理由；减少打孩子的怒气；而增加买菜、做饭、打扫卫生的兴趣……

我明天就去买五十盆绿色植物。主人卧室里放十盆，客厅里放十盆，厨房里放十盆，书房里放十盆，过道里放十盆……

老鼠的天堂

一九六八年，动物行为学家约翰卡尔洪，在美国马里兰州的一所实验室建造了一个老鼠的天堂，起名叫二十五号宇宙。这个老鼠的天堂是个封闭的没有盖子的正方形盒子，长和宽都是二点五七米，高一点三七米，里面平均分成了十六个区域，每个区域里都有食物和水的供应设备，墙壁上设置有隧道和老鼠的窝。在这个空间里，可以容纳三千八百只老鼠。当老鼠的数量达到六千只时，水才会供应不足，当老鼠达到九千只，食物才会出现短缺。在二十五号宇宙里还配备了恒温系统,有老鼠生活需要的所有的东西。它们没有天敌，没有疾病，而且不会有任何外界的打扰。它们可以无忧无虑的过着吃喝不愁悠哉游哉的生活，这里就是老鼠的天堂。

一九六八年的七月九日，约翰卡尔洪挑选了四只健康的公鼠和四只健康的母鼠，他把这的四对老鼠投放到了二十五号宇宙中。在实验的三个月后，第一窝幼鼠出生了。随后，老鼠开始快速繁殖，平均每两个月，老鼠的数量就会翻倍，直到老鼠的数量达到六百二十只，老鼠繁殖的速度开始减缓，从原来的五十五天（大约两个月）数量翻倍，减缓到一百四十五天（大约五个月）翻倍。

老鼠是一种社会型动物，有极强的领地意识，即使在这种资源充沛的世界里，它们依然各自有自己的领地，保存着弱肉强食的规律。在实验进行到一年半的时候，老鼠的数量达到了二千二百只。从此之后，老鼠的数量就开始下降，老鼠的死亡率开始大于出生率。

在老鼠数量下降的同时，诡异的现象也开始发生。可能是由于社会地位低下而没有它们各自的领地，年轻的雄性老鼠开始聚集到方盒子的中间区域，它们开始出现不愿意社交，而且无法融入老鼠社会的现象。他们变得非常的呆滞而且异常的暴躁，一旦有其他老鼠打扰到他们，就会疯狂的攻击对方。而被攻击的老鼠也不反抗，任由对方撕咬。有些年轻的雄性老鼠开始有了"同性恋"行为，而且对异性没有任何兴趣。有些年轻的雄性老鼠过着与世无争的日子，对它们身外的任何事情都不感兴趣，每天除了睡觉吃饭，他们就是梳理自己的毛发，把自己打扮的得非常漂亮。研究团队的研究人员称这些年轻的雄性老鼠为"美丽鼠"。这时，有领地的公老鼠也开始逐渐的失去领地的意识，开始变得木讷，对一切都失去了兴趣，也不再保护自己的领地了。由于公鼠不再承担它们保护领地的责任，这就迫使母鼠们担起保护领地的责任。这些母鼠们开始变得异常的暴力，甚至还会攻击自己的孩子。因为不能依赖公鼠，这些母鼠对公鼠也失去了性的兴趣，不喜欢找公鼠交配。到后期，整个区域内的老鼠几乎都没有了性别意识，没有了任何性的欲望，互相之间剩下的就只是暴力。因为老鼠们互相之间没有了性的欲望，结果当实验进行到两年半的时候，就不再有新的老鼠出生了。整个实验进行到一千七百八十天时，最后一只老鼠宣告死亡，老鼠的"天堂"也就不复存在了。天堂一样的世界却得到了地狱一般的结局。

导致"天堂"中的老鼠最终全部死亡的两个必须的条件：一个条件是它们生存的空间有限。当老鼠的数量达到两千两百只时，那个大约七平方米的空间是不够的。在自然环境中，两千只老鼠要占据比"天堂"大几十倍几百倍甚至上千倍的土地面积。拥挤的环境自然的就使得老鼠数量下降。而另一个条件是在"天堂"里生活的老鼠过着丰衣足食的日子，老鼠们不用发愁下顿饭的来源，它们想啥时吃就啥时吃，而且还有个安全的环境，也不用怕有任何生命危险。

跟老鼠的"天堂"相比，我们人类也正在给自己制造"天堂"。虽然很多国家有大面积的土地，可是人们不去住，而是往大城市里挤。大城市给人们提供了优越方便的生活环境，这就造成了大城市人口密度越来越大，人的生存空间越来越小，这就好像人们给自己造一个"天堂"。看看我们现在的大城市，高楼林立，人的生存环境就真像老鼠那个拥挤的"天堂"。

现在社会生产力高度发达，人的生存保障越来越好，越来越多的人过着吃穿不愁的生活。天上飞的、地上跑的、水里游的，想啥时吃就啥时吃，就差没吃火星上的美味了，不过那只是个时间的问题。有着这些优越生活条件的人类也非常像"天堂"里的老鼠。

很久以前，或者不是很久以前，单身男人们有性的需求时，他们去青楼或者妓院去满足他们的需求。由于科技的进步，有性需求的男女可以通过互联网，约一个性伙伴到旅馆或者家里，搞个一夜情，满足他们（她们）的性需求……在现代社会里，每个旅馆都可以是青楼，每个公寓都可以是妓院……人们还可以通过互联网，建立起一个不以家庭为目的的长期男女关系，既满足了性的需求，也满足了情感需求。男人和女人不用结婚，不用承担家的责任，就能满足自己性的需要和情感的需要；在现代社会里，科技给人的生活提供了极大的方便，只要人们乐意，男人可以天天换丈母娘，女人可以天天换新郎……结果，人口出生率下降。

随着物质的丰富，离婚率也越来越高，单身家庭越来越多，单身女人养孩子的家庭越来越多，这正像"天堂"里的老鼠。当公鼠不承担它的责任时，母鼠就开始扮演公鼠的角色，独当一面，保家护院……单身母亲，肯定不可能养很多孩子。

随着物质的丰富，宅男宅女也越来越多。宅男宅女这个名词来源于日本，意思是指很长时间足不出户的人。在亚洲，日本是科技最发达的国家，也是宅男和宅女最多的国家，也是人口下降最快的国家。这些宅男宅女们有些像天"堂里"的"美丽鼠"。在亚洲，日本还是生产性玩具，三级片最多的国家，日本也是新生儿出生率最低的国家。

随着物质的丰富，传统的家庭在逐渐解体，从一百年前的四同堂，到三世同堂，到两世同堂，到一世同堂（单身一人）……选择独身的人越来越多，不久的将来，绝大部分人可能都没有后代了。那时的世界就无人同球了。

有人说，"天堂"里老鼠的命运也是我们人类将来的命运。目前，我们人类正在朝着"天堂"里老鼠的命运大踏步的前进着……

也有人说，人类不是鼠类，人类是不会彻底从地球上消失的，因为人类是有智慧的，人类可以用我们的智慧来解决人口下降的问题，比如鼓励年轻人多生孩子，给多生孩子的家庭更好的福利，罚款不结婚生子的年轻人，人工授精一胎生十个孩子，让母猪代孕，等等。不过，由于人类有了智慧，人类就发展了科技；有了科技，人类就有了现代化大城市；有了现代化大城市，就有了天天换丈母娘和天天换新郎的男男女女……这样看来，智慧也可能是我们人类自我毁灭的根源……

葡萄糖效应

　　有专家指出，成人的大脑仅占整个身体的 2%。而当人身体处于静止状态时，人体除了基本的呼吸、消化和保持体温之外，在未参与其它任何身体活动的状态下，大脑每天消耗的能量高达整个身体能量消耗的 20%至 25%，儿童大脑消耗的能量大约是整个身体消耗能量的 50%，婴儿大脑消耗的能量大约是整个身体消耗的能量的 60%，而这些能量的消耗主要是以葡萄糖的形式消耗掉的。据报道，由于大脑不停的思考，一些国际象棋顶尖选手比赛时，在坐了一整天的情况下，一天之内大脑消耗的能量可多达 6000卡路里。而一个体重50公斤的人，在不运动的情况下，一天所消耗的卡路里大约是 1500-2000左右。

　　人大脑能量的来源很单一，基本上是从消耗葡萄糖来获得能量。人大脑神经系统消耗的葡萄糖比身体其它部位消耗的都要多的多。一旦血液中的葡萄糖含量降低到一定水平以下，大脑的工作效率就会降低，比如注意力不集中，反应迟钝，思维混乱，等等……当血糖降低到一定程度时，人就会有饥饿感，食欲上升，想吃东西。所以，当人大量用脑进行积极复杂思考后，人的血糖就会下降，人就容易有饥饿感。相比之下，肌肉就不那么挑食。虽然肌肉也使用葡萄糖作为能量的来源，但当血液中葡萄糖含量下降到一定程度时候，肌肉会很快的切换掉葡萄糖，靠燃烧脂肪来提供能量。

人体内的葡萄糖下降后，人的注意力会下降，这时，人就容易犯错误。不过，人体可以通过补充葡萄糖而得到缓解，人就可以保持清醒的头脑。这样，人就会减少犯错误的机会。心理学家曼斯特和他的同事们做过一项研究。他们让志愿者们看一个无声的短片，其内容是对一位女士的采访。这些志愿者的任务是解释这位女士的肢体语言。在这些志愿者执行这项任务时，屏幕上有一串单词慢慢闪过。而这些志愿者事先已经被告之，要他们忽略这些单词。如果发现自己的注意力被那些单词转移了，他们要再次将注意力拉回到这位女士身上。所有的志愿者在执行任务前，都喝了些柠檬汁。其中一半的人喝的柠檬汁里加了葡萄糖，而另一半人的柠檬汁里加了代糖。结果，那些喝了含有代糖柠檬汁的志愿者们观看短片后，在解释那位女士肢体语言时，犯了很多错误。相比之下，喝了含有葡萄糖柠檬汁的志愿者们犯的错误就少的多。所以，大脑中存储一定量的葡萄糖时，人的表现的会更出色。

以色列科学院院报，报道了人体葡萄糖的消耗对人做决定的影响。在这项研究中，研究人员调查了十位不知情的以色列保释官。保释官们每天都要审阅很多的保释申请。而且，他们不是按照保释申请的申请时间的早晚来进行审阅的。这些保释官在每份申请上所花的时间很少，平均只有六分钟。保释申请被通过的几率很低，在所有的保释申请中，只有 35%的保释申请能获得通过。这些保释官做出的每个保释决定所用的时间都有精确的记录。而且他们一日三餐的用餐时间和休息时间也有详细的记录。研究人员对保释官两次用餐之间，所比准申请的数量进行了调查。结果发现，每次吃过饭后，保释官批准保释申请的数量就会大大增加，有大约 65%的申请得到了比准。在保释官下一顿饭前大约两个小时之内，保释官批准保释申请的数量就开始稳步下降。在下次用餐之前，保释申请的批准率刚好达到零。可以想象，这种结果令人难以接受。对这种现象最合理的解释是，疲劳和饥饿都会影响人的决定，而又累又饿的保释官会更容易拒绝保释申请，而吃饱了的保释官则更容易批准保释申请。可想而知，吃是多么重要的事情啊。吃饱后，葡萄糖给大脑增加了能量，人的情绪就会高涨，神采飞扬，态度谦和。这就是为什么商人们在签合同之前，都要去吃一顿。酒足饭饱之后，任何事情就都容易办啦。

  读者您现在知道葡萄糖在人体中的重要性了。所以，当您去参加考试，去参加一些脑力活动，或者去参加一些智力竞赛，等等，最好在去之前多吃些甜食，并且，随身带些糖果，活动中间吃些糖果，及时补充消耗掉的葡萄糖。这样，您就能拿到好成绩了。

  另外，您知道人在饥饿的情况下情绪低下，精神不振，头脑不清，思维保守……所以，当您去面试工作，或者为了出国，去与签证官面试时，你尽量在面试官刚刚吃饱后的时间去。如果面试官刚刚啃了一个猪肘子，吃了两个肉包子，喝了三碗杂碎汤，您面试通过的几率就大大地提高啦！

  同理，其他事情也一样。如果读者您想给将要见面的人一个好印象，最好的约会时间是对方刚刚吃过饭的一个小时之内。另外，如果您请您心中的女神吃饭，向她表白、白、白……您最好等她把肚子吃圆了之后，您再说：我喜欢您、您、您……肚圆后，在葡萄糖的作用下，她也会回答：我也喜欢你你你……如果刚刚坐下，菜还没端上来，她的肚子是瘪的，脑袋里没有一个葡萄糖分子，您就说：我喜欢你。她会回答：我恨你！！！

小白兔与癌症

上世纪八十年代末，美国哥伦比亚大学医学院的一个病理实验室，在小白兔身上做实验，测试一种治疗癌症的新药。他们先给兔子打致癌药，等兔子身上产生癌症后，再给兔子打这种治疗癌症的新药。

兔子分成两组，每组二十只。分别由两个实验员负责给兔子打针，一个男实验员，一个女实验员。两个实验员都不知道给兔子打的针剂是致癌药。

一个月后，检查结果。男实验员的那二十只兔子里，有十八只兔子得了癌症。而那个女实验员的那二十只兔子里，只有八只兔子得了癌症。

实验室主任把那个女实验员叫来问话。问她是不是没按照实验要求给兔子打针，或者只给一部分兔子打了针。女实验员说，她每天都给所有的兔子打针。打针的剂量和打针的时间也都有记录，她是严格按照实验操作规程操作的。实验室主任非常的不解，以前，他们也做过这样的实验，那种致癌药一般都是百分之九十的致癌率。可从来没有发生过只有百分之四十的致癌率。

实验室主任问女实验员，她是否给兔子喂了兔子不该吃的东西。女实验员说没有。实验室主任不相信女实验员的话。又问：你真的什么都没做，全都是按照实验操作规程做的？女实验员回答，是的。只是，觉得兔子挺可怜的。每给一只兔子打完针后，她就把兔子抱起来，抚摸兔子几分钟，安慰一下兔子。之后，她再给下一只兔子打针。

实验室主任决定再做一次实验。这次实验，男实验员只负责给兔子打针，女实验员负责抚摸兔子。结果，四十只兔子得癌症的几率从百分之九十下降到了百分之四十五。

小白兔的皮肤被抚摸后，可以使小白兔的免疫力增强，人的皮肤被抚摸后也会有同样的效果。有的人可能不知，人的皮肤是人体的最大器官，也是人体免疫系统的最重要组成部分。人体皮肤之间的相互接触抚摸，肌肤之亲，也会在很大程度上增强人的免疫力，增强人的各种抗病能力……

宠物与健康

小动物人人都爱。所以，很多人养宠物。

有人做了一项调查，试图研究宠物主人的个性与宠物之间的关系。研究人员调查了超过两千名养宠物的人，对他们的个性以及他们宠物的个性进行了评价。这些个性包括社交能力，情感稳定性，以及幽默感等等。调查结果表明，养鱼的人最开心；养狗的人最有趣；养猫的人最敏感；养乌龟的人最独立。另外，调查结果还显示宠物的主人对他们所养的宠物所具有的幽默感有着不同的看法。大约62%的狗主人认为狗具有良好的幽默感，相比较而言，而猫、马、鸟、鱼或者是爬行类宠物具有幽默感的比率分别是 57%、48%、42%、38%和0%。

真是奇怪，有38%的养鱼的人认为鱼有幽默感。鱼真的会笑？

研究结果还表明，宠物的主人与他们的宠物的个性也有很多相似性。有趣的是这种相似性会随着时间的推移而渐渐增强，这表明宠物会逐渐适应主人的个性，反之亦然。多年来，养宠物的人都坚持表示，他们的宠物有一种独特的个性。研究结果不但表明这是正确的，而且还显示出宠物的个性也能反映出主人的个性。因此，如果你遇到一位养狗的人，想要在短时间内洞察他的个性，你可以让狗主人谈论一下他养的小狗所具有的个性。比如狗主人说：我的狗非常活泼，喜欢热闹，还喜欢偷吃零食，等等。从中，你就知道，狗主人是个喜欢热闹，喜欢吃零食的人。另一个狗主人或许会这样说：我的狗比较孤僻，喜欢独来独往，吃饱后，喜欢睡觉，等等。从中，你就知道，狗主人是个喜欢独来独往的人，并且喜欢睡觉。

狗可以在多个方面让狗的主人有好感觉。科学家对此进行了多次研究，以探寻人们能从宠物狗那里得到那些好处。很多研究结果显示，养狗的人能够更好的应对日常生活中的压力，过上更轻松的日常生活，拥有更高的自尊心，并且患抑郁症的几率更低……

有人认为，虽说养狗的人通常会有更放松的生活态度，并且拥有更健康的心血管系统。可是，这些好处并不意味着就一定是养狗带来的。那些养狗的人可能本身就带有那些好的特征和个性，正是他们本来的个性使得他们的生活态度更轻松，拥有更高的自尊心，更长寿……

为了从科学的角度查明真相，纽约州立大学的心理学家凯伦进行了一项研究。她和她的研究团队请来华尔街的一些患有高血压的股票经纪人作为实验对象，之后，随机的将他们分成两组。让其中一组人每人养一只狗。在接下来的半年里，研究人员对两组参与者进行血压方面的检测。研究结果显示，那些养狗的股票经纪人不但要比那组没有养狗的人在精神方面更放松，而且血压也降下来许多。

事实上，在缓解心理压力，以及降血压等方面，养狗带来的作用比降压药还有效。更重要的是，在参加实验时，这些股票经纪人都是被随机分组的。因此，研究结果与这些股票经纪人的本来的个性没有任何关系。养狗的参与者除了感觉压力减缓之外，他们还与他们的狗建立起了情感纽带。在实验结束时，这些养狗的经纪人不愿意将他们的"新朋友"交还给实验人员。

许多心理学家提出了不少理论来解释养狗的好处。这些好处可能是狗主人每天遛狗的活动与狗主人的身心健康存在着联系。其他的研究人员则表示，狗不但对主人绝对忠诚，而且不评论主人做的对与错，主人所做的一切都是不可挑剔的。狗还能耐心聆听狗主人内心深处的想法，而且，无论狗主人跟狗说了什么，狗是绝不会泄密的。若是从这些角度看，狗就是一个忠诚的心理治疗师。另一种理论则认为，狗主人只是单纯触摸或者轻抚他的狗，这都会对狗主人产生镇静的作用。

然而，绝大多数的研究人员都认识到养狗对人最大的好处是其社交效应。当你抽出时间到公园走走，观察一下遛狗的人，你很快就会看到狗是让陌生人之间相互寒暄的纽带。陌生人之间会寒暄的说到：你养的这只狗真可爱呀。它是什么品种？它多大了？很多研究结果都表明，花时间与别人进行交流是我们感到幸福的重要来源。而狗有助于陌生人之间打开话匣子，提升交流方面的能力，其作用是天然而且高效的。因此，狗的这些天然能力对养狗人的身心健康有极大的帮助。

狗在人们社交对话时起到了积极的推动作用，可是，养什么类型的狗才最有利于社交呢？为了研究这个问题，贝尔法斯特大学的心理学家做了这样一个测验。他们安排了一个研究人员，在午餐的时间，一个人在一条人来人往的大街上来回走动，另一位研究人员则紧随其后，暗中记录下来路人停下来与研究人员交谈或者露出微笑的次数。当有三百人在这个研究人员身边走过后，就算完成了实验。在接下来进行的三次实验里，研究人员分别带上一条拉布拉多幼犬（Labrador Retriever），一条成年的拉布拉多犬，或是一条成年的罗特韦尔犬（Rottweiler）。作为实验的对照组，在另外三天里，研究人员独自走路，手里只是抱着一个大约两尺高假的毛绒绒的玩具狗。如果研究人员不抱狗，怀里就抱一盆兰草植物。最终，一共有一千八百个路人从研究人员身边走过，他们跟研究人员进行了 211次对话。研究结果显示，抱着假玩具狗与抱植物能吸引很多人的目光，但无法让他们露出微笑，并且几乎无法进行交谈。抱着罗特韦尔犬（Rottweiler）引发的谈话率比较低，可能是因为这种犬有攻击性。因此，路人宁愿选择沉默走开，而不上前来搭话。与此相反，当研究人员抱着幼犬或者带着拉布拉多犬（Labrador Retriever）时，大约有十分之一的人停下来与研究人员交谈，并露出微笑。

这样看来,养狗确实有助于缓解人们日常生活中的压力与烦恼。其中的部分原因是因为养狗能促进社交。要想最大化的提升与别人交谈的几率，你可以选择一条拉布拉多犬，而不要选择罗特韦尔犬，不要抱着假泰迪玩具熊，或者一盆植物，也不要独自坐在公园的椅子上吹泡泡糖。当一位女性研究人员坐在公园的一个长椅上，身边有一只宠物兔或者一只乌龟时，要比她独自坐在那里吹泡泡糖更能吸引旁人的目光。

如果你的生活步骤很忙，让你无法抽出时间养狗，你还有以下两种选择来获得与养狗一样多的好处。其一，电子狗。你可以考虑购买一只机器狗。圣地亚哥医学院的心理学家玛丽娜与她的同事研究了机器狗与真狗对长期生活在护理院的病人的影响。研究团队将一只真狗与一只索尼机器狗放在护理院里，每个病人每周可以有三十分钟时间与狗相处。两个月之后，病人对机器狗和真狗都表现出了同样的情感依赖，真狗与索尼机器狗都能缓解病人的孤独感。

其二，把电视机的频道调到动物频道。戴博拉在一项实验中考察了看动物视频是否有同样的镇静与身心健康恢复的效果。他制作了三条短片，分别是十条小鱼在一个放着水草的鱼缸里游动；十只长尾鹦鹉在一个大鸟笼里；十只猴子坐在树上。参与者观看视频前和观看视频后，实验人员测量了他们的血压。作为对照，实验人员安排另一组参与者观看一部著名的肥皂剧，还有一组则是看着空白的电视屏幕。研究结果得出了两个重要的发现：首先从心理层面而言，观看肥皂剧起到的作用几乎与观看空白电视屏幕的效果一样。其次，与看肥皂剧和空白电视屏幕的人比，观看三段动物视频这组参与者感到精神放松，血压降低。

美国马里兰大学的研究人员曾经做过一个著名的实验。研究人员发现，得了心脏病后，那些养狗的病人的存活率是没养狗病人的九倍。这个惊人的发现鼓舞了科学家继续探寻养狗对人们所具有的各种好处。有人做过一个有趣儿的实验。心理学家让养狗人同时执行两件压力大的任务。从一个四位数开始，按照每次递减三的方式倒数，比如，参与者从2533这个数开始，减去3后是2530，再减3，是 2527......同时参与者还要手提一桶水。在他们对面是他们的宠物狗，或者是他们的配偶。结果表明，相对于面对他们的配偶，养狗人在面对小狗时，心跳速度更慢一些，血压也更低些，而且心算所犯的错误更少......

以上的科学数据证明，与配偶相比，狗更有助于狗主人的身体健康。所以，如果您有心脏病，有配偶，但没养狗，那么，为了您的健康和您的寿命，您就应该立马离开您的配偶，去养条狗。

这里我要强烈的解释一下：我不是心理医生，也不是心理学家，我可没劝读者您离开您的老公或老婆。那样的事，只有心理学家或者心理医生干得出来。

这里，我郑重的跟读者您说一句，您千万别听那些心理学家们瞎掰，相信我，您的老公或老婆一定比狗强的多的多……

进一步的研究结果证明，相同的结论并不能推广到猫的身上。一些研究表明，养猫能有助于缓解人的一些消极情绪，但不能使人的精神有很大的放松，也不会使人的血压降低。有研究人员统计过，养猫的人在心脏病发作的一年里，死亡率要比不养猫的人更高。

所以，如果您有心脏病，您可千万别养猫啊。它会更早的送您去见上帝。据说，养黑猫，更糟糕，您没病，它都会很早的送您去见上帝。黑猫就是恶魔的化身啊。

不过，话又说回来。我再次郑重声明，以上所述，不作为养宠物的建议，也绝不代表我的观点和看法，都是那些心理学家们胡编乱造的……养猫，养狗，养毛驴，各有所好，喜欢就好。猫、狗、毛驴、大乌龟，等等，都是宠物，能使主人高兴就好，就很好……

人的年龄

现今社会，很多国家物质极大的丰富，人想吃什么就能到吃什么。所以，在这样的国度里，谁不想多活几年，多吃点儿好吃的呢？我就想多活几年，多吃些好吃的。我昨天啃了两个焖猪蹄儿；今天就想吃红烧肉；明天想吃糖醋鱼……

想要多活几年，多吃些好吃的，人就要延长自己的寿命。说到人的寿命，我们就要说说人的年龄。实际上，人有三个年龄：第一个年龄是日历年龄，就是人在世上过了多少个年头，就是大家常说的岁数，这个年龄是个不可改变的数字，人在世上过了多少年，就是多少岁。第二个年龄是人的生理年龄，也叫身体年龄。生理年龄反应的是人身体的健康状况和人体的实际老化程度，这个年龄是因人而异的。相同岁数的人，有的人身体保养的好，坚持长期的健康饮食和锻炼，生活有规律，这个人的身体就健康，人的体质就好，这个人就有个相对年轻的好身板儿，这个人的身体可能会比他的实际年龄年轻十岁，四十岁的人可能有一个三十岁的身体。反之，有的人不注意保养身体，不但抽烟喝酒，而且暴饮暴食，想吃什么就吃什么，不锻炼身体，生活没有规律，这个人身体就会老化的很快，这个人的身体年龄就可能比他的实际年龄老十岁，四十岁的人可能有一个五十岁的身体。除了以上人的实际年龄和生理年龄外，人还有第三个年龄，那就是人的心理年龄。表面上看，有的人虽然已经人到中年，可看起来像个年轻人一样，阳光有朝气、活泼向上、态度开朗乐观、积极好学、对未来充满希望，这个人的心理年龄就比他的实际岁数要年轻许多岁。有的人正是壮年，可面上看来老气横秋，没有朝气也没有活力，对任何新事物都不感兴趣，对未来不但没有向往而且对未来很悲观，这个人的心理年龄就比他实际的岁数大许多岁。

人的这三个年龄互相制约，相互影响。近年来，经过医学和心理学的研究，结果表明，在人的这三个年龄里，人的心理年龄最重要，它对人寿命的长短、身体的健康状况及生活质量都有非常大的影响。

要了解这三个年龄之间的相互制约和影响，我们就要对人的生长和衰老过程有些了解。人的一生大致可分为三个时期：生长期、盛年期和衰老期。在人的生长期，人体每分钟产生的新细胞多于每分钟死亡的老细胞，这样，人才能长高和长大。在人的盛年期，人体产生的新细胞和死亡的老细胞数目大致相等，这时人的身体处于一个平衡期，不再长高和长大。在人的衰老期，人体产生的新细胞和死亡的老细胞数目虽然也大致相等，但是人体产生的新细胞质量在下降，新细胞质量下降是人老化的主要原因。

科学数据表明，人在心境轻松、情绪安宁、心情愉悦、心存感激时，人体产生的新细胞质量就高。相反，人在情绪紧张、压抑、愤怒、恐惧、烦躁和忧虑时，人体产生的新细胞的质量就开始下降。所以，当人有轻松的情绪和愉悦的心情时，人体免疫力就强，人体的老化速度就变慢，生病的机会就会少，人就有一个年轻健康的好身体。经常有好情绪的人作梦常常都是轻松和快乐的梦。如果有个好情绪，就是在睡觉时，人体都会产生高质量的细胞。如果人的心情不好，人做梦都经常是恶梦。结果，即使是在休息，人体所产生的细胞质量也不高，从而导致身体很快的老化，结果人就拥有一个未老先衰的身体。

通常情况下，人体除了能产生低质量的细胞外，还能产生一些错误的DNA从而导致产生不合格的人体细胞。这些不合格的细胞能使人身体的某个器官发生癌变或其它病变。对这些不合格的细胞，人要靠自身的免疫力去鉴别和修复，而人体免疫力的强弱又直接受人情绪的影响，也就是说，人情绪好时，人体免疫细胞的免疫力强，人情绪不好时，人体免疫细胞的免疫力低。所以，如果常有好心情，人体不仅产生的细胞质量高，而且人体强壮的免疫力又能及时鉴别出细胞的质量问题和错误，并进行清理和修复。所以，心情好和情绪好就相当于人为自己的健康上了双重保险，人体即不容易老化又不容易得病。如果一个人有个很老的心态，对社会的变化和新事物很反感，而且经常抱怨和不满，那么，这个人的烦恼心情和糟糕情绪就会导致他的身体生产低质量的细胞，同时免疫力也跟着下降。结果，这个人不但衰老的快，而且容易生病。

常有阳光乐观的想法，心情愉悦舒畅，人就会拥有一个健康的身体。反之，常有沮丧悲观的想法，心情苦闷压抑，人就很难保持和拥有一个健康的身体。为了自己有个好身体，人要在意自己是否有乐观的想法和愉悦的心情，在意自己所接触的信息是正面的高质量信息，比如来自媒体的信息、网间的传闻和阅读的东西是否健康，以及与他人交谈的话题是否是健康，等等。另外，人常与什么样的人来往也很重要。如果，自己交往的人或者朋友总是爱生气、挑剔、抱怨，或者总是一副倒霉像，这样的人就会吸走你很多的正能量，会把你乐观向上的生活态度拉下来，降低你的情绪，导致你身体健康指标下滑。如果想有一个健康的身体，你最好拉黑这样的人或者少跟这样的人来往。

不少人认为，长寿只是人老了以后又多活了些年，一个活了九十五岁的人，无非是活到了七十五岁以后，又多加了二十年的衰老日子，多增加的年头并没有高质量的生活。可事实是，大多数长寿的人并不只是多过了些年老的日子，而是比他人活的更健康、时间更长。像画家齐白石、书法家赵朴初和诗人贺敬之等人，在他们的生命中，他们所度过的蒸蒸日上的日子和出成果的时期比一般人都长很多。这些长寿的人为自己创造了第二个青壮年的生命。跟一个只活了五十岁的人比，就等于他们在自己的年龄里活了两次，经历了两个生命。

总之，常保持乐观阳光的心态，人就可以有一个年轻的心理年龄；年轻的心理年龄就会使人体产生高质量细胞以及一个强有力的免疫系统，从而延缓自身生物钟的运转，结果，人就有一个年轻健康的身体，以及一个年轻健康的心理和一个长寿的命。

读者，您想要多吃几年好吃的，就不要再等了，明天，不，马上，您就去唱歌、去跳舞、去弹琴，在地上打滚儿，怎么高兴怎么来……

如果能天天快乐的活着，干自己想干的事，就是没活到一百岁，您也没白来世上这一回……

玛丽的秘方

很多年前的一个春天，我住的公寓隔壁搬来一家新邻居，一个九十三岁的白人老太太和她儿子。老太太叫玛丽，她儿子叫大卫。

三个月后的一天，邻居家老太太的儿子叫我帮他一个忙，帮他把一个柜子挪一挪。挪完柜子，坐下来休息，我跟玛老太太聊起了天。三个星期前，玛老太太得了轻微的脑血栓，现在已经痊愈了，连手杖都不用拄了。我跟玛老太太聊天，主要是想知道玛老太太身体这么硬朗，有什么养生的秘方，是天天练八卦掌，还是天天吃祖传秘制大闸蟹？

我问玛老太太平时有什么爱好？每天锻炼身体吗？她说她从来不锻炼身体，也没什么爱好，除了每天上班外，干点儿家务活，周一跟儿子去超市买一个星期的食品蔬菜和一些生活用品，等等。她的日子很简单。聊天中，玛老太太告诉我她还没退休，她每星期工作六天，星期一休息。她说她在儿童医院工作。我问：你是护士？她说不是。她说她在儿童医院的礼品店工作，是经理助理（就是店员的意思）。一般大医院里都有一个礼品店，为来医院探望病人的亲戚朋友们准备些小礼品，这些礼品主要是祝病人早日康复的卡片、小摆设、鲜花、气球，等等，儿童医院的礼品店里还卖很多儿童玩具……

玛老太太告诉我，她下星期二就回去工作了。我问玛老太太：你现在还能自己开车去医院上班吗？她说她儿子每天送她去上班。大卫七十一岁，看上去不止七十一岁。我问玛老太太，你在儿童医院干了多少年了？她说她在儿童医院工作了二十年了。这时，大卫插嘴说他妈妈在那里工作了二十年，从来没请过一天病假。大卫说他妈妈的身体比他身体好，从来不得病，三个星期前得了轻微脑血栓是第一次真正得病请了病假。我问玛老太太，在儿童医院之前，你在哪里工作？玛老太太说她在一家服装连锁店上班。我问她：你在那里干什么工作？她说她干后勤，在仓库管理服装的进出和调配。接着，玛老太太得意的说她在那里工作了五十年，没请过一天病假。她说她喜欢有规律的工作和有规律的生活，适应一个工作后，她是绝不会换工作的。我说你都九十三岁了，你还不想退休吗？她说：大卫退休后才六年，身体越来越差，我才不想像我儿子那样呢。我如果退休了，很快就会死的。

跟玛老太太聊天后大约一个月，我在电视上看了一个报道，讲了另一个白人老太太的故事。老太太出生在一个很小的小城市，长大后，一直生活和工作在那个小城里。老太太的最后一个工作是在那个小城唯一的一家电影院卖电影票，卖了六十五年。由于小城的年轻人外流，小城人口越来越少，经济不景气，最后，电影院不得不关闭。老太太失去了她的工作，当时她九十六岁。丢了工作后，老太太在家呆了大约六个月后，觉得浑身懒洋洋的，浑身没气力，没有以前有精力了。一天无所事事，觉得时间很难打发，她再也呆不下去了。她决定出去找工作。她去了教会、学校、医院等地方去找工作，最后，她在市博物馆找到了一个工作，当那里唯一的讲解员。

这两个高龄老太太为什么喜欢去工作而不乐意在家颐养天年？因为这两个老太太身心都已经适应了每天的工作，每星期五六天的工作已经不止是工作了，那是她们大部分的生活，工作与生活已经分不开了。最重要的是，工作使她们的生活有规律。人体是个生物钟，如果一个人按时吃饭，按时睡觉，按时去上班，她们身体的生物钟就有规律的像钟表一样准时往前走。如果一辆车一会儿快，一会儿慢，一会儿猛踩油门，一会儿猛踩刹车，这辆车一定很早就会出毛病，要经常去修理厂修理，换零件，有的车很早就报废了。这两个老太太的身体就像两辆车，她们的车是按一个稳定的常速往前开，这样的车就会少出毛病，去修理厂的次数就少，它们走的路就远……

玛老太太长寿的秘方就是有规律的生活。我想，只要一个人有规律的生活，退休不退休都没关系，都能长寿……切记，一定要有规律呦。

生活的目的

你是否想过，人活着的目的是什么？

活着为了吃饭

儿子问：人为什么活着？爸爸答：活着为了吃饭。儿子又问：吃饭为了什么？爸爸答：吃饭为了活着。儿子又问：活着就是为了吃饭吗？爸爸答：你再跟我黏牙，我今天晚上就不给你饭吃，明天你就明白活着为什么了。

活着为了吃饭，吃饭又是为了活着。所以，当民间想象达官贵族们的生活时，首先想到的就是吃。鲁迅讲过一个笑话：一农妇清晨醒来，想到，皇后娘娘早晨醒来，一准儿大叫：丫头，拿个柿饼儿来吃吃。贾平凹也讲过一个笑话：两个农民在聊天，一个问：你说蒋委员长每天都吃什么饭？另一个答：肯定是顿顿捞一碗干面，油泼的辣子还调得红红的呢！

当人们还吃不饱的时候，人活着的主要目的就是为了吃。这就有了那句名言：民以食为天。这样看来，与为自己的豪宅拼命工作的富人相比，每天为吃饱肚子而奔忙的人的生活目标更大，常常比天还大。也正因为目标大而明确，所以，为吃饱肚子而奔忙的人很少觉得心中空虚。

活着为了做事

有这样一个故事：一个人死后，在去天堂的路上，遇到了一座金壁辉煌的宫殿。宫殿的主人热情地接待了这位客人，说：我知道你在人间很辛苦。我这里有世间所有的山珍海味，你想吃什么就有什么。这里有最舒适的床，你想睡多久就睡多久。这里有你需要的一切，你不必做任何事。这个人就高高兴兴地住了下来。过了一段日子，他觉得寂寞和无聊，而且浑身软绵绵的没有精神。他去见宫殿的主人，说：我每天除了吃就是睡，怪没意思的，我想找点儿事做。宫殿的主人说：你是来这儿享受的，不是来这儿做事的。我这里没有事情给你做。这个人就只好继续过着想吃就吃，想睡就睡的生活。几个月后，这人实在忍受不下去了，他又去见宫殿的主人，抱怨道：这种日子我实在受够了，如果你不给我事做，我宁愿下地狱也不在这儿住了。宫殿的主人大笑，说：难道你以为这是天堂吗？

英语中有一句话：Use it, you got it.（用它，你就拥有它）。人的肌肉、大脑和所有器官的功能在使用中保持，在使用中加强。不做事，人体的血液循环要降低，新陈代谢要变慢，肌肉要萎缩，各个器官的功能也要加快衰老。不做事，人脑的活动也要减少，大脑容量也会萎缩。由此，人脑开始退化，人的记忆要变坏，反应要变慢。

除了生理的需要外，做事还可以满足人的心理需要。通过做事，人感到自己有用，有能力和有价值。这些好的感觉让人感到心里愉悦、充实和满足。这些好感觉不但滋养着生命，也使人感到生命有意义。

如果，吃饱喝足后，无所事事，人就会感到空虚，不踏实，无聊，生命没有意义。所以，尽管吃穿不愁，人也照样会感觉日子枯燥无味。

活着为了经历

有人讲过一个渔夫的故事：在墨西哥海岸边的一个小渔村，一位来旅游的美国商人碰到一个躺在沙滩上晒太阳的渔夫。商人跟渔夫说：你应该每天多花些时间去抓鱼，积攒些钱后买条大船。有了大船，你就可以捕更多的鱼，然后，你就可以拥有一个船队。之后，你就可以开一个鱼肉加工厂。再往后，你就离开这个小渔村，搬到旧金山，最后搬到纽约……这样，一步步地把你的企业变成世界最大的渔业集团公司。渔夫问：然后呢？商人答：然后，你就把你的公司卖了，你就会有花不完的钱。到那时你就可以退休了。你就可以搬回来，舒舒服服地躺在太阳底下睡懒觉了。渔夫问：这需要多长时间？商人回答：二十年左右吧！渔夫露出一副得意的样子，笑着说：你看我不正在干二十年以后的事情吗？

有些人认为，世上很多人都在瞎忙，一辈子累得跟驴似的，走了很远路，绕了很大的圈，用去了许多年时间，最后又回到原来的地方。傻不傻？

有人回答，不傻！那才叫人生！如果那个渔夫听从了商人的劝导，用二十年的时间干成了自己的事业。虽然退休后又回到原来的地方，可是，二十年丰富的经历描绘了一个充实多彩的人生。不走这一趟，二十年照样过。渔夫每天走的路是原地踏步，每天过着相同的日子就好像重复地看一个电影，没有意义，只是在消磨时光。渔夫消磨了二十年的时光只过了一年的日子，或者说他只过了一个月的日子，二十年都白活了。

生活没有目标是人不快乐的根源之一。原地踏步，人每天的日子并不好过。重复和单调的日子使人感到生活空洞、乏味和枯燥。重复和单调的日子多了，人就开始贬低自己的价值，感到迷失和空虚。这时，生活中任何鸡毛蒜皮的小事都会变成大事，任何小挫折都能带来很大的痛苦。久之，人的行为会变得浮躁、易怒和压抑，人自然的就感到生活没有意义，而且很苦。

缺少经历的人生是空白的人生，而空白的人生也是不幸的人生。

活着为了享受

在《西游记》中，有一个猪八戒吃人参果的故事。里面说的是唐僧师徒四人爬山涉水，一路来到了五庄观。五庄观长有一棵人参果树，其果上千年才能成熟，极奇稀有。背着师傅，孙悟空偷偷地从树上摘下来三个人参果。孙悟空把果子分给猪八戒一个，沙生一个，自己留下了一个。猪八戒嘴馋，太着急，一口就把整个人参果吞下了肚。过了一会，他看见孙悟空和沙生吃人参果吃得津津有味。猪八戒馋的口水直流，后悔太匆忙，一下没嚼，就把人参果整个吞了下去，什么味儿也没吃到。

在生活中，很多人像猪八戒吃人参果一样，匆匆忙忙地工作和生活，忽略了品尝生活中的人参果。生活中，父母、妻子（丈夫）、儿女，还有多姿的山水和多彩的四季，都是最珍贵最稀有的人参果。不要等妻子（丈夫）卧病不起时才想起应该多跟妻子（丈夫）散散步；不要等孩子上了大学时，才想到应该多跟孩子聊聊天；不要等父母去了另一个世界时，才追悔该多跟父母包包饺子；也不要等自己老的走不动时，才想起该去爬大山蹚大河。人生在世，很多果子都是独一无二的，错过了将不会再有。

停一下脚步，享受一下你已得到的人参果吧！没有这样的享受，匆忙没有了意义，生活也没有了色彩。

活着为了成长

生命在于成长。如果成长停止了，生命就走向了衰竭和消亡。生命的成长包括身体的成长和内心的成长。在食物、空气和水的营养下，人的身体从弱小的幼年长到强壮的成年。到了成年，人身体的成长基本完成，可人内心的成长还在继续。生活中，通过学习、思考和修炼，人的内心可以不断地丰富和强壮。人身体的成长减缓后，是人内心的成长保持和延伸了人的生命力。

学习是人内心成长的第一步。学习不仅给人谋生的手段，还能使人感到自己有能力，有价值，有信心。在不断学习和认识自己的过程中，会学习的人能经常感觉到内在的自我在长大，在变强。所以，在他们的感觉中，生活的担子变得更轻松，生活的天地变得更宽广。

思考是人内心成长的第二步。会思考的人能在学习和观察后，得到一套有效的思想方法。有效的思想方法能使人的眼界变宽，对生活的把控能力增大。学会思考的人心智更成熟，内在的自我更强壮。由此，他们感觉的生活更轻松，日子过得更舒坦。

内心的修炼是人成长的第三步。通过内心的修炼，人炼就的是把握和管理自己情绪和意念的能力。通过内心的修炼，人的内心世界变得更清静了，人的头脑更清晰了。这时，人能明确的知道自己是谁，自己需要什么，也知道应该干什么。内心的修炼还能给人源源不断的巨大力量。在这力量的推动下，以及人明智的选择下，在不知不觉中，学会内心修炼的人能感觉到人的内心天天在成长，天天在强壮……通过内心的修炼，人的心智变得更成熟，这时人感觉到的生活是轻松和飘然的生活。

人内心的需求推动了人心智的成长。今天心智的成长满足了人内心昨天的需求，而今天内心的需求又有待于明天心智的成长来满足。人生命延伸的过程就是人心智不断成长的过程。人的需求是由低层次（生理的需求）向高层次（心灵的需求）发展的。人内心的需求永无止尽。所以，人心灵的成长也永无尽头……

人的一生是心灵成长的一生，人活着，心灵就要成长。

活着为了分享

设想一下：清晨醒来，你发现，上帝把世界上所有的人都变没了，地球上只剩下你一个人。上帝把世界上的所有财富都给了你。这时，你无限的富有，也无限的自由。你出门上街，街上空无一人，没有警察约束你的行为。你走进一家名贵的珠宝商店，商店里耀眼的金银珠宝全是你的。这时，你是否还有一丝穿金戴银的愿望？你走近宽大的游乐场，游乐场内空无一人，没人拥挤，也不需排队。这时，你是否还有一点玩儿的兴趣？整个地球都是你的，在这个地球上无人与你相争，无人与你抢，当然，也无人与你相伴。没有他人的存在，你拥有的一切是否还有意义？在没人跟你分享地球时，你是不是也就失去了地球。

人群中的一个人很像大海中的一滴水，没有了大海，也就没有了水滴。人群中的人们相互扶持，相互帮助，相互陪伴，他中有你，你中有他。人在分享中拥有，在分享中获得。当你跟他人分享你的能力时，你心中感到自己很有用；当你跟他人分享你时间时，你心中感到自己很慷慨；当跟他人分享你的爱心时，你心中感到的是人间的温暖，世间的友爱。因为人类是不可分割的整体，你在与他人分享快乐的同时，你也把快乐给了自己……

美国著名作家海明威在他的长篇小说《丧钟为谁而鸣》中，说过这样一段话：谁都不是一座孤岛，自成一体。任何人的死亡都使我有所缺损，因为我与人类难解难分。所以，千万不要去打听，丧钟为谁而鸣，丧钟为你而鸣……

分享使生命完善；分享使心灵升华！

生命的长度与密度

一个蹲了二十年大狱的人跟他的一个远房亲戚聊天，说：你把我蹲大狱的事写本书，一定会畅销。他的亲戚是个作家。他的亲戚问他：为什么会畅销？他说：我在牢里遭了二十年的罪，写成小说，一定会博得很多人的眼泪。他的亲戚又问：你在牢里每天都干什么？他说：除了吃饭，睡觉，就是去监狱的工厂干活。亲戚问：你都干什么活？他说：我们的工厂是给全国犯人做衣服和鞋的。我的工作是把成品衣服和鞋装进纸箱。亲戚继续问：二十年就干一种活？他回答：差不多吧。不是把鞋装箱，就是把衣服装箱。逢年过节时，食堂缺人手，我也会被调去打下手，干些洗洗菜，切切菜之类的活。亲戚最后说：你虽然在监狱里呆了二十年，可是你每天的生活基本都是一样的，没有变化。你在那里呆了二十年跟你在那里呆了一年没啥区别。所以，你的素材太简单，而且没有内容，没法写成书……

实际生活中，人不但要追求生命的长度，更重要的是人还要追求生命的密度。什么是生命的密度？有人说，生命的密度就是在人的一生中，这个人干了多少有意义的事，或者干了多少件难忘的事。有意义的事可以大，比如做了一件有益于人类或者社会进步的大事：一个重大发明；或者阻止了一场大规模杀人事件的发生；等等。有意义的事也可以是一件小事，这一年，你每个周六都帮着十岁的女儿复习数学；这一年，你带着全家出去旅游，全家人都开了眼界，长了知识，享受了旅游的快乐；这一年，你为社区做了一年义工；或者这一年，你自己学会了弹钢琴，提高了艺术修养；等等。如果你说，前年你嚼了一年猪大肠，今年吃了一年猪肘子，明年计划啃一年猪蹄子，这些都不算一件有意义的事，都只能算是活着，是活着的年复一年。

我曾经问过好几个退休的人一个问题，我问：你退休后的日子过的快还是慢？他们的回答是一致的：太快了，十年一晃就过去了。

为什么退休后，人会觉得日子过的很快呢？因为他们的生活是日复一日的重复，一年里没有什么变化，所以，也就没有什么不同的东西能留在记忆里。如果每天的日子基本上都是重复，那么每个月的日子也基本上是重复。如果每年的日子都是重复的话，那么，过了十年的日子跟过一年的日子是一样的。如果一个人的一生只有长度，而没有内容的话，人的大脑里就不会留下多少记忆。当这个人回忆起他的经历时，就觉得没什么可回忆的，因为他还没经历什么，时间就过去了。结果是，那几个退了休的人度过了十年的岁月，可感觉上只过了一年。对他们来说，九年的时间都白过了。如果我们把每一年当作一张白纸，也就是说，那几个退休的人，十年间，只在一张白纸上画了些东西，而在九张白纸上，他们什么都没往上画，白费了九张白纸。

比如一个人活了一百岁，可是，他的一生中没有经历过什么事情，只干过一件有意义的事情，那他的一百岁实际上也就等于一岁，而九十九岁基本都是白活了。如果一个人不但活了一百岁，而且每年都干了一件很有意义的事情，也可以是一件很难忘的事情，一百年里就累积了一百件事情。我们就认为这人没白活，真的活了一百岁。如果一个人不但活了一百岁，而且每年干了十件有意义的事，那这个人就等于活了一千岁。就拿爱迪生的一生来说，他发明了那么多的东西，他几乎每天都在干新的事情，有意义的事情，他的人生密度就可能是一千，一万，或者是十万。

人的一生，从出生开始到死亡结束，是一个从无到有，又从有到无的过程。每个人的开始和结局都是一样的。生，从吸进第一口气开始。死，到呼出最后一口气结束。不一样的是每个人的人生经历和存活时间的长短不同。

宇宙万物有生有死，生死循环，这就是万物运行存在的原理。一个人无论多么的卑微，多么贫穷，多么无知，也不管一个人多么的伟大，多么有名望，有享不尽财富，但他们最终都有死亡的那一天。在这一点儿上，上帝对待每一个人都是公平的。

我曾经遇到过一个九十九岁的白人老太太。我问：你多大年纪了。她回答九十九岁六个月二十二天。我当时非常纳闷儿，怎么会报的这么详细，连活了多少天也要报出来。过了一天，我琢磨出来了。老太太知道自己的大限快到了，这时，每多活一天就是一天的胜利。她如果知道还能再活二十年，她肯定不会把活了多少天都报出来。估计她的目标是再多活六个月，过一百岁的生日就是一个伟大的胜利。

动物不懂什么是死，所以，动物也就不懂怎样活。人知道有死的一天，所以，人就追求怎样的活。有的人为了追求权力而奋斗一生；有的人为了收敛财富而舍命拼搏；有的人为了夺取功名而呕心沥血……当然，也有的人，内心疲惫，精神懒散，灵魂空寂，无心做事，当一天和尚撞一天钟，过着今宵有酒今宵醉的日子……

走过一生，到头来，什么人最怕死呢？答案是：那些人生经历少的人特怕死，那些无所事事混了一辈子的人特怕死。在死亡逼近时，他们就感到非常的恐惧。他们特后悔,年轻时不该浑浑噩噩的混日子。面对死亡,他们觉得时间过得太快了,来世间走一趟,既没有丰富的经历,也没有个多彩的人生,这就要死了,这一生活得太空白了。他们特想多活些时候,在他们的人生中能有更多的经历,在他们的心灵里能有更多的收获,在他们人生的白纸上再多画几笔……

当那些获得了丰富经历和多彩人生的人们回顾自己的一生时,他们会感到人生的美好,该经历的也都经历了;该努力的也都努力了;该为之拼搏的也都拼搏了……走过人的一生,他们已经收获了很多很多。死亡对他们来说,不是上帝的惩罚,而是上帝给他们人生画上一个对号。死亡来临时,他们没有太多的恐惧,很多人会安详的迎接死亡。就像圣经里说的那句话:那些美好的仗,我们都打过了;那些该跑的路,我们也都跑过了……

总之,人的生命可以用两把尺子来衡量,一个是长度,一个是密度。寿命是生命的长度,而丰富的人生经历是生命的密度。如果一个人的生命中只有长度而没有密度,这个人的人生就显得太苍白了。我羡慕那些长寿的人,但更羡慕那些生命密度高的人。我希望把胆量炼得大大的,多多尝试新事物,去爬大山,去趟大河,去逛五洲,去探索未知的世界,去干自己梦想的事,在有限的岁月里把生命的密度曾加到最大……

人在世上走一遭,带不走的是外在的财富、名望和权力,带走的是丰富的经历,多彩的人生和一个饱满的灵魂……

www.ingramcontent.com/pod-product-compliance
Lightning Source LLC
Chambersburg PA
CBHW081305070526
44578CB00006B/808